21C
한국교회와
함께하는 사모

목사 사모가 어떻게 내조하는 것이

남편인 목사에게와 섬기는 교회에 가장 큰 유익을

줄 수 있는 바람직한 사모이겠는가?

홍 순 성 지음

사모역할의 한계와 그 범위

21C

한국교회와 함께하는 사모

한국학술정보(주)

선교 2세기를 맞이한 한국교회는 질적으로나 양적으로 많은 성장을 거듭했다. 한국교회가 성장하기까지 사모들의 역할이 매우 컸다. 가정에서는 목사인 남편의 내조자로, 자녀들에게는 어머니로, 그리고 교회에서는 자상한 어머니와 같이 온갖 궂은일을 도맡아 하면서 교회의 산파와 같은 역할을 감당해 왔다. 특별히 개척교회에서 사모의 역할은 더 막중하여 때로는 가르치는 일에 교사와 설교자로 사역하기도 하며, 병든 자와 어린 신자를 돌아보는 심방자와 상담자의 역할도 담당한다. 때로는 기도의 제물로 헌신과 봉사를 하면서 다양한 면에 전도사와 같은 역할을 감당하기도 한다. 사모들의 이러한 헌신의 결과는 한국교회가 복음의 꽃을 피우고 수많은 영혼들이 주님의 품에서 구원의 은혜를 누리는 결실을 맺고 있다.

그럼에도 불구하고 교회가 성장한 어느 시점에서는 성도들 사이에서 사모에 대한 불만의 소리들이 나오기도 하고, 사모 스스로도 자신의 설 자리를 찾지 못하고 소외감을 느끼기도 한다. 다른 한편에서는 교회가 성장해서 일할 일꾼들이 많은 상황이 되었음에도 불구하고 사모가 지속적으로 돌보지 않으면 안 될 것 같은 심정에서 지나치게 교회일에 참여함으로 인해서 오히려 덕을 끼치지 못하고 교회를 더 어렵게 만드는 경우를 보게 된다.

본 저자는 어떻게 하면 바람직한 사모의 역할을 효과적으로 감당할 수 있으며, 사모 역할의 한계는 어디까지가 적정하겠는가에 대한 모델을 살펴보았다.

목사는 목회자가 되기까지 장기간에 걸쳐서 훈련을 받는다. 목회사역에 필요한 신학지식 수업을 받으며, 경건 훈련의 연단과정을 거치게 된다. 목회 현장에서 수년 동안 전도사로 또는 강도사로 사역하며 실천신학의 과정을 연수하게 된다. 이런 훈련의 기간 동안 지식적으로나 인격적인 면에서 어느 정도 다듬어지게 되고 이후에 목사로 안수를 받고 목회 현장에 임하게 된다.

그러나 사모는 사역을 위한 훈련의 과정이 없이 목사와 결혼하여 목회자의 아내가 되었다는 이유만으로 교회에서 막중한 직임을 맡아서 사역하는 것이 오늘날 대부분의 한국교회 사모들의 현실이다. 사모가 보다 바람직한 사모로서 교회의 사역을 효과적으로 감당하며, 내조자로서의 바람직한 사모가 되기 위해서는 훈련과 지원이 절대적으로 필요하다. 더욱이 현대는 전문화의 시대이다. 바람직한 사모의 역할을 위해서는 전문성을 갖춘 사모의 사역이 절실히 요구된다.

본서는 바람직한 사모 역할을 위한 방안을 몇 가지로 살펴보았다. 첫째는 성경에서 사모의 역할이 어떠했는지를 살펴보았다. 성경은 사모의 역할에 대해서 어떻게 말씀하고 있으며 어떻게 사역을 했는지에 대한 성경적인 배경을 살펴보았다. 둘째는 신학적인 의미에서 사모와 그 역할에 대한 의미를 살펴보았다. 셋째로는 역사적으로 과거 한국교회에서의 사모들의 역할은 어떠했으며, 일찍이 복음이 받아들여진 서양에서는 사모의 역할이 어떠했는지를 살펴봄으로 오늘날 사모의 역할에 대한 역사적 의미를 살펴보았다. 마지막으로 실제적인 면에서 바람직한 사모의 역할을 저해하는 요소들이 무엇이며, 한국교회에 있어서 어느 정도까지가 사모 역할에 적정한 수준이겠으며 어떻게 하는 것이 사모와 교회에게 유익하겠는가에 대한 방안을 모색해 보았다.

아무쪼록 졸저이지만 이 책이 사모님들의 사역에 도움이 되기를 바라며, 주님의 몸 된 교회를 위해서 수고와 헌신을 아끼지 않으시는 이 땅의 모든 사모님들에게 바친다. 끝으로 이 책이 나오기까지 곁에서 기도와 격려를 아끼지 않았던 사모 에스더에게 감사를 드린다.

주후 2007년 가을
서재에서
저자 홍 순 성

CHAPTER I

서 론

문제 제기

목사가 되기까지는 신학교에 들어가서 10여 년 동안 필요한 학문과 목회자의 덕목을 공부한다. 공부를 마친 후에도 교회 현장에서 전도사로 또는 부교역자로 오랜 기간을 연단받은 후에 노회에서 목사고시를 거쳐 목사가 된다. 이러한 여러 과정을 거치는 동안 목회자로서의 자질이 길러지고 부족한 부분은 채워지게 되며 잘못된 부분은 다듬어지게 된다. 그러나 사모는 목사와 결혼하기 전까지는 그저 평범한 신분의 한 여인으로 살다가 목사와 결혼한 이후에 사모로 신분이 변한다. 사모로서 다양성이 요구되는 이 시대에 사모들의 위치와 역할은 상당한 부분을 차지하고 있는 데 반하여 사모가 되기 위한 준비학교나 변변한 기관이 없는 것이 오늘날 우리의 실정이다.

한국교회가 오늘의 성장이 있기까지 보이지 않는 곳에서 헌신 봉사한 사모들의 노고가 지대한 공헌을 하였다. 그러나 반면에 오늘날 교회가 부흥하고 성장하는 가운데 불행히도 사모의 지나친 권위 의식과 교회 참여로 인하여 교회의 유익을 끼치지 못하고 오히려 교회에 부작용을 일으키는 경우가 적지 않다. 필자는 본 연구를 통해서 사모들의 역할이 어느 정도까지가 목회자와 교회에 유익하겠는가에 대한 사모의 역할 한계를 제시하고자 한다.

과거 한국여성들의 의식은 여필종부라 하여 남편이 어떤 길을 가든, 무슨 일을 하든 묵묵히 따라가는 것이 아내의 미덕이라고 생각해서 거의 남편이 하는 일에는 간섭하지 않고 가정의 일만 내조했다. 그러나 시대의 변천에 따라 여성의 학력이 높아지고 사회 참여도가 높아짐에 따라 사모들도 적극적으로 남편이 하는 목회에 직, 간접적으로 참여하고 있다. 따라서 오늘날 한국교회에서의 목회자 사모의 영향력이 상당한 위치에까지 이른 것이 사실이다.

목회자의 사역에 있어서 목사를 도와 함께 일하는 사역자들(장로, 집사, 권사 등)에 관하여는 많이 연구도 되고 있고 어떻게 목사를 도와 일을 해야 하는가 등에 대한 책들도 많이 있다. 그러나 정작 가장 가까이에서 늘 함께하는 사모와 목회자의 관계에 대해서는 이야기 꺼내기를 꺼리고 있고 드러내지 않아야 미덕인 것처럼 덮어두고 지내 온 것이 사실이다

주변에 잘 아는 목사들 가운데도 함께하는 사모로 인해서 고민하고 힘들어하는 이야기를 자주 듣게 된다. 모든 일을 사모 주장대로 처리하기 때문에 고민하는 목사, 가정일에 소홀히 하는 사모로 인해서 고민하는 목사, 또는 사모가 대외적으로 지나치게 활동적이어서 고민하는 목사 등 많은 목사들이 사모로 인해서 고민하고 영적으로 나약해지는 모습들을 보면서 심히 안타까움을 느끼게 된다.

목회에 있어서 가장 우선 되어야 할 관계가 아내인 사모와의 관계일 것이다. 만일 사모와의 관계가 바로 되지 못하면 기도가 막히게 되고 목회의 사명을 바로 감당할 수가 없다(벧전 3:7). 따라서 필자는 본 연구를 통해서 부부관계의 올바른 역할도 함께 다루게 될 것이다.

많은 목사들이 성직자의 직분 때문에 부부간의 갈등과 문제가 있어도 숨기고 겉으로는 아주 평화로운 부부처럼 가장하고 속으로는 고통과 상대에 대한 분으로 가득한 이중적 생활을 하는 것이 사실이다. 반대로 사모 역시 남편의 무능력함으로 인해서 또는 지나치게 교회에만 신경을 쓰고 정작 자신에게는 무관심한 남편으로 인해서 서로가 서로에게 불만을 가지고 살아가는 목회자 부부가 많다.

목회자에게 있어서 목회 활동보다 우선하여 더 중요한 것이 가정 목회이다. 가정을 제대로 돌보지 않는 자는 불신자보다 더 악하다고

성경은 말씀하고 있다(딤전 5:8).

필자가 아는 어느 한 목사는 20여 년간 교회를 담임하며 건실하게 목회를 하여 교인이 1000여 명이 넘는 중형교회로 성장시켰다. 그러나 사모의 지나친 교회 참여와 지혜롭지 못한 처사로 인하여 담임하던 목회를 사임하고 교회를 떠나는 상황까지 보게 되었다. 이 교회 사모는 교회 인사를 결정하는 일(교회 전도사와 부교역자, 그리고 직원을 뽑는 일)에까지 간섭하여 모든 결정권을 행사하였다.

또 어느 한 목사는 개척교회로부터 시작하여 100여 명 가까운 중소형 교회로 성장하여 작지만 예배당도 건축하였고 건실하게 성장하였다. 하지만 사모가 경제적으로, 대외적으로 지나치게 활동적이어서 교회의 재정적인 문제뿐만 아니라 더 나아가 교회 내에 조합 형식의 사조직 금융권을 운영하다가 부도를 내고 결국에는 감옥에 들어갔고 교회는 이루 말할 수 없는 어려움에 처하게 되는 교회도 보았다.

이러한 일들을 보면서 오늘날 사모의 역할의 한계를 논하여 바람직한 교회 참여를 유도하고 한국교회 목회자와 교회 부흥에 자그마한 보탬이라도 되고자 본 연구를 진행하게 되었다.

천주교에서는 성직자인 신부가 되기 위한 조건의 한 부분으로서 결혼을 하지 아니한 미혼의 신분이라야 한다. 결혼하지 않은 총각으로서 성직을 수행하는 데 있어서 생기는 많은 문제점들이 있기에 개신교에서는 특별한 경우가 아니라면 결혼하지 않은 총각에게는 목사 안수를 하지 않는 것이 불문율처럼 되어 있다. 결혼하지 아니한 총각으로서 성직을 수행하는 데서 오는 문제점도 있겠지만 반면에 결혼하여 가정을 가진 한 여자의 남편으로서 목회할 때에 한 여인으로 말미암아 목회에 미치는 영향 또한 크다 하지 않을 수 없다.

목회자는 천하보다 귀한 영혼을 인도하는 하나님의 종이요 사역자이다. 목회자에게 있어서 목회 사역은 무엇보다 더 중요하다. 부부는 일심동체(一心同體)라고 하였다. 따라서 목회 사역은 결코 혼자 하는 사역이 아니라 한 몸인 그 아내와 함께 하는 사역이다. 그러므로 목회적 사명을 잘 감당하기 위해서는 아내인 사모 역시 사명자로서 이 사명을 함께 감당하도록 노력해야 한다.

따라서 본인은 본 연구를 통하여 목회자들의 가장 이상적인 부부 모델을 제시하고 사모가 교회에 미치는 영향력과 역할에 대해서 어느 정도까지가 이상적인 활동 영역이며 교회에 유익을 끼치겠는가에 대한 모델을 제시하고자 한다.

논제 질문

본 연구의 중요 질문은 "목사 사모가 어떻게 내조하는 것이 남편인 목사에게와 섬기는 교회에 가장 큰 유익을 줄 수 있는 바람직한 사모이겠는가?"란 주제이다. 오늘날 현대 목회에서 현실적으로 교회 내에 많은 문제점이 있겠지만 그중에서도 사모의 문제를 본 연구의 초점을 두고 연구하기로 하였다. "어떻게 하면 보다 효과적으로 사모의 역할을 수행할 수 있을까?"라는 것이 가장 중요한 주제이다. 그러한 방안을 도출하기 위해서 목회자 사모에 관한 문제점들을 개(個)교회 목회사와 사보와 교인늘을 중심으로 분석하게 되었으며, 이 분석을 통해서 "어떻게 하면 효과적인 목회자 사모가 될 수 있을까?" 하는 질문을 배경에 두고 연구를 진행할 것이다.

정 의

본 연구에서는 다음과 같은 용어들을 사용함에 있어서 아래와 같이 정의하여 사용하고 있음을 밝혀두는 바이다.

'사모'(師母)란 군사부일체(君師父一體)에서 유래된 말로서 사부(師父) 즉 아버지와 같은 선생님과 동격인 그 부인에게만 한정하여 쓰이는 존칭어이다. 우리가 혼란한 시대를 겪는 동안 선생(先生)이란 말이 함부로 사용되면서 이 말의 품격이 떨어짐과 동시에 선생과 동격인 사모라는 말도 남용되었다. 때문에 원래 이 말이 지니고 있는 숭고한 이미지가 손상되었지만 목사 사모란 말과 같이 그 지칭하는 대상을 구체적으로 명시하여 사모란 용어는 그 본래 가진 고상한 이미지를 함축하고 있다.

'목사 사모'라고 하는 호칭은 목사의 부인을 호칭할 때 쓰이는 일종의 대명사이다. 하지만 목회자의 부인을 지칭할 때는 고유명사로서 사용되고 있다. 따라서 목사 사모는 목사의 부인을 일컫는 최고의 존경의 표현이요 명예로운 명칭이다. 한국교회에서 목사의 부인을 사모로 호칭함에 대하여 목사는 개교회의 성도들을 목양하는 목자로, 또는 영적 지도자로서 궁극적으로는 하나님께서 세우셨고 교인들 편에서는 그들이 받아들인 목자이므로 그의 부인을 사모라 함은 매우 바람직하다.

'일반적인 사모'란 용어는 스승의 부인을 지칭하는 말이다. 보다 폭넓은 의미로는 자기의 상사나 윗사람의 부인을 높여서 부르는 데 쓰인다. 그러나 '교회 안에서 사모'란 말은 단순한 윗사람의 부인으로서의 칭호라기보다는 교회에 한 직분을 담당한 직무적인 성격이 더욱 강하다. 단순하게는 목사나 부교역자 등 목회자의 부인을 일컫는 칭호로 통한다. 하지만 사모라는 직무의 특성상 한 직분의 성격을 나타내는 경향이 더욱 크다.

목회자의 아내로서 '내조'한다는 말은 가정과 교회를 동시에 섬기면서 자기의 남편인 목회자와 남편의 일을 돕는 것이다. 교회적으로도 직, 간접적으로 많은 역할을 하고 있기 때문에 교회적인 기능도 포함된다. 목회자 아내가 해야 할 일은 참으로 많다. 그들은 목회자인 남편의 기대와 요구에 응해야 하고, 교회의 요구에도 응해야 한다. 따라서 내적으로 남편의 아내로서 내조하며 외적으로 교회의 어머니 역할로도 도와야 한다.

'바람직한 사모'라는 단어는 일반적으로 목사의 한 아내로서 목회자인 남편이 편한 마음으로 목회할 수 있도록 협조하는 사모가 바람직한 사모이다. 한편으로는 교회적으로 자신의 위치와 일, 해야 할 범위를 인식하고 교회성장에 양적으로 질적으로 유익을 끼치는 사모가 바람직한 사모이다.

의 의

본 연구는 사모의 교회에서 사역이 바람직한 역할을 하는 데에 중요성이 있다. 교회의 지도자인 목사를 바로 세우고 목사로 하여금 안정된 마음으로 목양하며 목회자의 목회 역량을 충분히 발휘할 수 있게 한다는 변에서 이론적으로 또한 실제적으로 유익을 끼치고자 하는 데 의미가 있다. 교회가 성장하고 부흥하는 데는 목회자의 영향력이 크다 하겠는데 목회자의 목회 역량은 사모가 어떻게 내조하는가에 달려 있다. 내조자로시 님편을 잘 돕는 역할이 사모의 본 역할이며 따라서 본 연구는 목회자 개인적인 사생활과 공적인 교회 생활에 사모가 끼칠 수 있는 영향력의 범위를 파악하고 설정하는 데 많은 기여를 할 것이다.

본 연구의 중요성은 많은 한국교회와 특히 목회자들에게 바람직한 사모의 역할이 절실하며 현실적인 문제이다. 이에 대한 해결의 모델을 제시해야 할 현실적인 요청이 있다. 일반인들이 말하는 사모와 목회자의 아내로서 사모는 전혀 다른 문제점들이 있다. 목회자 부부의 불화는 사모의 역할에 역기능적인 작용을 하게 된다. 실제적으로 부부관계의 문제를 해결하기 위한 대안으로서 행복한 부부 대안을 제시한다는 것은 현실적인 요청이다.

본 연구는 넓은 의미에서 하나님 나라의 확장을 하는 것이다. 한국교회 사모의 역할이 교회 성장에 원동력이 되었고 오늘날까지도 계속되고 있다. 초기 한국교회 사모들의 역할은 단순히 남편의 내조자로서 뒷바라지하는 것이었으나 사모의 역할의 확장과 더불어 사모의 전문성이 요구되고 있다. 본 연구는 사모가 어떻게 교회에 영향력을 행사하며 어떻게 내조하는 것이 교회에 유익하겠는가 하는 면에 대해서 보다 많은 목회자들이 도움을 얻을 수 있는 연구이다.

목 표

본 연구에서의 각 장의 목표는 다음과 같다. 첫째, 제2장의 성경적 및 신학적 기초에서의 목표는 사모에 대한 성경적 및 신학적 기초를 다진다. 이 사실을 통해서 성경에서는 아내로서 사모에 대해서 어떠한 관심을 가지며 어떠한 요구를 하고 있는가에 대하여 통찰력을 얻을 것이다. 또한 사모 역할의 우선순위와 목적에 관하여 성경이 무엇을 가르치고 있는가를 살펴보게 될 것이다.

둘째, 제3장의 역사적 현대적 연구에서의 목표는 사모의 발전 과정을 알고 한국교회에서 사모들의 역할의 변화와 교회에서 섬김의 모습들이 어떻게 변화하고 있는가에 대한 통찰력을 얻게 될 것이다. 사모의 역할이 시대적 상황 속에서 어떻게 변화되어 왔으며 그 목적이나 우선순위는 어떻게 변화해 왔는가? 현 시대적 아내의 가치관이 목회자 사모에 어떤 영향을 미쳤는가? 현 시대적 상황이 목회자 사모에 대해서 어떠한 결과를 가져왔는가? 사모가 교회에 끼친 영향이 어떻게 발전되어 왔는가를 분석할 것이다.

셋째, 제4장의 문제의 분석에서의 목표는 제2장의 성경적 신학적 기초와 제3장의 역사적 현대적 현황에 근거하여 사모의 실제적 문제점을 파악하는 데 있다. 여기서는 사모의 독특한 특성이 무엇이며 사모는 교회 내에서 어떻게 분류되고 있는지? 그리고 사모에 대한 교인의 생각은 어떠하며 아내에 대한 목사들의 요구는 무엇이고 사모의 역할이 교회에 어떻게 적용되고 성숙되고 있는지를 파악할 것이다.

넷째, 제5장 종합 및 대체 가능한 모델에서의 목표는 4장에서 분석한 자료에 근거하여 사모가 남편이 목회하는 교회에 어떻게 공헌할 수 있는가 하는 것과 더 나아가 한국교회 부흥에 긍정적 공로를 세울 수 있겠는가 하는 면에서 어떻게 하면 아내로서 사모와, 교회의 어머니로서 사모의 역할을 잘 해나감으로 목회자의 성공적 목회생활과 교회 부흥에 원동력이 될 수 있는가 하는 데 대한 상세한 설명을 해주는 구체적인 모델을 개발하는 것이다.

사모의 사역은 크게 3개의 분야로 설명된다. (1) 가정에서의 사역, (2) 아내로서의 사역, (3) 교회의 사모로서의 사역이다. 이러한 세 가지 분야에서 사모의 역할이 목사의 목회 역량에 얼마나 영향을 미치고, 교회 발전과 얼마나 관련이 있으며 어떻게 사역을 도울 수 있는지 연구하고자 한다.

필자는 성경을 근거한 사모가 선택받은 자로서 올바른 사명 인식과 역할의 구체적 모델을 제시함으로써 남편인 목사의 신뢰와 사랑받는 아내로서 든든한 후원자라고 하는 믿음 속에서 성공하는 목회자와 교회의 모든 성도들로부터 존경받는 사모로서 교회 성장에 중요한 부분을 감당하는 사모의 모델을 제시하려고 한다.

가정들

본 연구를 시작하면서 다음과 같은 단어들에 대한 성경적, 신학적인 사실을 인정하며 가정하고 연구에 들어간다. '순전한 사모'란 명제는 오늘도 내일도 주님이 오실 때까지 모든 사모들이 가져야 할 모습이다. 본 연구에서는 아내로서 사모의 순전함이 개인적으로 목회자의 부부문제들에 대한 긍정적인 해결이라는 사실을 가정하고 있다. 순전하다는 말은 잠언 31장 10−31절에 근거하여 남편이 살아 있는 동안 그 남편에게 악을 행치 아니하며 부지런하여 자녀와 가정을 돌보며, 무엇보다도 하나님을 경외하는 아내를 말하고 있다. 부부관계에 있어서 또는 우리 유교적인 전통인 삼강오륜에 나타난 대로 부부 유별하여 신실한 아내를 순전한 사모라고 가정하고 있다. 이러한 아내는 남편이 그를 믿으며 가정 목회의 문제를 해결하는 길이 된다.

'충성된 사모'는 요한계시록 2장 7절에 서머나 교회에 분부하신 말씀을 근거하여 모든 직분자들이 가져야 할 자세이다. 충성은 모든 면에 열심 있는 것만을 말하지 않는다. 주님 앞에서 하나님이 원하시고 바라는 대로의 일꾼이 될 때 충성되다고 말할 수 있다. 오늘날 사모의 교회 참여가 도에 지나치리만큼 많은 비중을 차지하기 때문에 문제가 발생하고 교회 성장에도 많은 걸림돌이 되는 것이 사실이다. 이러한 문제들에 가정하여 모든 면에 바람직한 사모의 충성은 교회를 윤택하게 하고 남편인 목사로 하여금 주신 사명을 잘 감당하게 하는 길이 된다.

연구 방법

본 연구의 연구 방법은 성경해석학적, 신학적 및 역사적 연구와 실제적 사례 연구를 통합한 종합적인 방법이다. 본 연구의 자료는 일차적으로 문서들에서 얻었다. 이차적으로 저술된 자료들과 연구된 발표 논문들에서 발췌했다.

일반적으로 여인으로서의 아내에 관한 자료는 국립 중앙도서관에서 비치되어 있는 관련 있는 자료들을 수집하여 연구했으며, 목사 사모의 역할과 관련하여서는 사모와 관련 있는 저서들을 중심으로 연구하였다. 사모에 대한 특정 주제에 대해서 이용할 만한 정보는 그리 많지 않은 것 같다. 따라서 총신대 도서관, 장신대 도서관, 감신대 도서관을 비롯하여 신학교를 중심으로 자료를 수집하는 데 특별히 관심을 기울였다.

역사적 전례를 연구함에 있어서는 관련 서적과 인터넷 등을 이용하여 관련 자료를 찾아보았다. 연구 문제들에 답하는 작업에서 필자는 또한 필요하다면 그 문제들을 한층 명백히 하고 추가적인 질문으로 형식화하려고 노력할 것이다.

필자는 아내론과 사모학에 대한 문헌을 연구하면서 오늘날의 사모가 목회자의 목회와 교회에 어떤 영향을 미치는지를 조사하기 위한 설문지를 작성하였다.

필자는 사모와 관련한 구체적인 설문을 작성하였고 분석하여 연구의 기초 자료로 활용하였다. 이 설문을 통하여 사모 역할을 분석할 때 분석과 평가의 과정에서 발견되는 참고 서적들을 부가로 밝힐 것이다.

연구의 주제에 관련하여 사모학, 여성학, 부부학, 건강의학, 교육학, 한국교회사, 고대사, 신앙 위인전기, 커뮤니케이션에 대한 연구가 선행되었다. 이 내용들은 본 연구의 전체 내용 중에 필요할 때마다 삽입하였다.

성경적 및 신학적 기초

본 장에서는 아내에 대한 성경적, 신학적 기초들을 다룰 것이다. 먼저 아내의 성경적 기초를 찾기 위해서 아내에 대한 근거를 신, 구약에서 찾아보았다.

구약에서는 창세기 2장 18-24절까지의 말씀을 근거하여 근본적인 측면에서 아내인 사모가 남편인 목사에게 어떤 위치에 있으며 어떤 중심으로 일을 해야 할 것인가를 연구할 것이다. 또한 잠언 31장 10-31절의 말씀을 중심으로 현숙한 사모상이 무엇인가를 구약에 나타난 선지자들의 아내의 내조에 대한 구체적 예와 더불어 원리적인 측면에서 심도 있게 연구하였다.

신약에서는 에베소서 5장 22-33절의 말씀을 중심으로 아내와 남편의 관계성을 살펴보았다. 연약하고 존귀한 그릇으로서의 사모에 대한 남편의 대우를 논하게 될 것이며, 남편과 아내와의 관계에서 존귀한 아내라는 측면을 연구할 것이다. 신약성경에 나타난 여인들의 남편에 대한 헌신과 남편과의 관계 속에서 어떻게 하나님을 섬겼는가를 더불어 찾아볼 것이다. 특히 예수님이 여인들을 귀히 여기시고 그들의 사역에 함께하신 일들을 살펴보면서 승천 이후에 복음 전파의 사역에 있어서 아내들이 어떤 역할을 감당했는가를 살펴보게 될 것인데 부부로서의 남편과 아내의 근본 원리를 성경을 기초하여 살펴보았다.

신학적 기초를 다룸에 있어서 그리스도께서 교회의 머리되심과 교회는 그의 몸 된 관계에서 주님이 교회를 사랑하심과 같이 아내를 사랑하는 신학적 관계를 조명해 볼 것이다. 이러한 연구는 남편으로서 목사와 아내로서 사모의 관계성이 정립될 것이고 사모의 정체성 확립에 많은 도움이 될 것이다.

1. 구약적 기초

(1) 돕는 배필

구약에서는 창세기 1장 26절과 2장 18절 그리고 25절에서 아내의 근거를 찾아볼 수 있다. 하나님은 아담을 위하여 '돕는 배필'을 주셨다. 에덴동산의 아담을 창조하신 하나님께서 아담 홀로 있는 것을 좋지 않게 보셨다. 이제까지의 모든 피조물들에 대하여는 만드신 후에 "보시기에 심히 좋았더라"(טוֹב מְאֹד)라고 극찬하셨으나 남자를 창조하고 난 후에 에덴동산에서 하나님은 창조물에 대한 최상의 흡족한 평가인 "좋았더라"는 말씀을 유보하신다. '좋았더라'는 말 대신에 "사람이 독처하는 것이 좋지 못하니……"(창 2:18a)라고 평가하고 있다. 좋지 못하니(לֹא־טוֹב)의 히브리어 원어의 뜻은 '좋다'는 뜻에 해당하는 '토브'와 '못하다'에 해당하는 '로'의 합성어인데 이는 절대 금지를 나타내는 부정어로도 사용되지만 여기에 사용된 단어는 절대 부정을 나타내는 말이 아니라 단수 부정을 나타내는 말로서 '좋은 것이 아니다'라는 소극적 의미에서 더 좋은 상태가 있음을 암시하는 것이다(옥스퍼드 원어성경대전, 1998: 211).

독처(alone)라는 단어는 히브리어 '바드'(בַּד)라는 어근에서 비롯된 것이다. 이 어휘의 뜻은 '분리되다(to be separated)', 또는 '고립되다(to be derided into parts)'는 뜻으로, '분리된 상태'(to be on a state of separation)를 말한다. 이와 같은 견지에서 본다면 이는 분명 남자로서 어느 한 부분이 불완전하다는 것을 의미하는 것이라 할 수 있다(정석기, 1993: 38). 남자는 여자 없이 존재할 수 없는 존재며, "남자는 혼자 있는 것이 불완전하여 조력자가 될 여자가 필요하다"는 뜻이다. 남편과 아내는 한 몸으로 그리고 한 뜻으로 결합된다(Calvin, 1980: 72). 하나님께서 "우리의 형상대로 사람을 만들자"라고 하실 때 사람을 Adam이라고 표현하고 있다. '아담(אָדָם)'의 본래 뜻은 사람이라는 뜻으로 하나님이 두 번째 인간 창조를 하시기 전까지는(창 2:22) 아담이라는 단어로 일관되게 사용하신다. 그러다가 성이 구별되면서 남자(אִישׁ)와 여자(אִשָּׁה)라는 단어가 쓰이기 시작했다.[1] 하나님은 아담이 완전한 한 인간으로 존재하며 하나님의 명령을 수행할 수 있도록 하와를 그의 아내로 주셨다.

하와는 아내의 첫 번째 대표적 인물이다. 인류 최초의 아내로서 그를 통해서 아내의 모습이 어떠함을 찾아볼 수 있다. 하와란 이름의 뜻은 "생존하는 자" 또는 "살아 존재하는"의 뜻으로 생명의 근원, 생명의 어머니 또는 모든 생명을 지닌 자의 어머니가 된 것이다(이병렬, 1986: 13). 그녀는 모든 산 자의 어미가 되었다. '하와'는 타락 후에 주어진 이름이다(창 3:20). 그녀는 최초의 여인으로 남자인 아담의 동반자로 지음을 받았으며, 둘이 한 육체가 되게 하셨다. 영광과 수치와 희락과 고통을 함께 나누며 인간을 향한 하나님의 목적을 이루어 가는 일에 서로 협조하게 하신 것이다. 최초의 여인, 최초의 아내, 최초의 어머니로서 하와는 중요한 위치에 있었다. 그녀의 삶은 그녀 자신과 그 남편에게뿐만 아니라 그의 후손인 모든 인류에게 영향을 미치도록 되어 있다.

---

1) 아시아 여성신학정립협의회 보고서, "여성신학과 창조신앙의 의의"(한국여신학자협의회, 1983: 52)에 의하면 인간창조에 있어서 '남자'를 의미하는 단어 "אִישׁ"가 아니라 '인간'을 의미하는 "אָדָם"이 사용됐다고 하는 것에 주목하여 '아담'은 땅에서 나온 피조물로서 성적으로 완전히 분리되지 않은 미분의 상태의 인간이라고 주장하고 있으며, 남자와 여자의 창조를 동시적으로 보는 주장도 제기하고 있다.

하나님께서는 남자와 여자를 창조하시되 하나님의 형상을 따라 지으셨다. 여호와께서 피조 세계를 순차적으로 창조하시고 그 절정에 '하나님의 형상을 닮은 존재'로서 남자와 여자를 창조하셨다. 하나님은 아담이 혼자 있는 것을 좋지 못하게 여기시고 그를 위해서 돕는 사람으로 또 한 사람인 여자를 지으셨다. 이렇게 창조된 여자의 이름이 하와이다. 하나님은 아담을 지으시고 그가 독처하는 것이 좋지 못하여 그를 돕도록 아내를 주셨다. 아내는 그 남편을 돕도록 주신 배필이다. 여기에서 남자와 여자의 관계가 대두되는데 성경의 역사는 남성을 중심으로 전개되고 있음을 내포하고 있다. 이런 의미로서도 아내는 남편을 돕는 배필의 관계인 것이다(Letha Scanzoni, Nancy Jardesty, 1982: 32). 하나님은 아담의 조력자(배필, 짝, 하나의 인간)로 여자를 지으셨다. 배필이란 말은 남성에게 종속되었다는 것을 의미하지는 않는다. 히브리어 "에제르"라는 말은 문자적으로 "돕는 자"라는 뜻이다. 남편을 돕는다는 것은 하나님께서 여성에게 허락해 주신 특권이다(이병렬, 1986: 76). 내용의 의미를 좀더 구체적으로 알아보기 위해서 주석적인 접근으로 '돕는 배필'의 의미를 고찰해 보고자 한다. 돕는 배필의 히브리어 "עֵזֶר כְּנֶגְדּוֹ"의 영문번역은 'a helper meet for him' 또는 'a helper comparable to him', 'a helper suited to him' 등으로 번역되는데 여기서 크네그도(כְּנֶגְדּוֹ)의 뜻은 '……에 적합한', 또는 '……에 상응하는' 등의 뜻을 가지고 있다. 남자에게 있어서 영적인 면, 지능적인 면, 이성적인 면, 육체적인 면 등 모든 면을 높기에 충분히 적합하다는 뜻이다(Letha Scanzoni, Nancy Jardesty, 1982: 33). 여기에서 돕는 자에 해당하는 '에제르(עֵזֶר)'는 단순히 일을 돕거나 후손을 낳아주는 것이 아닌 넓은 의미에서 지지하는, 후원하는, 지탱하는 등의 뜻을 갖는다(Claus Westermann, 1984: 33). 에제르(עֵזֶר)라고 하는 단어는 돕는 배필로서의 의미로만 쓰인 것이 아니다. 구약 성경 전체에서 하나님의 도우심을 말할 때에도 사용하고 있다. 이는 종속된 위치에서 도움을 주는 것이 아니라 구원을 요청하는 사람에게 구원을 베푸시는 도움이다. 즉 하나님이 사람에게 구원자로서의 도움을 베푸는 의미로 사용되는 용어이다(Samyel Terrien, 1966: 18). 이는 절대적이고 초능력적인 능력으로 도움을 주는 것을 말하고 있는데 이런 의미에서 본다고 하면 여자의 도움은 남자에게 있어서 없어서는 안 될 절대적이며 세밀하고 구체적인 도움을 의미한다. 따라서 돕는 배필로서의 사모의 역할은 하나님의 도움과 같은 완전한 의미에서의 돕는 것은 아니라 할지라도 반드시 필요한 도움의 성질이다.

하와인 여자는 남자인 아담보다 훨씬 더 예민하고 섬세하게 창조되었다. 여자가 남자보다 더 섬세한 이유가 여기에 있다(돕는 배필). 하나님은 아담을 먼저 지으시고 그다음에 후속물로 하와를 지으셨다. 다시 말하면 남자를 돕는 사람으로 지음 받았기 때문에 아담보다는 더 섬세하고 세밀하게 지으셨다고 볼 수 있다. 감성적인 면에서나 지각적인 면에서 남자보다 예민하고 복잡한 것이 여자이다. 남자가 보지 못하고 느끼지 못하는 면까지도 예민하게 느낄 수 있는 본능을 가진 것이 여자이다. 이러한 측면에서 남편이 보지 못하고 깨닫지 못하는 부분을 섬세한 아내가 보고 그를 도와 하나님의 뜻에 더 잘 맞추어 일을 수행하도록 돕는 것이 아내가 할 일이다.

아담을 돕는 배필로 하와를 주셨는데 그러면 무엇을 돕는 것인가? 단순히 아담이 하는 일을 돕는 것인가? 아니면 하나님이 아담에게 주신 무슨 사명이 있어서 그것을 도우라는 것인가? 창세기 1장 26절 이하에는 이렇게 말씀하고 있다. "하나님이 가라사대 우리의 형상을 따라 우리의 모양대로 우리가 사람을 만들고 그로 바다의 고기와 공중의 새와 육축과 온 땅과 땅에 기는 모든 것을 다스리게 하자 하시고 하나님이 자기 형상 곧 하나님의 형상대로 사람을 창조하시되 남자와 여자를 창조하시고 하나님이 그들에게 복을 주시며 그들에게 이르시되 생육하고 번성하여 땅에 충만하라, 땅을 정복하라, 바다의 고기와 공중의 새와 땅에 움직이는 모든 생물을 다스리라 하시니라"(창 1:26-28). 아담에게 주어진 명령은 생육하고 번성하여 땅에 충만하며 땅을 정복할 사명을 주셨다. 이는 아담에게만 주어진 명령이 아니요 아담과 하와 두 사람이 함께 이룩해 나가야 할 사명이다(창 2:8). '배필'이라는 말은 있어도 그만 없어도 그만인 관계가 아니라 절대로 필요한 존재라는 말이다. 아담을 돕는 일에 절대적으로 필요한 존재가 하와이다. 하와는 아담에게 두 가지 측면에서 조력자가 되어야 한다. 첫째는 남편이 하는 일에 조력자요 또 한 부분은 부족한 것을 채우는 면에서 조력자다. 하나님은 아담에게 모든 피조물들을 다스리라는 명령을 주셨다. 하나님의 형상대로 지음 받은 인간은 하나님을 닮았다는 것인데 이는 육체적인 모습이 닮은 것을 말하지 않고 인격적인 면에서 하나님을 닮은 것을 말한다. 범죄하기 전 인간은 하나님과 같은 인격의 소유자였다. 하나님과 인간이 같았다는 말이다. 모든 동물을 지으신 하나님은 아담에게 그것들을 이끌어 오시고 아담에게 이름을 짓도록 하였다. 아담이 짓는 이름이 곧 그 이름이 되었다. 이는 아담의 뜻하는 바가 하나님이 원하시는 바인 것을 나타내고 있다. 아담이 하는 일은 하나님의 뜻을 이루는 것이고 그 뜻을 이루는 데 있어서 하와는 돕는 배필이 되어야 한다. 아담과 하와의 조력자의 관계는 삼위일체 하나님께서 한 분이시나 삼위의 하나님께서 각각의 인격과 위를 가지시고 서로 간에 협력하시며 일을 하시는 면에서 비교된다.

사람에게 주신 명령 중의 하나는 '번성'하라는 것이고, 다른 하나는

'땅을 정복하고 다스리라'는 것이다. 히브리어 '라다(רדה)'라는 동사는 인간이 동물을 지배하는 것을 말한다. 그러나 이 말이 파괴적인 의미가 내포된 정복을 뜻하지 않는다. 에덴동산에서 그들에게 주어진 명령은 가꾸며 돌보는 것이다. 히브리어의 가꾸다는 뜻의 '아바드(עבד)'와 돌보다는 뜻의 '샤마르(שמר)'는 문자적으로 '섬기다', '지키다, 보존하다'는 뜻을 가지고 있다. 이런 의미에서 본다면 인간은 하나님이 주신 피조물을 지배하는 명령도 받았지만 그것을 지키고 가꾸는 책임도 있는 것이다. 하와는 하나님의 뜻을 이루어 나가는 데 돕는 조력자가 되어야 한다. '생육하고 번성하여 땅에 충만하라'는 축복은 후에 예수 그리스도에 의하여 재천명되었다. "너희는 가서 모든 족속으로 제자를 삼아 아버지와 아들과 성령의 이름으로 세례를 주라"는 선교 명령이다. 하와는 하나님의 지대한 지상 명령인 복음 전파의 사명을 이루는 일에 조력자가 되어야 한다.

아담을 돕는 일에 유용하도록 섬세하게 지음 받은 하와는 반면에 유혹에 빠지기 쉬운 단점이 있다. 사단은 이러한 연약한 부분을 너무나 잘 알고 있었기에 유혹에 약한 하와를 대상으로 삼아 먼저 유혹했고 뱀에 미혹받은 하와는 자기의 본분인 돕는 배필의 사명을 망각하고 아담으로 하여금 하나님의 명령을 어기고 불순종하는 범죄자의 자리에 이르게 하였다. 하와의 잘못된 내조가 인류를 불행한 자리에 이르게 하였다. 그러므로 범죄 후에 아내에게는 남편을 '사모'하고 남편은 아내를 '다스리라'는 명령을 주셨다(창 3:16). 여기에서 오늘날 아내와 남편과의 관계가 어떠해야 함을 살펴볼 수 있다. 아내인 여자는 남자인 남편의 다스림을 받고 살아가는 관계가 되었다. 특별히 교회 내에서는 여인들의 활동을 성경은 금하고 있다(고전 14:34). 하와는 아담을 통해 받은 하나님의 말씀을 정확하게 알고 인정하며 살아야 했다. 하나님과 아담만을 사귀고 그 사랑 안에 살면서 다른 곳에 관심과 시선을 돌리지 않아야 했다. 신앙과 불신앙을 인류에게 물려줄 수 있는 위치에 있었다. 하와의 가정은 인류 최초로 가장 행복한 삶의 보금자리였다. 하나님은 남성을 돕기에 합당한 다른 인격체로서 여자를 지으셨는데 이 조력자가 바로 여성이고 그 의미는 "여자로서의 인간(She-man)"을 뜻한다.

　반면에 돕는다는 말은 수직적인 관계에서 종속의 의미를 말하지는 않는다. 여자는 인간관계에서 한 인격체로 존중되어야 할 뿐 아니라 남성과는 구별되는 존재이다. 하와를 아담의 갈빗대를 뽑아 지으셨다. 다른 뼈가 아닌 갈비뼈로 만드신 것이다. 이는 인격적인 면에서 조금도 부족함이 없는 관계를 뜻한다. 그렇다고 직능적인 면에서까지 차이가 없다는 뜻은 아니다. 남자는 남자로서 직능이 있고 여자는 여자로서의 직능이 있다. 장차 부활한 몸은 남녀의 구별이 없다(막 12:25). 모두가 천사와 같은 몸으로 살아가게 된다. 인간은 하나님에게 의존하여 상호 관계 속에서 자신의 삶을 발전시키고 그 삶의 의미와 목적을 이루어 나가는 것이다. 이런 관계 속에서 남성이 좀더 완전한 인간이 되도록 돕는 것이 여성의 역할이다. 여성은 남성을 통하여 여성다워지고, 남성도 여성으로 인하여 자신이 남성임을 확인하게 된다(윤상현, 1989: 4). 남녀의 관계는 차별이 아니고 성의 구별이다. 여자의 이름을 아담이 잇샤라고 지어 불렀다. 이는 '사람으로부터 사람'이다. 즉 한 사람 아담에서 둘로 분리됐다는 뜻이다. 여사가 없으면 아담 그대로 있어야 하며 남자가 될 수 없다. 여자가 있기 때문에 남자가 있다. 그러므로 여성창조는 매우 중요한 의미가 있다(이병렬, 1986: 79).

　창세기 2장 24절은 "남자가 부모를 떠나 한 몸을 이루라"고 말씀하고 있다. 부부가 되는 관계에서 연합이라는 단어는 매우 중요하다. 연합은 단순히 동침이라는 뜻으로만 사용되는 것은 아니다. 연합이란 용어는 인격적인 애착의 결과로써 이루어지는 것이며 극도의 어려움 중에서도 변치 않는 관계, 또 남녀 간의 강력하고 격정적인 사랑, 더 나아가 이스라엘과 여호와의 관계 등에서 사용되고 있다(정양숙, 1982: 41). 연합은 부모관계를 떠나 새로운 관계를 형성하는 것이다. 인간 전 존재의 결합으로 일체를 이루는 것이다. 남자가 배필자인 여자와 전인적인 결합이 있을 때 비로소 완전한 사람이 되는 것이다. 목회자가 아내와의 전인격적인 결합이 있을 때에만 올바른 목회사역을 이룰 수 있다. 따라서 사모는 남편과 연합으로 남편을 도와야 한다. 개인 상호 간의 삶의 태도는 하나님께서 인간을 지으신 목적을 올바로 이해함으로써 명확해진다. 하나님께서 각자에게 부여한 사명을 개발해 갈 수 있도록 서로 의존적인 관계를 만드신 것이다(차호원, 1986: 11). 따라서 서로를 사랑하며 서로를 위할 때 진정한 의미에서 돕는 관계가 되는 것이다.

성경에 나타난 인물 중에 용감하게 하나님께 쓰임 받은 여선지 드보라를 기록하지 않을 수 없다. 드보라는 "랍비돗"의 아내이며 신의 감동을 받고 이스라엘을 구출한 위대한 여사사이다. 그는 한 남편의 아내였으며 예언자였다. 그녀는 죄악 중에 허덕이는 이스라엘을 깨우친 선동가요, 전사들에게는 용기와 힘을 불어 넣어준 용사며, 나라를 세운 국모이기도 하다. 드보라는 하나님의 말씀에 의지하여 모든 일에 적극적으로 참여한 여성이다. 남편의 내조자로서 아내를 쓰신 경우가 있지만 드보라와 같이 그 아내를 직접 들어 쓰신 일도 있다. 남편이 하지 못하는 일에 여성을 들어 쓰신 경우이다. 그녀는 신의 감동을 받고 이스라엘을 구출하였다. 모세가 죽은 후 여호수아가 하나님의 일을 이어 받아 시행하였고 여호수아가 죽은 후에도 가나안 땅을 완전히 점령하지 못했다. 북쪽 지파들은 땅을 분배받았으나 먼저 있던 가나안 원주민에게 땅을 빼앗기고 산악지대로 도망하였으며, 북부 갈릴리를 분배받은 지파들은 중앙 산악지대에 거처하면서 남부지파 사람들과 완전히 고립되어 서로 간에 연락조차 할 수가 없었다. 이러한 와중에 고대도시 하솔 왕 야빈이 북쪽 이스라엘 지파들을 지배했다. 이 당시 가나안 땅에 입주한 이스라엘 민족에게는 많은 변화가 있었다. 특별히 야훼 종교를 신앙하는 유목민 출신의 이스라엘 민족은 농경 사회를 지배하는 가나안 종교인 바알신 숭배에 흡수당했으며 이스라엘 민족들은 급격히 우상 숭배에 빠져들었다. 이러한 시대적 암흑기에 이스라엘을 구한 사람이 드보라이다. 그녀는 나약할 대로 나약해져 있는 이스라엘에게 용기를 심어주었고 군대에게 힘과 사명을 불어 넣어준 용기 있는 여인이었다. 그녀는 이스라엘이 하나님의 백성임을 일깨워 주었고 바알을 숭배하는 백성들을 자각하게 하여 야훼 하나님을 섬기도록 민족 자각운동을 벌여 나갔다. 드보라는 아내로서 내조자의 역할을 하면서 동시에 하나님의 일을 직접적으로 감당하는 용기 있는 여성이었다.

(2) 남편은 '主'

구약 성경에 '주'에 해당하는 용어는 여러 가지가 있다. 아돈(Adon), 아도나이(Aodnai), 야(Yah), 그비르(Gebiyr), 랍(Rab), 엘(El), 게비르(Gebir), 마레(Mare), 나시(Nasi) 등이 사용되었다.

창세기 19장 2절에 롯을 찾아온 천사를 부를 때 '주(아도나이:אֲדֹנָי)' 라고 하였고 아브라함의 늙은 종이 그의 아들 이삭의 아내를 얻기 위하여 떠날 때 아브라함을 일컬어 '주(와도니:וֵאדֹנָי)'라고 불렸다. 아브라함의 아내 사라가 아브라함을 향하여 '주'라고 사용한 단어 역시 '주

(아도나우:אֲדֹנָי)'라고 하여 '주인'으로서의 의미로 불렀던 것이다.[2] '주'의 개념은 '주인'으로서 자신을 낮추어 완전히 그에게 속한 자라고 하는 고백 속에서 사용된 용어이다. 일반적으로 하나님 앞에서 자신은 하나님께 속한 자이며 하나님의 것이라고 하는 의미에서 '주'라고 불렀으나 사람과 사람 사이에 자신이 상대방에게 속한 자임을 고백할 때 '주'라고 불러 그에게 복종하고 그의 명령을 따를 것을 표현할 때 사용된다.

성경에는 여러 개의 히브리어와 헬라어가 주(Master)로 번역되었는데 구약에 '주'로 쓰인 칭호는 여호와(Jehovah), 엘로힘(Elohim), 그리고 아도나이(Adonai)였다. 히브리인들은 하나님을 대부분 주라고 불렀다. 아돈(אָדוֹן)은 종이나 노예의 소유자나 주인을 의미한다. RSV에서는 이 히브리어를 주인(Master)과 주(lord)로 215회 나와 있다. 이 히브리어가 쓰인 구약성서의 여러 구절을 번역하는 데 있어서 RSV나 KJV가 대체로 일치하고 있다(성서대백과사전, 1981: 551).

남편과 아내의 관계에서 아브라함의 아내 사라가 그 남편을 '主'라고 칭하였다(창 18:12). 그 뜻은 자신은 남편에게 속한 사람이며 남편에게 복종하고 그의 인도함을 따라 살겠다는 고백이다.

그렇다고 하면 왜 여자인 아내는 남자인 남편을 주로 모셔야 하는가? 이에 대한 대답은 창세기 3장 16절 하반절에 기록하고 있다. "너는 남편을 사모하고 남편은 너를 다스릴 것이니라". 여자가 유혹받아 먼저 선악과를 먹었고 남자를 설득하여 뱀의 말을 듣고 범죄의 자리에 함께 동참케 했기 때문에 그 이후의 삶은 남자가 여자를 다스리도

---

2) '주'에 해당하는 '아돈(אָדוֹן)'은 '주인'(창 18:12, 삿 19:11), '통치자'(창 45:8) 등으로 번역되어 대개 사람에 대해 사용되나 때로는 하나님께 대하여 사용되기도 한다(시 114:7, 창 8:2) (옥스퍼드원어성경대전, 1998: 324).

록 하신 것이다. 다시 말하면 여자는 남자의 다스림을 받고 살라는 말이다. 따라서 사라는 아브라함을 '주'로 부르기까지 순종하며 살았다. 또한 여자는 남자를 사모하게 하신 것이다(카알 델리히, 1983: 111). 이 부분에서 여성이 남성을 사모함(תְּשׁוּקָה)의 뜻은 '열렬하게 갈망하다'라는 뜻이다. 남자에게 복종하는 것으로 형벌을 받았다.[3] 인간 타락의 결과로 에덴에서 모든 아름다운 관계는 깨어졌고 인류를 포함한 모든 만물의 관계 회복은 오직 오실 예수 그리스도를 바라봄으로 가능하게 되었다.

구체적으로 사라가 그 남편에 대해서 어떻게 주로 섬겼는지를 구약성경에 나타난 기록을 통해서 살펴보고자 한다. 아브라함 시대는 가부장적인 시대로서 아버지 또는 남편이 곧 제사장이요 선지자요 왕의 역할을 하는 신정 통치의 시기이다. 따라서 아브라함의 위치는 기름부음 받은 종의 위치와 같은 위상이라 하겠다. 이런 측면에서 본다면 아브라함의 아내는 사모의 역할을 한 것이라고 말할 수 있다. 구약의

---

3) 틸리케는 본문에 대해서 다음과 같이 말하고 있다. "여기서 말하는 남자의 지배는 여성의 욕망(리비도)의 변화를 말한다. 여성의 본래적 성욕(sexuality)은 남성의 것과 공통적 기원에 따라서 일치를 유지하고 있었으나 이후로는 대항하고, 징복하는 관계로 변화되이 리비도의 속박과 전제주의적 억압을 기져왔다"고 말한다(Thielicke, 1986: 11). 한편 후크마(Anthony A. Hoekema)도 여기에 대하여 "사모한다는 말은 남편과의 성적인 교제에 대한 열망을 의미한다. 이 열망은 출산 시에 겪게 될 고통에도 불구하고 계속될 것이다"라고 말하고 있다.(Anthony A. Hoekema, 1990: 230).
그러나 תְּשׁוּקָה는 육적 욕망 또는 성욕을 의미하지 않는다. 이 말 가운데 어미 ָה는 히브리어 추상 명사로서 사용되는 여성 명사이다. 추상 명사형을 나타내는 접두사 תְ를 가진 동사 שׁוּק(달리다)에서 파생한 것이다. 따라서 '사모한다'는 말의 문자적 의미는 '달리다' 또는 '돌아가다'라는 뜻으로 그 남편을 향하여 마음이 달리고 있는 또는 남편에게도 돌아가는의 뜻으로 해석해야 한다. 70인역, 라틴역, 시리아 페시타역, 이디오피아역, 사히드역 아랍역 등 모든 곳에서 'turning'으로 번역하고 있다(W. C. Kaiser, 1990: 233).

아내는 아담부터 시작하여 오늘에까지 이르고 있다.

사라는 아브라함을 '主'로 생각하여 아브라함의 뜻을 따르는 일을 주저하지 않았다. 기근으로 인해서 애굽으로 갔을 때에 아내의 아리따움으로 자기가 죽을 것을 두려워하여 심지어 자기 아내를 누이라 하라고 했을 때에도 사라는 아브라함의 뜻을 따라 복종했다. 어찌 이런 일을 상상이나 할 수 있겠는가? 만일 오늘날 아내에게 이와 같은 대우를 한다면 이혼을 요구당했을 것이다.

이런 일은 한 번이 아니었다. 가데스와 술 사이, 그랄에 우거하게 되었을 때에 이전과 똑같이 사라를 누이라고 하였다. 물론 그녀가 이복 누이 동생인 것은 사실이다. 하지만 이미 자기 아내로서 지키고 보호해야 할 남자의 입장에서 본다면 너무도 비굴한 행동이라고밖에 말할 수 없다. 그러나 이때에도 사라는 역시 아브라함의 뜻을 따랐다. 자기가 이해할 수 없는 상황에서도 사라는 아브라함의 뜻에 무조건적으로 따랐다(창 20:2).

사라의 남편에 대한 순종은 여기에서 그치지 않는다. 하나님의 약속을 따라 백세가 되어서야 얻은 아들 이삭을 드리라는 명령을 아브라함이 받았을 때에 아내인 사라와는 한 마디도 상의하지 않았다. 물론 구체적으로 기록이 되어 있지 않기 때문에 서로 의논을 했는지 아니면 독단으로 감행했는지는 알 수 없지만 분명한 것은 사라는 알고 있었을 것이다. 사라가 알았던 알지 못했던 간에 아들을 잡아 죽여서 제물로 드리는 일에 아브라함은 사라에게 한 마디 상의도 하지 않았고 그의 아내의 의견을 따라 시행하지 않았다. 아브라함은 오직 하나님의 뜻을 따라 시행했다. 이렇게 중요한 사건 앞에서도 사라는 결코 아브라함의 뜻을 거스르고 자기주장을 한 일이 없다. 오늘날 교회일을 수행하는 데 있어서도 그러하다. 하나님의 명령은 사모를 통해서 주어지는 것이 아니라 기름 부어 세움을 입은 목회자를 통해서 이루어지는 것이기 때문에 아내인 사모는 결정권을 가지고 있지 않다. 그럼에도 불구하고 교회의 중요한 사항까지도 사모의 주장에 의해서 결정되는 일이 많은 것이 오늘날의 안타까운 현실이다.

그의 남편을 주로 여기고 순종하는 일에 주저하지 않았던 사라도 잘못 내조한 일이 있었다. 자손을 하늘의 별과 같이 바다의 모래와 같이 많게 해주시겠다는 하나님의 축복의 약속에 대해서 사라는 아브라함만큼의 믿음을 가지고 있지 않았던 것 같다. 하나님의 약속을 끝까지 믿고 아브라함으로 하여금 흔들림 없이 믿음으로 나가도록 도왔던 사라는 백세가 가까워서까지 자손을 주시지 않자 인본적인 생각을 앞세워 자기의 젊은 여종 하갈을 아브라함의 후처로 주었다. 그로 인해 얻은 자손이 이스마엘이다. 이는 믿음으로 도운 행동이 아니다. 불신앙의 행동이요 인본적인 생각의 결과였으며, 육신적인 생각으로 도운 잘못된 내조였다. 믿음으로 생각하고 믿음으로 내조하지 못하고 인본적인 생각으로 내조하였던 사라는 결국 불신앙으로 인하여 그의 여종으로부터 멸시를 당하는 불행을 자초하게 된다. 뿐만 아니라 하나님의 약속의 아들인 이삭이 불신앙의 아들인 이스마엘로부터 학대를 당하는 불행을 보게 된다. 아내로서 잘못된 내조가 이와 같은 불행을 초래한 것이다. 사라의 잘못된 내조는 후세에 주는 또 한 가지 중요한 교훈이다.

성경은 아내에게 그 남편에게 절대적인 복종과 순종을 요구하고 있다. 이것이 하나님이 세우신 질서이다. 그 남편에게 순종치 않는 것은 교회가 주님께 불순종하는 것과 같은 이치라 할 수 있다.

사모는 목사를 돕는 내조자로서의 위치에서도 중요하지만 하나님의 교회를 세우고 돕는 조력자이기 때문에 그 중요성은 매우 높다. 따라서 하나님이 기뻐하시는 좋은 사모를 얻기 위해서 많은 기도가 필요하며 특히 사모를 선택하는 일에 있어서 신중을 기하여 하나님이 예정하신 배필을 만나야 한다. 하나님은 예정하신 뜻대로 모든 일을 주관하신다. 하나님의 종은 복중에 짓기 전에 선택하셨다(렘 1:5). 그리스도인들에게는 하나님의 특별한 섭리를 따라서 그 기쁘신 뜻대로 예정하시고 예정하신 대로 복되게 인도하시는데(엡 1:5), 각 사람에게 예성하신 배필이 있다. 더욱이 하나님의 종들에게는 하나님의 사역을 함께 잘 감당할 수 있도록 '돕는 배필'인 사모를 예정하셨다(엡 1:11, 12).

모든 일은 선택이 중요하다. 잘못 행해진 선택은 일평생 자기 자신을 불행하게 만들고 하나님의 뜻을 결코 이루어 나갈 수 없게 한다. 사모를 선택하는 데 있어서 당사자인 목사는(물론 목사가 되기 이전인 신학생 시절이나 그 후에 결혼을 하게 되지만) 주의 종이라는 사실을 깊이 인식하고 자기중심으로 아내를 선택할 것이 아니라 신중하게 선별하고 구별하여 하나님이 허락하신 사람인가를 찾는 데 최선을 다해야 한다. 간혹 믿음의 가정이 아닌 불신자의 가정에서 사모를 택하여 그 후에 사모로서 사명을 감당하게 하는 이가 더러 있다. 노아 때에도 하나님의 사람들이 결혼을 하는데 자기들의 눈의 보기에 좋은 대로 사람의 딸들을 취하여 아내를 삼았다(창 6:4). 이들이 낳은 자식은 고대 유명한 용사가 되었지만 하나님은 그것을 귀하게 보지 않으시고 심히 불쾌하게 생각하여 마침내 홍수로 심판하셨다(창 7장).

성경은 하나님이 예정하신 아내를 찾는 방법에 대해서 말씀하고 있다. 아브라함이 그의 아들 이삭의 아내를 택할 때 어떻게 하였는지를 구체적으로 기록하고 있다. 아브라함은 믿음의 사람이요 믿음으로 우리 조상이다. 그도 초년에는 자기 주관대로 행하다가 낭패를 당할 뻔한 일이 몇 번 있었다. 그러나 그의 말년의 생활은 백세에 얻은 아들을 드리는 일에 순종하기까지 믿음으로 살았다(히 11:19, 창 22:3). 아브라함이 그의 자부 리브가를 얻었던 시기는 하나님의 뜻을 찾아 살아가는 일에 익숙해진 노년기였다. 그의 아들을 위해서 아내를 택할 때 아브라함은 하나님의 뜻을 찾아 선택하기 위해 매우 신중했던 것을 볼 수 있다.

사모를 선택하는 데 있어서 첫째 조건은 믿음의 가정이라야 한다. 아브라함이 그의 집 모든 소유를 맡은 늙은 사환에게 그의 아들을 위하여 아내를 얻게 할 때에 첫째 조건이 그것이었다. "가나안 이방 민족 중에서 아내를 택하지 말고 내 고향 내 족속에게로 돌아가서 내 아들 이삭을 위하여 아내를 택하라"는 것이다(창 24:4). 사모를 택하는 데 있어서 첫째 조건이 하나님을 알지 못하는 이방인 중에서 얻어서는 안 되며 반드시 하나님의 백성인 믿음의 가정에서 사모를 택해야 한다. 사모는 목회자의 내조자인 아내이며 교회의 일에 함께 의논할 의논의 대상이 되기도 하고 때로는 직, 간접적으로 교회일에 참여하게 되기 때문에 어려서부터 믿음의 가정에서 자라고 믿음의 눈으로 판단하며 믿음으로 도울 수 있는 관계가 되어야 한다. 따라서 믿음의 가정에서 사모를 택하는 것이 무엇보다도 중요하다.

두 번째로 여자를 좇을 것이 아니라 하나님을 좇아야 한다. 창세기 24장 5-8절에 "종이 가로되 여자가 나를 좇아 이 땅으로 오고자 아니 하거든 내가 주인의 아들을 주인의 나오신 땅으로 인도하여 돌아가리이까 아브라함이 그에게 이르되 삼가 내 아들을 그리로 데리고 돌아가지 말라……. 만일 여자가 너를 좇아오고자 아니하면 나의 이 맹세가 너와 상관이 없나니 오직 내 아들을 데리고 그리로 가지 말지니라"고 말씀하고 있다. 주의 종은 여자의 주장을 따를 것이 아니다. 하나님이 주신 사명을 먼저 인식하고 그 사명을 이루도록 여자를 인도해야 한다. 만일 여자가 장차 사모로서의 길을 거부한다면 이는 하나님이 허락하신 사람이 아니라고 생각해야 한다.

세 번째는 하나님이 인도하시는 섭리를 살펴보아야 한다. 하나님의 뜻은 주신 말씀에 비추어 찾으면 된다. 그러나 때로는 어느 것이 하나님의 뜻인지를 잘 모를 때가 있다. 이럴 때는 하나님께서 주장하시는 섭리가 무엇인지를 살펴보면 알 수 있다. 아브라함의 늙은 사환은 오랫동안 믿음의 주인인 아브라함의 믿음을 본받아 살아왔기 때문에 하나님의 뜻을 찾는 일에도 신중했던 것을 볼 수 있다. 늙은 사환은 주인의 약대 열 필과 주인의 모든 좋은 것을 가지고 떠났다. 그가 나홀의 성에 이르러 그 약대를 성 밖 우물곁에 꿇리고 여인이 물 길러 나올 때에 하나님께 이렇게 기도하였다.

"우리 주인 아브라함의 하나님 여호와여 원컨대 오늘날 나로 순적이 만나게 하사 나의 주인 아브라함에게 은혜를 베푸소서 성중 사람의 딸들이 물 길러 나오겠사오니 내가 우물곁에 섰다가 한 소녀에게 이르기를 청컨대 너는 물 항아리를 기울여 나로 마시게 하라 하리니 그의 대답이 마시라 내가 당신의 약대에게도 마시우리라 하면 그는 주께서 주의 종 이삭을 위하여 정하신 자라 이로 인하여 주께서 나의 주인에게 은혜 베푸심을 내가 알겠나이다"(창 22:12-14).

아브라함의 종은 자기의 생각대로 이삭의 아내를 택한 것이 아니라 하나님의 섭리를 따라 하나님이 인도하심을 바라고 기다렸다. 그의 말이 미치지 못하여서 리브가가 물 항아리를 어깨에 메고 나오는데 그는 남자를 가까이 아니한 처녀라고 말씀하고 있다. 그는 리브가를 향하여 물 항아리에서 물을 달라고 청했고 리브가는 아브라함의 종이 기도한 대로 그에게뿐 아니라 그의 약대에게도 물을 긷는 모습을 묵묵히 바라보며 하나님의 평탄한 길을 주신 여부를 계속해서 신중하게 살펴보았다(창 24:21). 늙은 사환은 자기가 기도한 대로 하나님이 만나게 하셨음을 확신하고 그에게 가져온 금 고리를 채워주고 그의 집으로 향하였다. 그는 여기서 그치지 않고 그의 집에 이르러 그의 가족들에게 이곳까지 오게 된 동기와 그가 하나님께 기도하여 순적이 만나게 한 사실을 알리고 그의 가족들의 반응을 살펴보면서 끝까지 하나님께서 정하신 여부를 신중히 찾았다. 이처럼 하나님의 섭리를 찾아보면서 그 뜻을 찾는 것이 중요하다.

네 번째로 가족들의 반응에서 하나님의 뜻을 찾았다. 하나님께서 인도하신 섭리를 살펴보고 난 후에 다음으로 살펴볼 것이 가족들의 반응이다. 이로써 하나님의 인도하심을 찾아보는 것이다. 흔히 나만 좋으면 가족은 어떠하든 상관없다고 생각하고 결혼을 결정하는 경향이 있다. 이러한 생각은 목회자가 될 사람에게는 바람직하지 못하다. 목회자가 될 사람들 가운데도 이러한 불신자들의 결혼관을 가지고 사모를 택하는 사람들이 더러 있는데 가족의 반응은 전혀 고려하지 않고 자기 좋은 대로 결혼한다면 이는 하나님의 뜻을 거스르는 선택임을 알아야 할 것이다. 가족 중에 반대하는 사람이 있다면 이는 하나님의 뜻이 아닐 수도 있다는 것을 알고 신중하게 재고해 보아야 한다.

마지막으로 본인의 뜻이 중요하다. 리브가는 모든 현실이 하나님의 섭리대로 이루어짐을 알았고 기쁨으로 아브라함의 종을 따라 나섰다(창 24:58). 아무리 주변 사람들이 찬성한다고 해도 본인이 원치 않는 것은 하나님의 뜻이 아니라고 생각해야 한다. 이삭도 리브가를 사랑하였고 그의 모친상 이후에 그의 아내로 인하여 위로를 얻었을 만큼 그를 사랑하였던 것을 볼 수 있다(창 24:67). 아브라함의 종은 모든 일들이 하나님께로 말미암아 된 일인 줄 알았고 하나님의 뜻임을 확신하고 난 후에는 그의 가족들이 더 머물기를 청했으나 지체하지 않고 즉시 하나님의 인도함을 따라 주인의 아들의 아내를 데리고 떠났다. 이것이 하나님의 사람의 선택인 것이다.

이삭의 아내 리브가의 삶은 어떠했는가? 그녀에게는 쌍둥이 두 아들, 야곱과 에서가 있었다. 리브가는 결혼 후 처음 20년 동안 자녀를 낳지 못하다가 이삭의 기도로 얻은 아들들이다. 자녀를 달라고 기도한즉 하나님께서 이를 들으시고 쌍둥이를 주셨다(창 25:20-26). 리브가는 임신 중에 있을 때 태중에서 쌍둥이가 다투는 것을 느끼고는 장차 그 자손이 서로 분쟁하게 되리라는 사실을 깨닫게 되었고 쌍둥이 중 작은 자가 큰 자를 지배하리라는 사실도 하나님께로부터 들어 알게 되었다. 당시 하나님의 축복권은 장자에게 더욱 많았다. 당연히 에서가 하나님의 축복을 많이 받을 수 있는 위치에 있었지만 하나님은 야곱을 사랑했고 에서는 미워하였다(말 1:2-3). 에서는 사냥하는 자로서 하나님의 축복보다는 자기의 힘을 더 의지하고 살았다. 리브가는 하나님의 축복을 귀히 여기는 야곱을 도왔다. 다시 말하면 하나님이 기뻐하시는 사람을 도와 하나님의 축복을 이어가도록 한 것이다. 당시 가부장적인 제도하에서 아버지는 제사장이요 왕이요 선지자와 같은 권한으로 하나님의 축복권을 가지고 있었는데 리브가는 하나님의 축복이 하나님이 기뻐하는 사람인 야곱에게 이어지도록 그를 도왔던 것이다. 이는 믿음의 처사이다. 동생 야곱은 모험을 싫어하는 내성적 성격 때문에 항상 장막에 머물러 살았으며 그 모친 리브가는 이러한 야곱을 사랑하였다(창 25:28). 리브가는 아버지 이삭에게서 장자의 축복을 야곱이 받아 내도록 비록 거짓을 꾸몄으나 그 모든 일은 성공하게 되었다(창 27장). 에서는 그 후에 이 모든 사실을 알고 야곱을 죽이려고 했으나 리브가는 야곱으로 하여금 외삼촌 라반의 집으로 가도록 그를 도왔다. 이는 하나님이 기뻐하시는 사람 야곱으로 하여금 하나님의 축복을 받도록 도운 리브가의 믿음의 처사이다. 하나님의 사람인 아브라함과 이삭의 아내는 돕는 배필로서 하나님의 뜻이 이루어지는 일에 순종으로 믿음으로 잘 감당한 사모들이었다.

(3) 잠언 31장에 나타난 아내상

목회자의 아내는 그 남편인 목사와 함께 하나님께 바쳐진 사람이다. 하나님께 바쳐진 한 남자를 하나님을 향한 자신의 소명을 따라 돕는 배필로서 자신의 생애를 하나님께 드리도록 부름 받은 사람이다(김남준, 1998: 53). 따라서 사모는 하나님 나라를 확장하는 교회의 가장 중요한 일부분을 차지하고 있다. 하나님 나라를 세우기 위해서 목사를 세우셨고 그 목사가 주의 일을 잘할 수 있도록 사모를 주셨다.

목회자의 아내는 회중 교회를 목회하는 목사를 도와 직접적인 내조자의 역할도 하겠지만 일차적으로는 남편과 가정을 잘 돌보아 남편으로 하여금 회중 목회를 잘할 수 있도록 내조할 때 현숙한 아내로서의 사명을 감당해야 한다. 사모는 회중을 돌보는 목회자를 돌볼 수 있는 특별한 은사를 받았다. 수천, 수만 명의 성도들이 있다고 해도 이 사명은 사모 외에는 감당할 수 없는 사명이요 지대한 축복권이라고 말할 수 있다. 사모가 목사를 잘 돌봄으로 인해서 결과적으로 목사에게 양들을 잘 돌볼 수 있는 힘을 주게 되고 이는 하나님 나라를 이루어 가는 그 어떤 사명보다 중대한 사명을 감당하는 길이 된다. 그러므로 사모는 목사가 목회에 최선을 다할 수 있도록 내적, 가정적으로 돕는 일에 우선해야 할 것이다.

일반적으로 교인들은 사모에게 가정적인 목사의 아내로서 직무는 생각지 않고 오직 교회의 목회자의 한 부분으로 목회자와 연장선상에서 교회를 돌보기를 기대한다. 하지만 사모가 목사를 전적으로 내조하며 남편과 가정에 최선을 다한다고 해서 결코 사모의 역할이나 위상이 떨어지지 않는다. 목사와 사모는 역할의 분담이 다르고 서로 간의 주신 사명이 다를 뿐이다(목회와 신학, 1993, 8월 호: 218-219).

사람은 누구에게나 각자가 가진 개성과 특성이 있다. 목회자의 아내인 사모 역시 개인적인 재능과 능력이 각각 다르다. 이러한 특성들은 목회자의 아내를 능력별로 다른 사모와 더불어 비교되게 하고 구별짓게 하는 자질들이다. 이 세상에 서로 똑같은 사람이 없듯이 사모에게도 개개인의 차이가 뚜렷이 존재한다. 그러나 사모는 목회자의 가정적 내조자로서 누구나 갖추어야 할 현숙한 여인의 기준이 있다. 만일 가정적 내조자로서의 직무를 잘 감당하지 못한다면 아무리 교회일을 외적으로 잘한다고 해도 이는 아내로서 하나님의 뜻에 맞추어 살지 못한 사모가 될 것이며 이런 사모는 지아비로 더불어 **뼈**가 썩게 하는 고통만을 안겨주는 사람에 불과하다(잠 12:4).

슬기롭고 어진 아내는 하나님이 주신 선물이다(잠 19:14). 어떤 여인이 현숙한 여인인가? 잠언 31장 10-31절에 나오는 '현숙한 여인'은 아내의 역할에 대한 하나의 모델이다. 현숙한 여인의 첫째 조건이 어진 여인이다.

'현숙(헤일:חיל)'의 히브리어 원어의 뜻은 정신이나 신체의 힘 또는 우수한 자질, 능력, 도덕적 가치 면에서 탁월함을 내포하고 있다(성서대백과사전, 1981: 536).

'가치(Worth)'라는 의미로 사용된 룻기 3:11절에서 KJV는 "현숙한 여자"로, RSV에서는 "훌륭한 여자"로, 그리고 잠언 31:10절을 "어진 여자"로 번역하고 있다. 따라서 어질다 말은 '마음이 너그럽고 인정이 도탑다'는 뜻이다(동아국어사전연구회, 1991: 1397). 흔히 착하다는 말로도 표현된다. 현숙한 여인은 첫째로 육신의 생명이 다하는 날까지 그 남편에게 선을 행하고 악을 행치 아니하는 여인이다. 로버트슨(Robertson)은 빌립보서에 나오는 말을 "찬양"과 동의어로 간주하며, 베드로후서의 용법과 관련하여 그는 "도덕적 가치, 도덕적 능력, 도덕적 정력, 정신의 생명력"이라는 말을 사용했다. 성경에서 도덕적인 능력에 관한 목록이 쉽게 수집될 수 있지만 이것들을 특별히 능력이라고 부르는 곳은 없다(성서대백과사전, 1981: 527). 따라서 '남편에게 악을 행치 않는다'는 뜻은 첫째로, 도덕적으로 탁월한 능력을 발휘하여 남편만 바라보고 남편하고만 관계를 가지고 그 남편이 살아 있는 동안 정조를 지키는 삶을 말한다. 성경에 기록된 선지자의 아내 중에 방탕하여 남편에게 많은 고난과 괴로움을 끼친 아내가 있었으니 곧 호세아의 아내이다. 물론 이것은 방탕한 하나님의 백성을 기다리시는 주님의 심정을 계시하시기 위한 역사적 사건이지만 방탕한 아내를 기다리는 선지자의 마음이 어떠했겠는가? 사람은 누구나 처음 하는 일에 흥미를 가지고 마음을 기울여 최선을 다한다. 그러나 시간이 지남에 따라 그 일에 익숙해지면 처음 가졌던 마음들은 없어지고 습관처럼 대하며 무가치하게 생각할 수도 있다. 에베소 교회는 주후 70여 년경에 없어졌다. 그 이유가 무엇인가? 에베소 교회는 칭찬받을 만한 많은 요소를 가지고 있었다. 행위적으로는 섬기는 일과 수고도 많이 했으며 어려움을 극복하면서 인내하였다. 거짓 사도들을 분별하여 그들을 드러내고 용납지 않았으며 게으르지 않고 열심을 가졌다. 그럼에도 불구하고 예수님이 책망하신 것이 한 가지 있었으니 곧 '처음 사랑'을 버린 것이다(계 2:4). 주님이 교회를 향해서 가장 소중히 여기시는 것이 사랑이며 바라시는 것도 사랑이다. 인내도, 수고도, 충성도, 열심도 모든 일의 원동력이 주님을 사랑하는 원인이 되기를 바라신다. 아내와 남편과의 관계를 주님과 교회와의 관계로 말씀하고 있다. 부부간에 있어서 가장 중요한 것이 사랑이다. 남편도 아내 사랑하기를 주님이 교회를 사랑하심같이 한결같은 마음으로 대하고 아내도 남편에 대해서 처음 가졌던 사랑을 잊지 말고 늘 기억하면서 그 남편이 살아 있는 동안에 악을 행치 않아야 한다. 이것이 현숙한 여인의 첫째 조건이다. 대부분의 많은 아내들이 남편과 몇 년 같이 살다보면 남편에 대한 애정이나 존경심은 없어지고 부정적인 생각이 가득하게 되어 그 남편을 악으로 대하기 쉽다. 이같이 한다면 그 남편은 뼈가 썩는 것과 같은 고통을 느낀다는 사실을 알아야 한다.

두 번째로 현숙한 여인은 부지런하여 집안일을 잘 돌보는 여인이 현숙한 여인이다. 잠언 31장 13절 이하에는 다음과 같이 말씀하고 있다.

"그는 양털과 삼을 구하여 부지런히 손으로 일하면 상고의 배 같아서 먼데서 양식을 가져오며 밤이 새기 전에 일어나서 그 집 사람에게 식물을 나눠주며 여종에게 일을 정하여 맡기며 밭을 간품하여 사며 그 손으로 번 것을 가지고 포도원을 심으며 힘으로 허리를 묶으며 그 팔을 강하게 하며 자기의 무역하는 것이 이로운 줄을 깨닫고 밤에 등불을 끄지 아니하고 손으로 솜뭉치를 들고 손가락으로 가락을 잡으며 그는 간곤한 자에게 손을 펴며 궁핍한 자를 위하여 손을 내밀며 그 집 사람들은 다 홍색 옷을 입었으므로 눈이 와도 그는 집 사람을 위하여 두려워하지 아니하며 그는 자기를 위하여 아름다운 방석을 지으며 세마포와 자색 옷을 입으며 그 남편은 그 땅의 장로로 더불어 성문에 앉으며 사람의 아는 바가 되며 그 베로 옷을 지어 팔며 띠를 만들어 상고에게 맡기며 능력과 존귀로 옷을 삼고 후일을 웃으며 입을 열어 지혜를 베풀며 그 혀로 인애의 법을 말하며 그 집안일을 보살피고 게을리 얻은 양식을 먹지 아니하나니 그 자식들은 일어나 사례하며 그 남편은 칭찬하기를 덕행 있는 여자가 많으나 그대는 여러 여자보다 뛰어난다 하느니라 고운 것도 거짓되고 아름다운 것도 헛되나

오직 여호와를 경외하는 여자는 칭찬을 받을 것이라. 그 손의 열매가
그에게로 돌아갈 것이요 그 행한 일을 인하여 성문에서 칭찬을 받으
리라"(잠 31:13－31).

사도 바울은 말하기를 "늙은 여자로는 이와 같이 선한 것을 가르치
는 자들이 되고 저들로 젊은 여자들을 교훈하되 그 남편과 자녀를 사
랑하며 근신하며 순전하며 집안일을 하며 선하며 자기 남편에게 복종
하게 하라 이는 하나님의 말씀이 훼방을 받지 않게 하려 함이니라"
(딛 2:3－5)고 말씀하고 있다.

현숙한 아내는 정숙한 아내임을 말하지만 단순히 가정에서 남편만
기다리는 일 외에 다른 일은 할 수 없는 여자가 아니다. 가정적으로 매
우 가치 있는 일을 할 수 있는 여자이다. 그 가정을 세우기 위해 힘쓰
는 아내이다(잠 31:10). 그녀는 자신의 가족과 종들을 위하여 물건을
구입하고 옷을 지어 입히고 세심한 배려로 가족을 돌보는 여인이다. 이
러한 아내는 남편과 자녀에게 복과 영예를 가져다준다. 여기에서 한 가
지 주목할 만한 사실을 발견하게 된다. 자신의 개인적 거처를 벗어나
활동했다는 사실이다. 14절에서 그녀는 멀리서 짐을 실어오는 상인에
비유되고 있으며 16절에는 농업에도 참여했던 것으로 기록되어 있다.
밭을 사고 그것을 스스로 경작하였다. 당시 땅이 기업으로서 소중한 시
대였음을 생각할 때 매우 중요한 사실임을 발견하게 된다. 남성주도의
관습 속에서 현숙한 여인의 도움(עֵזֶר)으로 한 가정과 시대가 풍요로워
지며 행복하게 될 수 있다는 것을 보여주는 말씀이다.

이 점에 대해서 바울 역시 고대 전통에 뿌리박은 관습을 인정하고
있다. 그것이 여러 세대를 거처 오늘날에 이르기까지 지속되어 왔다.
현숙한 아내에 대한 성경적 제시에 대해서 세월의 변화와 더불어 비판

과 저항의 목소리가 없지는 않지만 오늘날도 행복한 가정의 대부분은 성경적으로 가정을 잘 돌보는 아내가 있는 가정이 화목하고 남편으로 하여금 주어진 직무를 잘 수행하게 하는 원동력이 된다(Wallace Denton, 1997: 10-12).

최근 들어 '여성의 자유'에 관한 철학이 그리스도인 여성들의 사고에 많은 영향을 주고 있다. 대부분의 사람들이 집안일을 하라는 바울의 명령을 문제점으로 생각하고 있다. 또 기독교인 중에는 바울의 말이 유태인의 환경과 문화에만 국한되어 있다고 주장하는 사람들도 있다. 그리고 현대인들에게는 이런 말씀들이 타당성과 권위가 없는 것으로 여겨지고 있다.

그러나 이러한 태도는 성경의 권위와 영감을 논할 때 심각한 문제로 대두될 소지가 있다. 만약 바울이 여성에 대해 잘못 기록했다면 인간의 구원에 대한 부분도 잘못 기록하지 않았다고 누가 장담할 수 있겠는가?(Gene A. Getz, 1992: 131) 모든 성경은 하나님의 감동으로 기록된 하나님의 말씀임을 우리가 믿는다면 바울이 기록한 모든 부분에 대해서도 하나님의 감동으로 기록한 하나님의 말씀으로 믿어야 한다. 바울이 언급한 모든 문제는 단순히 당대의 지역과 사건에만 국한된 것이 아니라 시대를 초월하여 모든 인류와 문화에 적용되는 말씀이다. 여성의 역할에 대한 성경에 가르침은 절대적인 말씀이다. 따라서 여성이 집안일을 하라는 것은 시대를 초월한 모든 여성들에게 주시는 말씀이며 이러한 일을 잘하는 사모가 현숙한 여인으로 그 남편이 그를 믿고 맡겨진 목회 일에 최선을 다할 수 있으며 그의 자녀들도 모두가 감사하며 그의 은혜를 잊지 않을 것이요 온 교회도 그를 칭찬하며 교회에도 큰 유익을 끼치게 될 것이다.

현숙한 아내를 가진 남편은 그를 믿기 때문에 가정의 모든 일을 맡기고 편안한 마음으로 목회를 할 수 있다. 남편은 이러한 아내를 바라고 있다. 값진 보화를 찾는 것보다 현숙한 아내 만나기를 더욱더 간절히 바라고 있다.

세 번째로 현숙한 여인은 남편의 허물을 덮어줄 수 있는 아내이다. 목사도 죄 가운데 출생하여 모든 인생들과 똑같이 원죄성과 본죄성을 가진 연약한 인간이다. 스스로를 다스리고 하나님이 주신 사명을 감당하는 것뿐이지 조금만 방심하면 다윗과 같이 스스로 함정에 빠져 죄 가운데 방황할 수도 있고 때로는 그보다 더 악한 죄를 저지르고 잘못을 저지른 어린아이처럼 어찌할 바를 모르고 방황하는 것이 연약한 인간의 모습이다.

주님은 모든 인간의 대속주요 구세주이시다. 목사의 직분이 성직이라고 하여 성직자라고 부르지만 완전히 성화되고 완벽하게 변화되어 죄를 품지도 짓지도 않는 성자라는 뜻은 아니다. 인간이 성자가 될 수 있는 길은 오직 예수 그리스도의 대속의 공로 안에서만 그리고 그분의 피 공로로 말미암아서만 거룩하신 하나님 앞에 당당히 나감을 얻을 수 있으며 거룩하게 될 수 있고 성자라고 하는 칭호를 얻을 수 있다(엡 3:12). 주님의 구속 공로를 벗으면 아무리 오래된 신자라고 해도 죄를 벗어날 수 없고 언제 더러운 죄의 구덩이에 빠질지 모르는 연약한 것이 인간이다. 이러한 연약성과 죄악성의 근본은 목사라고 해서 전혀 배제할 수 없다. 목사나 평신도 모두가 주님이 없이는 한 순간도 죄를 벗을 수 없고 죄 가운데서 헤맬 수밖에 없다. 인간은 예수 안에서만 거룩한 자이지 예수 떠난 삶은 더럽고 추악한 범죄성을 가진 육체적인 인간일 수밖에 없다. 잠시라도 주님 없으면 육체로 돌아가 성령의 열매는 온데간데없고 추하고 약한 인간의 죄악 된 모습을 가진 것이 목사이다.

예레미아 33장 3절에 하나님께서는 예레미아 선지자를 통해서 이렇게 선포하고 있다. "너는 내게 부르짖으라 내가 네게 응답하겠고 네가 알지 못하는 크고 비밀한 일을 네게 보이리라" 이러한 큰 축복의 약속은 이스라엘 백성들의 하나님의 응답을 받을 만한 선한 일이나 행위에 근거하지 않는다. 하나님의 약속의 말씀의 선포는 예레미야 선지자를 이스라엘 백성들이 옳은 말을 한다고 심하게 때리고 시위대장 뜰의 구덩이에 던져 넣었을 때에 예레미야 선지자를 통하여 하나님께서 하신 말씀이다. 결코 하나님의 축복의 약속을 받을 만한 자격이 없는 자들에게 선포하신 언약이다. 이러한 언약의 근거는 무엇이겠는가? 렘 33장 15절에 근거하고 있다. "그날 그때에 내가 다윗에게 한 의로운 가지가 나게 하리니 그가 이 땅에 공평과 정의를 실행할 것이라" 여기서 다윗의 의로운 가지란? 아브라함과 다윗의 자손 예수 그리스도를 근거하여 말씀하고 있는 것이다. 그렇다. 이 땅 위에는 의인은 없나니 하나도 없다(롬 3:10). 자기의 행위로 의롭다 함을 얻을 만한 육체는 아무도 없는 것이다(롬 3:20). 따라서 우리의 자랑은 오직 예수 그리스도가 되어야 하며 목사를 포함한 어떠한 인간도 스스로 의로운 체, 거룩한 체 해서는 안 된다. 이는 위선에 불과할 뿐이지 인간의 속에는 온갖 더러운 것이 가득한 연약하고 추한 인간에 불과할 뿐이다.

목사인 남편도 실수를 한다. 목사가 실수를 하였다고 하여 조롱하고 비방만 해서는 안 된다. 하나님의 영이신 성령님께서 그의 잘못을 지적하시고 기도하는 사람이기에 스스로 깨닫고 스스로 알 수 있도록 하나님께서 지적하여 회개케 하시기 때문이다.

모세가 구스 여인을 아내로 맞이한 일이 있었다. 모세에게 어떠한 뜻이 있어서 구스 여인을 아내로 맞이했는지 아니면 그가 실수하여 여인을 자기 아내로 취한 것인지는 알 수 없다. 하지만 분명한 것은 외형적으로 볼 때 손가락질받아 마땅하고 많은 사람들의 구설수에 오를 만한 일이었다. 이 일로 인해서 모세의 누이 미리암과 모세의 형 아론이 모세를 비방하였다. 하나님은 이 모든 일을 알고 계신다. 그러나 모세를 책망하지 않으시고 하나님께서 쓰시는 모세를 비방하였다고 하여 미리암으로 문둥병이 들게 하셨다. 미리암의 문둥병은 모세의 기도로 말미암아 낫게 되었음을 알 수 있다(민 15:8-16). 목사의 잘못된 일에 대하여 곁에 있는 사모가 눈물을 흘리며 하나님께 기도하고 그의 잘못을 안타까워하며 진심으로 바로 서기를 위해서 충고해야 한다. 그렇지 않고 다른 사람에게 비방을 하거나 악으로 대한다면 하나님이 기뻐하시지 않는 처사요 결코 하나님의 의를 이룰 수가 없는 처사이다.

모세를 대적했던 고라와 그에게 동조하였던 수많은 사람들이 하늘에서 불이 내려와 사라졌고 땅이 벌어져 그들이 생매장당하는 불행을 겪기도 하였다. 경건하여 하나님의 인정을 받았던 노아도 실수를 할 때가 있었다. 노아 홍수 후에 포도주를 마시고 발가벗고 누워 있던 노아를 그의 막내아들 함이 조롱하며 형들에게 가서 아버지의 실수를 덮어주지 않고 떠들고 다녔다. 그러나 셈과 야벳은 아버지의 실수를 보지 않으려고 뒷걸음질하여 들어가 아버지의 벗은 몸을 가려드렸다. 노아가 술이 깬 후에 아들들이 그에게 행한 모든 일들을 알고 셈과 야벳에게는 축복을, 아버지를 조롱한 함에게는 저주를 하였다(창 10:20-27). 어찌 보면 잘못은 사기가 하고 사기를 소통한 아들에게 심하게 하였다고 생각할 수 있다. 그러나 성경이 우리에게 주는 교훈은 주의 은혜를 베푸는 은혜의 기관에 대하여 그의 실수를 조롱하는 일이 잘못이라는 것을 증명해 주는 말씀이다.

사울을 왕으로 세우신 이후에 하나님의 말씀에 순종치 아니하고 자기 마음대로 처리하였다가 하나님께 버림받고 악신이 주장한 사울은 다윗을 미워하여 그를 죽이려고 여러 차례 시도하였다(삼상 19:10). 다윗은 그 일로 인하여 심히 고민하다 하루는 사울을 죽일 수 있는 기회가 왔지만 그는 사울을 죽이지 않고 옷자락만 베어왔다. 그 일로 인해서 다윗은 몹시 마음 아파했는데 이는 하나님께서 기름 부어 세웠던 왕이었기에 사울을 죽이거나 해하는 일을 하지 않았다. 그리고 사울이 죽었을 때 기뻐한 것이 아니고 몹시 슬퍼했다(삼상 24:4−10).

다윗이 하나님의 법궤를 찾아올 때에 너무나 좋아서 에봇을 입고 춤을 추는데 여호와 앞에서 기뻐 춤을 추다가 살이 드러났다. 이때 다윗의 아내, 사울의 딸 미갈이 창문으로 내다보다가 다윗의 춤추는 모습을 보면서 그를 업신여기고 조소하였다. 이로 인해서 그는 평생에 아이를 잉태하지 못하는 불행을 겪었다(삼하 6:16−23). 때로는 사모가 남편을 너무나 가까이서 보기 때문에 남편의 단점이 드러날 때 너그러이 이해하지 못할 때가 있다. 사모는 남편인 목사의 직분과 사역의 소중함을 인식하고 부부간에 드러나는 단점까지도 수용할 수 있어야 한다.

하나님은 주님이 세워 일하는 당신의 종을 직접 가르치고 인도하신다. 따라서 목사가 잘못된 일을 하거나 바른 길을 가지 않을 때는 하나님께서 그의 양심에 깨우쳐 깨닫게 하시고 바른 길로 인도하시기 때문에 사모는 남편의 실수에 대해서 아픈 심정으로 그를 도와 일으켜 세울 수 있도록 기도해야 한다. 하나님은 이런 사모에게 여러 배, 백 배 좋은 남편으로, 목사로 세워 주실 것이다.

구약성경에 기록된 사모들 중에는 지혜롭고 어진 아내가 있다. 구약성경을 중심으로 대표되는 몇 사람에 관하여 살펴보고자 한다.

"어진 여인은 그 지아비의 면류관이나 욕을 끼치는 여인은 그 지아비로 뼈가 썩음 같게 하느니라"(잠 12:4)라고 말씀하신다. 어진 여인은 하나님께로부터 난다. 어질다는 말은 착하다는 말과도 같다. 그 남편의 생전에 악을 행치 아니하는 여인이요 그의 남편의 부족하고 연약한 점을 감싸주는 여인이 어진 여인이다.

지혜로운 아내는 절대적인 순종의 사람이라고 말하고 있다(Richard L. Strauss, 1982: 21). 이 순종은 맹목적인 순종은 아니다. 때로는 남편에게도 아내의 말에 순종하여 그대로 행하도록 하시는 명령이 있다. 남편의 부족한 면을 일깨우고 잘못을 바로 세우기 위해서 그의 아내를 통해 충고하기도 하시고 그를 성숙시키기 위해서 문제 해결을 하게 하시며 그의 통찰력을 일깨우기 위해서 그의 아내를 사용하신다. 그것이 바로 조력자인 아내가 해야 할 일이다(1982: 32). 때론 목회자들 가운데 아내를 무시하고 아내의 조언은 무조건적으로 묵살하는 경우가 있다. 아내의 말을 듣는 것이 자기의 자존심을 상하는 것이라고 생각하여 고집을 내세우며 자기의 주장을 강하게 관철시키려는 남편들이 있는데 이는 지나친 권위주의 의식일 뿐이다. 어떤 일을 할 때 아내와 상의하는 것이 동등한 부부관계이다. 사라는 지적이고 능력 있는 여자였다. 그러나 아브라함과 결혼한 이후 남편을 돕는 것이 자기의 본문을 다하는 것으로 알았고 그의 뜻에 순종하고 그를 돕는 일에 최선을 다했다. 모든 일을 남편 위주로 하였다. 이는 남편으로 하여금 앞장서서 일을 하게 하고 자신은 배후에서 남편을 돕는 조력자로서의 역할을 잘 감당하는 것이다. 하나님의 소명으로 하란을 떠날 때 사라도 협조하였다. 자기의 정든 고향을 떠나는 일은 결코 쉬운 일이 아니다. 그의 아내의 협조가 없이는 시행하기 힘든 일이었다. 그러나 사라는 아브라함의 명령을 따라 자기 고향을 버리고 메소포다미아로 가는 일에 주저하지 않았다. 이는 아내로서 큰 결단이었다. 또한 아브라함이 기근을 피해 애굽으로 갔을 때도 남편을 살리기 위해서 아브라함에게 순종했으며 남편의 생명을 보호해 주었다. 이것이 아내로서 사라의 모습이다.

성경에 나타난 인물 가운데 어질고 지혜로운 또 한 여인이 있으니 곧 아비가일이다. 그의 남편 하만은 무지하고 미련하여 하나님을 두려워 아니하는 교만한 인간이었다. 그는 은혜를 입고도 은혜로 알지 못하여 교만을 부리다가 그의 집안 전체가 망할 위기에 처해 있었지만 그의 아내 아비가일의 지혜로운 처사로 인하여 그의 가정이 온전했다(삼상 25:25).

아비가일이란 히브리어의 이름의 뜻은 '아버지가 몹시 기뻐하다'라는 뜻을 가지고 있다. 아비가일의 아버지는 그의 딸이 출생하였을 때 너무나 예쁘고 총명해서 그의 이름을 아비가일이라고 지었다(이병렬, 1986: 128). 아비가일은 모든 사람에게 기쁨과 희망을 주면서 자랐고 미련하고 교만한 그의 남편을 받들면서도 많은 사람들에게 칭찬과 존귀를 받았다. 뿐만 아니라 이웃에게 덕을 세우며 안으로는 현숙한 아내요 밖으로는 어진 이웃으로 인정받는 삶을 살았다(삼상 25:3). 반대로 나발의 이름의 뜻이 '어리석은, 미련한, 사악한' 등의 이름을 가지고 있다. 그는 미련하고 교만하였다. 다윗의 군대가 나발의 목축을 지켜줌으로서 그의 양들이 번성하였다. 추수 때에 다윗의 소년 병사들을 위해서 꿀과 건포도떡을 청했을 때 이를 거절하여 다윗은 나발과 그의 집을 진멸하기로 결정을 했었다. 아비가일이 이런 소식을 접하고는 즉시 다윗을 찾아가서 자기 남편의 무지한 행동에 대하여 용서를 구하고 동시에 그가 청했던 모든 것을 들어주었다. 더 나아가 살기등등한 다윗에게 성군으로 가는 길이 무엇인지를 일깨우는 지혜로운 사람으로 남아 있다. 그로 인해 그녀는 가족들의 생명을 구했을 뿐 아니라 지혜로운 여인으로 칭찬을 받았다. 그는 큰 위험이 닥칠 때 미련한 남편과 같이 미련하게 행동하지 않았고 당황하거나 서두르지 않고 침착하게 대처하여 무엇을 해야 할 것인가를 지혜롭게 대처해나간 능력 있는 여성이었다. 이것이 지혜로운 아내의 처사인 것이다.

남편을 도운 지혜로운 다른 아내로서 십보라가 있다. 십보라는 앞장서서 열심히 일하려고 한 모세를 묵묵히 도왔던 여인이었다. 사람은 누구나 자기의 주장과 뜻이 있다. 이는 남자든 여자든 누구에게나 있다. 애굽의 바로의 공주의 아들이 되어 호화스러운 생활을 모두 버리고 하나님의 백성들과 함께 고난의 길을 택하였고 고난과 역경의 길을 가야 하는 모세의 뒤를 따라 그의 아내도 갔던 것이다. 안정된 가정의 기약도 없이 미디안 광야에서 고난의 훈련과 역경을 헤쳐 나가야 하는 모세를 도와 묵묵히 내조를 했던 것이다. 십보라는 그의 아들들을 낳았을 때에 모세가 이름을 히브리식으로 짓는 것이 마음에 들지 않았지만 그의 남편이 하나님의 뜻을 따라 행하는 일에 대해서 반대를 하지 않았다. 특별히 하나님께서 모세를 부르시고 그의 백성들에게 하나님의 백성의 언약된 표로서 할례를 행하라고 명하셨다. 이 명령에 대해서 처음에 모세는 그의 아들들에 대해서는 아내의 반대로 인하여 하나님의 언약을 순종치 못하고 할례를 행하지 않았다. 하나님의 종으로서 부르심을 받고 쓰임 받는 사람은 반드시 그에게 주어진 명령을 자신이 먼저 수행하고 따라야 함이 마땅하다. 그러나 모세는 가정적인 면에서 하나님의 명령을 따라 할례를 시행하지 않았으므로 하나님께서는 모세를 쳐서 죽이려고 하신 일이 있다. 모세의 아내 십보라는 여기에서도 남편을 향한 하나님의 뜻이 무엇인지를 깨닫고 즉시 차돌을 취하여 두 아들의 양피를 잘라 그의 남편인 모세 앞에 던졌다. 이 일로 인해서 하나님의 진노가 풀렸고 그의 가정적인 문제를 해결할 수 있었다(출 4:25). 모세가 하는 일을 방해하지 않고 미디안생활 40년을 사는 동안에 그와 함께하면서 그의 남편으로 하여금 마음 편하게 하나님의 일을 할 수 있도록 도왔다. 그는 그의 남편의 뜻을 따름으로 영원히 "피의 신랑"으로 섬겼던 것이다.

2. 신약적 기초

(1) 남편에게 복종하는 존재

에베소서 5장 22절에는 "아내들이여 자기 남편에게 복종하기를 주게 하듯 하라"고 말씀하셨고, 23절에는 "교회가 그리스도에게 복종하듯 아내들도 범사에 그 남편에게 복종하라"고 하셨다. 골로새서 3장 18절에는 "아내들이 남편에게 복종하는 것이 주안에서 마땅하다"고 말씀하고 있다. 사도 바울은 아내들에게, 남편에게 복종할 것을 명하고 있다. 헬라어의 '복종하다(휘포타세타이:ὑποτασσεται)'는 "~아래로 굴복시키다, 종속시키다, 항복시키다, 순종하다"는 뜻이 있다. 아내는 그 남편에게 복종하여야 하며 그 남편에게 속하여 살게 하신 것이 성경의 가르침이다.

성경은 왜 아내들이 남편에게 복종할 것을 요구하는 것인가? 그 이유를 두 가지로 살펴볼 수 있는데 첫째는 여자가 마귀의 꾐에 먼저 유혹을 받았기 때문이다(딤전 2:14). 선악과를 여자가 먼저 먹었고 그와 함께 한 남편에게도 주어 범죄케 한 대가이다. 여자에게 주신 돕는 배필로서 역할을 잘 감당하지 못한 데 대한 하나님의 징벌인 것이다. 그 이유로 하나님은 남편을 통해서 다스림을 받을 것을 말씀하셨다. 죄가 에덴동산에 들어온 이후에 심각한 문제들이 발생하였다. 하나님과의 불화, 죽음의 문제, 사람과의 갈등의 문제, 등 이런 심각한 문제들로 인하여 아담의 역할이 더욱 복잡하게 되었다. 이로 인해 남자는 더 많은 책임을 감당해야 했다. 그중에 하나가 아내를 다스리는 일이다. 머리가 되어 산다는 것은 몹시 힘든 일이다. 머리가 잘못되면 온 몸이 병들 수 있다. 다스리고 산다는 것은 막중한 책임을 부여받은 것이다. 하나님은 죄의 결과를 부부관계와 연관지어 말씀하셨다. 여자에게는 잉태하는 고통과 해산의 고통을 더하셨다. 그러므로 여자는 수고하여 자식을 낳을 것이고 정절로써 믿음과 사랑과 거룩함에 거하면 그 해산함으로 구원을 얻는다고 말씀하고 있다(딤전 2:15). 여자에게는 더 가혹한 형벌이 주어진 것이다(Mary J. Evans, 1983: 29). 타락으로 인해서 남녀 관계에 커다란 변화가 일어났다. 평등함의 관계에서 지배의 관계가 된 것이며, 친교가 있던 관계에서 갈등이 생긴 것이다(1983, 29). 결국 여자는 남자의 다스림을 받고 그에 뜻에 복종하여 살도록 하였다(Gene A. Getz, 1992: 163).

둘째 이유는 여자가 남자를 위해서 지음 받았기 때문이다. 고린도전서 11장 8-9절에는 "남자가 여자에게서 난 것이 아니요 여자가 남자에게서 났으며 또 남자가 여자를 위하여 지음을 받지 아니하고 여자가 남자를 위하여 지음을 받은 것이니"라고 말씀하고 있다. 이 본문은 하나님께서 세우신 질서를 지칭하고 있다. 부부관계에서의 질서는 남편이 하는 일에 여자가 돕는 것이다(Gene A. Getz, 1992: 164). 여자가 남자를 위해서 지음 받았다는 뜻은 그 남편을 영화롭게 존귀하게 하심이 아니다. 이는 하나님의 뜻을 이루어 하나님을 영화롭게, 하나님을 존귀케 하기 위하는 일에 돕는 배필로 주신 것이다.

하나님은 혼돈의 하나님이 아니시며 질서의 하나님이시다(고전 14:40). 이 세상 모든 만물도 하나님께서 질서 있게 창조하셨고, 정하고 세우

신 그 질서를 따라서 움직여지며 조화를 이루어 존재하고 있다. 그 질
서는 참으로 아름다운 것이며 그 질서 안에서 하나님의 섭리는 이루
어져가고 있는 것이다. 하나님이 세우신 질서가 깨질 때 온갖 재난과
역경을 만나게 된다. 하늘에 셀 수 없이 많은 별들이 있지만 모두가
제각기 주어진 길을 따라 운행하며 충돌이나 마찰 없이 아름다운 조
화를 이루어간다. 한곳에 모여 사는 초식동물들이라도 각각 먹이의 종
류가 달라 같은 지역에서도 조화롭게 살아갈 수 있는 것이다. 어떤 종
류는 잎사귀를 먹는 종류, 어떤 종류는 뿌리를 먹고사는 종류 등, 제
각기 주어진 질서 안에서 묘한 조화를 이루고 살아가는 것이다. 이것
이 참으로 아름다움이며 하나님 보시기에도 좋았고 피조물들에게도
평화요 행복이다. 인간이 살아가는 삶 속에도 각각의 위치에서 주어진
질서가 있다. 가정에는 가장이 있어서 가장인 아버지를 중심으로 어머
니와 함께 자녀를 양육하기도 하고 모든 일을 순조롭게 이루며 살아
가게 된다. 사회에서나 기업에서 어떤 일을 결정하고 힘 있게 이끌어
나가기 위해서 그 모임에 장이 있다. 국가에서도 한 나라를 이끌어 가
기 위한 구심점이 있다. 그 나라의 최고권자를 중심으로 그 국가가 형
성되어 간다. 그러기에 하나님이 세워주신 권위는 무시되어서는 안 되
며 그 질서 안에서 하나님의 뜻을 받들어 나가야 한다.

로마서 13장 1절에는 "각 사람은 위에 있는 권세들에게 굴복하라
권세는 하나님께로 나지 않음이 없나니 모든 권세는 다 하나님의 정
하신 바라"고 말씀하고 있다. 자녀는 부모의 권세에 굴복하여야 하고,
직장의 사원은 그 회사의 사장의 권위에 굴복하여야 하며 부부관계에
있어서 아내는 하나님이 머리로 세우신 남편에게 복종하여야 한다.

복종이라는 것은 따른다는 것이다. 사라는 남편의 뜻에 묵묵히 따랐
다(벧전 3:6). 물론 남편이 하나님의 뜻을 거스르는 일까지 무조건적

으로 따르라는 말씀은 아니다.

신약에 아내의 잘못된 복종으로 망한 부부가 있으니 곧 아나니아와 삽비라이다. 아내가 남편에게 복종함이 당연하지만 잘못된 뜻은 따르지 않아야 한다. 만일 잘못된 일이 있다면 아내는 올바른 결정을 하도록 도와야 한다. 이것이 아내로서 진정한 내조이며 내조자로서 아내가 감당해야 할 또 다른 몫이다.

아나니아는 하나님의 사람 사도 베드로 앞에서 자기의 땅을 팔아 하나님께 바치기로 서원하였다. 그러나 시간이 지남에 따라 그의 믿음이 흔들렸고 그들의 땅이 팔렸을 때에는 하나님께 서원한 대로 땅 판 값을 다 드리지 않고 일부는 감추어 두고 일부만을 가지고 나가 하나님을 속이는 어리석은 짓을 하였다. 이 일로 인해서 아나니아와 그의 아내 삽비라 두 사람 모두 죽음으로 끝을 맺는 불행할 결과를 초래하게 되었다. "욕심이 잉태한즉 죄를 낳고 죄가 장성한즉 사망을 낳는다"고 하였다(약 1:15). 잘못된 욕심이 사람을 망하게 한다. 하나님 앞에서 서원한 것은 서원한 사람에게 손해가 될지라도 지켜야 한다(시 15:3). 서원한 것에 대해서 시간이 지난 후에 서원을 한 것이 잘못한 것이라고, 실수한 것이라고 말해서는 안 된다. 서원한 것은 사람 앞에서 한 것이 아니요 하나님 앞에서 한 것이기 때문에 반드시 지켜야 한다. 그리고 서원한 것을 갚는 일에도 더디 해서는 안 된다(전 :4-6). 아나니아가 하나님께 재산을 바치기로 서원하였을 때, 단독으로 정하고 서원하지 않았을 것이다. 분명히 두 부부가 함께 의논하여 결정한 일인 것이다. 그러나 두 부부는 마음이 하나 되고 뜻이 하나 되어 하나님을 속이는 일에 일치단결했다. 만일 아내가 지혜로운 아내였다면 아나니아의 이러한 결정과 요구에 대해서 순종치 않았어야 했을 것이다. 남편이 믿음이 없어 서원한 것을 시행하지 못할 때 아내 단독이라도 시행했어야 했다. 그러나 두 사람 모두는 불행히도 하나님을 속이고 죽음을 맞이하는 결과를 초래했다.

아내의 복종은 남편이 그리스도를 머리로 삼고 위로부터 오는 주님의 뜻과 그분의 말씀을 복종하는 전제하에 주어진 말씀이기 때문에 남편이 하나님의 뜻을 따라 살아가는 삶이 필수적이다. 그러므로 목사를 남편으로 모신 사모는 당연히 남편의 목회 방침과 남편의 뜻을 따라 모든 일에 복종하며 사는 것이 마땅하다. 혹 남편의 뜻이 내게는 이해가 되지 않는다 할지라도 하나님의 종으로서 그분의 뜻을 따르는 것이 하나님의 뜻을 이룬다고 하는 사실 한 가지만이라도 인식하고 목사인 남편의 뜻에 따라서 순종해야 함이 옳다 하겠다.

여성의 위상이 높아짐에 따라 이러한 성경적 원리를 들으면 전근대적 사고를 가지고 있다고 반박할 수도 있다. 그러나 진리는 불변이다. 사람 사는 방법이 변하고 생활양식과 가치관이 달라졌다고 해도 사모로서 성경의 기본 진리를 가지고 그 진리 안에서 살아간다고 하면 진정한 가정의 행복 그리고 교회의 행복이 있을 것이다.

(2) 귀한 존재

"남편 된 자들아 이와 같이 지식을 따라 너희 아내와 동거하고……. 생명의 은혜를 유업으로 함께 받을 자로 알아 귀히 여기라"(벧전 3:7). 바울은 남편들에게 아내를 귀히 여기라고 말씀하고 있다. 아내는 귀한 존재이다.

첫째, 신체적인 면에서 귀한 존재이다. '하와'라는 이름의 뜻이 생명이란 의미를 지니고 있기 때문에 '생명의 어머니' 또는 모든 산자의 어머니라는 뜻이다(A. Kuyper, 1933: 5). 한 생명이 온 천하보다 귀하다고 하였다. 하나님은 하와를 통해서 후손이 번성케 하실 뜻을 가지고 하와를 지으시고 생육하고 번성하는 축복을 주셨다(창 1:27−28). 하나님은 여인의 가치를 생명을 잉태하는 존재로 축복하신 것이다. 여자의 신체는 고귀한 생명을 잉태하고 출산할 수 있는 생명 탄생의 몸을 가지고 있다. 사도 베드로는 여인을 천시하고 멸시하는 남편들을 향하여 "저는 더 연약한 그릇"이기에 귀히 여기라고 말씀하고 있다. 여인의 육체는 연약하고 섬세하다. 활동적인 남성은 강인한 육체의 힘을 가지고 있다. 아내를 무력으로 대해서는 안 되며 사랑으로 아끼고 귀히 여겨야 한다. 마리아가 예수님을 잉태할 때 자신의 생명을 내놓고 영접했다. 어머니로서 아내가 아이를 출생하는 것은 생명을 내어놓는 것과 같다. 이처럼 연약하고 귀한 몸을 가진 여성을 남편들은 귀히 여겨야 한다.

다음으로 남자의 몸과 한 몸이기 때문에 귀히 여겨야 한다(엡 5:31). 자신의 몸을 함부로 하거나 마구 대하는 사람은 없다. 자기 몸을 귀하게 여김같이 아내도 자기 몸과 같은 지체로서 귀히 여겨야 한다. 하나님은 하나님의 형상을 따라 인간을 만드셨다. 이것은 아담에게만 적용되는 것이 아니라 아내인 하와도 마찬가지이다. 하나님의 형상으로서 아내는 귀한 존재이다. 결혼으로 한 몸을 이룬 아내는 자신과 같은 몸이라고 말씀하고 있다. 따라서 아내를 자신을 사랑하듯이 사랑하고 귀히 여겨야 한다. 세 번째로는 생명의 유업을 함께 이어 나갈 자이기 때문에 귀한 존재이다. 목회자 부부는 영원한 생명을 구원하는 귀한 직분을 감당하는 사람들이다. 이 일을 잘 감당한 사람들은 하늘의 별과 같이 빛나는 영광이 있다. 이는 부부가 모두 함께 받을 유업의 상이다. 남편은 아내와 함께 하나님의 소중한 소명을 이루어 나가는 귀한 관계이다. 이러한 의미에서 사모는 더욱 소중한 존재이다.

남편은 이렇게 소중한 아내의 머리이다. 남편은 반드시 그리스도를 머리로 삼고 주님과 온전한 관계를 바로 가질 때 소중한 아내와의 귀한 관계를 바로 가질 수 있다. 하나님이 남편들을 가정의 가장으로, 머리로 만드신 것이다(엡 5:23). 그러나 가정의 머리가 되었다는 그 사실 하나만을 가지고 가정의 주인 노릇을 하거나 왕처럼 군림해서는 안 된다. 아내들은 남편이 머리라고 하는 이 사실 때문에 자신에게 전적으로 굴복하고 존경을 표하지는 않는다. 여자는 자신을 아끼고 귀히 여기는 남편을 존중하고 그의 뜻에 따라 복종한다. 그러므로 하나님이 가정의 가장의 권위를 주셨다고 할지라도 남편들은 아내를 귀히 여기고 사랑으로 존경받도록 노력해야 하며 그 위치를 스스로 획득해야 한다. 가정일에 대해서도 남편 독단적으로 결정할 권리를 주지 않았다. 가정의 머리라는 개념이 아내와 하는 일을 의논하지 말거나 남편 독단적으로 결정하라는 의미는 아니다(Gene A. Getz, 1992: 159).

남편의 머리됨은 가정의 대표권, 즉 하나님 앞에서의 가정적 책임과 직결되는 것으로서 그리스도가 교회의 머리되심같이 유기체적 조직으로서의 가정의 책임자라는 뜻이다. 성경의 이러한 가르침을 보다 효과적으로 우리의 현실에 적용하는 지혜가 필요하다(정정숙, 1994: 142). 남편은 주님을 머리 삼고 그분과 하나 되어 살아가는 전제하에서만 아내의 머리가 될 자격이 있는 것이며 주님과 하나 된 남편만이 그의 아내에게 바른 뜻을 요구할 수 있고 그의 아내는 이러한 남편의 뜻을 받들어 복종하여야 하는 것이다.[4] 이러한 의미에서 남편은 하나님과 바

---

4) S. Bedalem의 'The Meaning of korean in the κεφαλη in the Paulin Epistles'(Journal of Theological Studies, 5(1954))에 의하면 κεφαληd의 의미는 '기원'으로 이해해야 한다고 주장한다(고전11장). 고대에 있어서 머리는 단순히 몸의 가장 위쪽에 위치한 기관일 뿐이다. 그러므로 머리의 의미는 '가장 위', 또는 '맨 처음'의 의미를 나타내고 있다고 주장한다. 바울 시대에 와서 '머리'라는 단어가 권위를 가진 사람, 혹은 어떤 것의 근

른 관계를 유지하며 아내를 귀히 여기고 그분과 하나 되는 일에 힘써야 한다.

요셉은 의로운 사람이요 여자를 귀히 여긴 사람이다. 마리아가 예수님을 잉태하였을 때, 당시 시대적인 상황이 처녀가 잉태하면 돌로 쳐서 죽이는 관습이 있었는데 요셉은 그렇게 하지 않았다. 가만히 끊고자 하여 생각했다(마 1: 19, 20). 요셉이 여자를 함부로 생각하거나 무시하였다면 생각하지 않고 바로 처형할 수 있게 했을 것이다. 그러나 요셉은 여자를 귀히 여겨 이 일의 된 여부를 먼저 생각할 때 하나님의 사자를 통해서 예수님의 오심을 알 수 있었다. 뿐만 아니라 예수님이 탄생하시기까지 동침치 않았다. 이는 아내를 귀히 여긴 요셉의 모습이다.

(3) 연약한 그릇

남자는 신체적인 면에 있어서 여자보다 강하게 지음 받았다. 따라서 아내를 대하는 남편은 사랑으로 감싸줘야 한다. "남편 된 자들아 이와 같이 지식을 따라 너희 아내와 동거하고 저는 더 연약한 그릇이요 또 생명의 은혜를 유업으로 함께 빌을 자로 알아 귀히 여기라 이는 너희 기도가 막히지 아니하게 하려 함이라"(벧전 3:7). 아내는 연약한 그릇과도 같다. 연약한 그릇을 함부로 다루면 깨지듯이 아내를 대하는 남편은 연약한 그릇과 같이 말에나 행동에 상처를 받지 않도록 해야 한다. 뿐만 아니라 장차 하나님 나라의 유업을 함께 받을 것이기 때문에 이 땅 위에서 부부관계는 신중한 관계가 되어야 한다. 남편은 가정에 대해

원으로 해석되고 있으며 1세기의 헬라어는 보편적인 단어들과 동의어로 사용되었다고 주장한다.

서 그리스도와 같은 제사장, 왕, 선지자의 기능을 수행해야 한다. 하나님 앞에서 영적인 문제를 책임지고 가정의 제사장이 되어야 한다. 아내가 바른 신앙을 가지고 살아가도록 돌보아야 하며 영적 성장을 위해서 책임져야 한다. 예수 그리스도께서 희생적 사랑으로 교회를 사랑하심과 같이 희생적 사랑으로 아내를 사랑하되 자기 몸같이 아끼고 사랑해야 한다. 만일 아내를 사랑하지 못하면 하나님과의 관계가 깨어지고 기도가 막히게 된다. 남편의 지도자적 역할은 아내를 사랑으로 다스리는 것이다. 가정의 주도권을 남편이 가진다고 해서 아내의 재능과 은사를 무시하라는 것이 아니다. 도리어 그것을 귀중하게 여기고 역할을 제대로 발휘할 수 있도록 감싸주는 것이 남편의 역할인 것이다. 켈리(Jhon. N. D. Kelly)의 주석에는 여자의 연약함은 윤리적이나 지적, 영적인 연약함이 아닌 육체적 연약함으로 보아 생명의 은혜의 언약을 함께 받을 사람으로서 귀하게 여길 것을 말하고 있다(1994: 173−174). 그는 계속해서 '생명의 은혜'를 생명에 있는 은혜(the grace which consists in life)로 해석하여 새로운 세계에서는 남성과 여성 간의 자연적인 구별이 사라질 것이므로 귀히 여겨야 한다고 말한다. 여성과 남성은 함께 동질선상에서 은혜를 누려야 할 존재이기 때문에 보호하며 귀하게 여겨야 함을 말하고 있다.

남편은 아내와 자녀를 돌보는 일에 힘써야 한다. 만일 믿는 성도로서 아내와 자녀를 돌보지 않으면 이는 불신자보다 더 악하다(딤전 5:8). 과거에는 남자가 밖에서 일을 보며 경제적인 책임을 지고 있었다. 그러나 문화적인 환경이 바뀌고 교육 여건이 개선되면서 여성도 남성과 동등한 교육의 기회를 가지고 오히려 남성보다 더 탁월한 교육을 받은 여성들이 늘어나고 경제적인 능력이 남성보다 더 뛰어난 경우도 있다. 이와 더불어 남편 없이 혼자 자립할 수 있다는 생각에서 가정을 포기하는 여성들이 늘고 있다. 그러나 인간의 행복의 척도가 물질적인 것에 있지 않다. 돈으로 사람의 가치가 정해지는 것도 아니며 돈이 인생의 행복을 가져다주지 못한다. 하나님이 죄 범한 이후 하와에게 주신 명령이 있으니 '남편을 사모하라'는 것이다.(창 3:16) 이 말씀을 근거해 볼 때 여자의 진정한 행복은 그 남편과 함께할 때 있다. 가정을 지키며 남편의 사랑을 받고 그 사랑 안에서 모든 일을 할 때 여성으로서의 진정한 기쁨과 평안이 있는 것이다.

남편은 연약한 아내를 사랑으로 대해야 한다. 에베소서 5장 28절에 "남편들도 자기 아내를 제 몸과 같이 사랑할지니"라고 말씀하고 있는데 여기에서 헬라어 원문의 뜻인 오페일루신(ὀφείλουσιν)은 원형인 오페일로(ὀφείλω)에서 유래된 것으로 '빚지고 있다'라는 의미나 여기에서는 '~해야 할 의무가 있다', '~해야 마땅하다'라는 의미로 쓰였다(옥스포드원어대전, 2001: 749). 남편이 아내를 제 몸처럼 아끼고 사랑하는 것이 연약한 아내를 위해서 반드시 해야 할 의무인 것이다. 엡 5:29절에 기록된 "보양하여"의 헬라어 원뜻은 엑트레페이(ἐκτρέφει)의 엑트레포(ἐκτρέφω)가 원형으로 '양분을 공급함으로써 기르는 것(nourish)'을 의미한다. 신약에는 이곳과 6장 4절 단 두 곳밖에 쓰이지 않았다. 인간은 자기 몸과 그리고 자녀의 몸을 사랑과 애정으로 돌본다. 이런 양육을 통해서 어린 자녀가 성장하며 보호를 받는다. 마찬가지로 아내는 연약한 그릇으로 이런 보양이 필요하다. 또한 '보호하다'로 번역된 달페이(θάλπει)는 '달쏘(θάλπω)'가 원형으로 '따뜻하게 하다'라는 의미로서 애정 어린 사랑으로 돌봄을 나타내는 말이다(살전 2:7). 자기 몸을 애정 어린 정성으로 따뜻하게 돌보듯이 아내에 대해서도 동일하게 돌보아야 한다.

3. 신학적 기초

(1) 남편과 동등한 존재

창세기 2:18절에 나타난 '돕는 배필'은 무엇을 의미하겠는가? 전통적으로 많은 오해와 편견을 가진 해석들이 적용되어 돕는 자로서 여자의 역할을 여성 종속성에 관계로 잘못 해석된 경우가 적지 않다.

남편과 아내는 인격적 관계에서는 동등하다. 남자가 우월하고 여자가 열등한 관계가 아니다. 성경에서 교훈하는 평등의 개념은 고대 사회의 정신과 대조를 이룬다.[5] 가정에서 아내와 남편과의 관계는 상대방을 향한 그리고 상대방을 위한 상호복종과 이기적이 아닌 서로 간의 사랑을 전제한 헌신과 봉사를 통해서 오는 것이다(T. B. 매스턴, 1991: 214).

하나님이 하와를 만드실 때 아담을 깊이 잠들게 하시고 아담의 갈빗대로 만드셨다. 갈빗대를 꺼내서 만드셨다는 것은 어떤 의미에서는 동등한 의미를 내포하고 있다. 남자와 여자는 인격적인 면에서는 조금도 차이가 없다. 장차 부활한 후에 형상은 남자와 여자의 차별이 없이 천사와 같은 모습을 가지고 산다(마 22:30) 여성은 한 인격체로 존중되어야 할 뿐만 아니라 남성과는 구별되는 존재이다.

과거 문화적 환경은 여성을 천시하고 남성 우월주의 사상을 가지고 있었다. 여성은 남성에 비해 본질적으로 열등하다고 생각하여 여성은 사람의 수에도 치지를 않았다(마 14:21). 당시 남성은 영적인 존재이고, 여성은 세속적인 존재로 여겼었고 그러므로 남성이 여성보다 고귀

---

5) 고대사회에서는 여자들에 대해서 남자들보다 열등하여 미련하고 무식한 것으로 인식하여 종과 같이 취급하였다(Charles Ryrie, 1983: 10).

한 존재라고 생각하였다. 따라서 종교적인 분별력은 남성에게만 주어지는 것으로 여겼으며 여성은 거의 참여할 수 없는 존재로 여겨왔다.

특히 시대적 배경 속에서 구약과 신약의 중간기에는 이방나라의 침략으로 인해서 여성들의 종교적인 행위가 매우 위축되었고 남성과 여성의 차별이 심하였다. 그러나 남성만이 영적인 지각을 가졌고 여성에게는 영적 분별력이 없다는 사상은 매우 잘못된 것이다. 남자나 여자 모두가 하나님께서 각자에게 부여한 사명을 개발해 갈 수 있도록 서로 의존적인 관계를 만드신 것이다(정양숙, 1982: 41).

예수님이 오신 후 여성의 역사는 신기원을 가져오게 되었다. 예수님은 많은 여성들과 대화를 하셨고 그들 속에서 사역하셨으며 여인들의 삶을 통해서 많은 교훈을 우리에게 주고 있다(James B. Hurly, 1988: 124-125). 예수님의 부활 승천 이후에 많은 여성들이 복음의 증인으로 활동했으며 여성들의 활동으로 인해서 복음은 더욱 넓게 그리고 광범위하게 전파되는 데 큰 원동력이 되었다. 예수님에 의해서 선포된 기독교는 남성 지향적인 것도, 여성 지향적인 것도 아니다. 기독교는 모든 인류를 구원하시기 위한 인류애이며 인간 구원을 선포하시면서 여성에게 마음을 열어 사랑과 존경을 심어 주었고 교회 안에서는 결코 남녀가 차별이 있을 수 없음을 명백히 선포하며 여성이 가진 본래의 인간가치를 회복시켜 주셨던 것이다(차호원, 1986: 11).

구원받은 하나님의 자녀로서 여성과 남성이 차별이 있을 수 없다. 여성도 남성과 마찬가지로 하나님나라의 시민으로서 늘 주님과 교제하며 그의 백성이요 자녀로서 동등한 신분을 가지고 그들에게 주어진 역할을 담당하며 주님이 주신 사명을 신실히 수행해 나가고 있다.

신약성경에서 여성이 빠진 역사는 상상할 수 없다. 예수님의 오심이 여성에게서부터 시작된다. "때가 차매 하나님이 그의 아들을 보내사 여자에게서 나게 하시고”라고 그 시작을 말씀하고 있다(갈 4:4-5). 예수님의 일생은 여성과 깊은 관계있는 삶을 사셨다. 인류를 구원할 메시아의 어머니로 여인인 마리아가 선택되었고 마리아는 메시아로 오실 예수님을 당당하게 영접했던 것이다. 마리아가 예수님을 영접할 때는 그의 모든 것을 포기하고 예수님을 영접하므로 여인 중에 가장 복 있는 여인이 되었다. 뿐만 아니다. 수가라는 동네, 야곱의 우물에서는 결혼을 다섯 번이나 하고 실패하여 시름에 빠져 있는 여인에게 그가 메시아이심을 증거해 주셨다(요 4:25-26). 예수님의 부활의 소식을 가장 먼저 접한 사람도 여인이었으며 부활 후 예수님의 부활체를 가장 먼저 본 사람도 여인이었다(요 20: 11-18). 예수님의 부활 승천 이후에 사도들이 약속한 성령을 기다리던 마가의 다락방에도 여성들이 있었음을 알 수 있다. 약속한 성령은 남성들에게만 주어진 것이 아니라 그곳에 모인 모든 사람, 즉 남성이나 여성 모두에게 충만하게 임했던 사실을 보아도 신약시대 예수님 오신 이후에 모든 사건과 역사 속에 여인들이 포함되어 있고 그들을 통해서 복음이 전파되고 하나님 나라가 확장되어 간다는 사실이 당연하게 받아들여졌다(차호원, 1986: 76).

바울이 복음을 전파할 때 특히 여성들이 복음에 적극적으로 반응을 보이며 그들의 남편과 이웃에게 복음을 증거하는 원동력이 되었던 것은 주목할 만하다. 그리고 교회가 세워지는 곳곳마다 많은 여성들이 중추적인 역할을 하면서 복음 전파의 선봉대 역할을 하였다. 대부분의 교회에서 사도들과 함께 사역을 했던 사람들은 평신도 여성들이었다.

초대교회로 넘어오면서부터 교회가 확장되고 성장되어 온 기본 형태는 가정교회에서부터 형성되었고 가정교회는 신앙을 전하는 새로운 중심지가 되었으며 교회 활동을 돕는 새로운 진원지가 되었던 것이다. 여기에서 여성들은 자신들의 가정을 복음을 위해 개방하였으며 애찬식의 장소로, 잔치의 장소로 제공하였다. 모인 그들이 함께 찬송하며 서로 사랑의 교제를 나누고 서로 서로 권면하며 그들의 모임을 날로 키워 나갔다(고전 14:26). 그들은 교회에서 봉사하는 일에 앞장섰고 공동체의 애찬을 준비하며, 가난한 자들을 구제하며, 그 이상의 희생도 기쁨으로 감당했다.

신약 성경에 기록된 인물들 가운데 루디아는 자신을 그리스도 안에서 새 생명을 얻게 해주고 새 삶을 살아가게 도와준 전도자들에게 자신의 가정을 바쳤다. 브리스길라는 아굴라와 함께 바울의 신실한 동역자로 목이라도 내놓았을 정도였으며, 바울이 칭찬을 아끼지 않았던 유디아와 순두게 그리고 바울이 전해준 서신서를 통해서 볼 때 많은 여성들이 남성들과 함께 교회설립에 중추적인 역할을 했던 것을 볼 수 있다(차호원, 1986: 80). 여성은 결코 남성보다 열등한 존재도 아니며 영적으로 미약하지 않다. 하나님의 뜻을 이루기 위해서 이 땅 위에 사는 날 동안은 성의 구별을 통해 남성과 함께 하나님의 뜻을 이루어가도록 성의 구별을 두신 것이며 남성이 우월하거나 여성이 열등한 관계는 아니다. 장차 부활 후의 육체는 성의 구별이 없다.

(2) 상호 보완적 존재

두 번째 창조된 인간이 먼저 창조된 인간의 돕는 자일 때 그것은 위기에 처한 이스라엘을 위한 하나님의 도움과 같이 절대적으로 필요하며 가장 뛰어난 도움을 의미한다(K. Sakenfeld, 1974: 965). '배필'이란 뜻은 씨실과 날실이 함께 조화를 이루어 하나의 천이 탄생하듯이 아내와 남편 두 편이 대등성과 상호성의 관계로서 존재함을 의미한다(72). 남자와 여자는 서로 상응하는 존재이다. 서로에게 도움을 주며 긴밀한 관련을 이루고 필수적인 도움을 주는 '파트너십(partnership)'의 관계인 것이다.

하나님은 인간이 하나님에게 의존하여 상호관계 속에서 자신의 삶을 발전시키고 그 삶의 의미와 목적을 이루어 나가도록 부부의 관계를 만드셨다. 이런 관계 속에서 남성과 함께 주어진 직능과 기능 안에서 하나님이 주신 귀한 뜻을 이루는 것이다. 여성은 남성을 통해서 진정한 여성으로서의 가치를 발휘하게 되고 남성도 여성을 통해서 비로소 완전한 인격체로서 자신의 직무를 잘 감당할 수 있는 남자가 되어간다.

남편과 아내는 인격적인 면에서는 동등한 위치에 있지만 기능적인 면에서는 분명한 차별이 있다. 신체적인 면에서도 여성과 남성이 구별되어 해야 할 일이 다르다. 이 땅 위에 사는 날 동안 이러한 차별을 통해서 성의 구별을 두시고 남편과 아내로서 한 가정을 이루어 자녀를 출생케 하시고 양육케 하시며 둘이 한몸을 이루어 하나님의 뜻을 이루어 살도록 구별하신 것이다. 각각에게 주어진 능력에 따라 하는 일은 다르지만 서로 간의 보완적인 관계를 통해서 비로소 완전한 한 인간으로 자신의 일을 수행할 수 있다. 아내가 해야 할 일 중에 남편이 할 수 없는 일이 있고 남편이 할 수 없는 일 중에 아내가 해야 할 일이 있다. 여자는 생리적으로 자녀를 낳는 기능을 주셨다. 이 일은 남자가 결코 해낼 수 없는, 여자에게만 주신 고유의 일이다. 따라서 여자가 자녀를 낳아서 양육할 때 남편은 이러한 아내를 믿고 그에게 주어진 사명을 감당하게 된다. 둘은 완전히 다른 성을 가지고 다른 일을 하지만 둘이 하나 되어 완전한 관계가 되는 것이다.

브리스길라와 그의 남편 아굴라는 상호보완하여 하나님의 일을 훌륭히 수행한 부부이다.

아굴라는 아시아 지방의 본도에서 태어난 유대인으로서 로마황제 클라우디오가 모든 유대인들을 추방하라는 명령을 내렸을 때 그의 아내 브리스길라와 함께 추방되었다(행 18:2). 그들은 이곳저곳을 전전하다가 고린도지역에 정착하게 되었고 그곳에서 그들은 천막을 만들어 파는 일을 하였다. 이곳에서 사도 바울을 만났고 바울 역시 천막을 만들어 팔며 복음을 전했기 때문에 그들과 하는 일이 같았고 따라서 그들과 쉽게 친해질 수 있었다. 브리스길라와 아굴라는 이곳에서 사도 바울이 전하는 복음을 듣게 되었고 이때부터 이들은 상호 협조하며 사도 바울을 돕는 일을 완벽하게 소화해냈다. 바울에 의하면 복음 사역을 위하여 바울을 돕는 일에 있어서 목이라도 내놓을 수 있을 정도였다고 하였다(롬 16:4).

브리스길라는 복음을 영접하여 예수를 믿은 후 아굴라와 함께 복음을 전하는 사도 바울을 돕는 일에 최선을 다했다. 이들은 하나님의 사랑과 구약성경에 관한 지식 그리고 유창하게 설교할 수 있는 능력 등을 모두 갖추고 있었다. 바울과 그들 부부와의 관계는 교회의 사역에 있어서 동역자들로 취급되고 있다. 브리스길라는 가르치는 사역을 통해서 다른 사람들이 영적으로 자라도록 돕기 위해 앞장서는 뛰어난 신약성경의 모범적인 여인으로 서 있다(增國際雄村類俊大山니昇, 261).

당시 로마인은 세계에서 뛰어난 민족으로 그들에게는 높은 신분과 계급이 있었는데 브리스길라는 그의 남편 아굴라보다 훨씬 높은 신분의 로마인이었으며 덕월했다고 말하고 있나(Shirley Stephens, 1987: 135). 이렇게 생각하게 된 이유로는 신약성경에서 이들 부부가 모두 6번 언급되고 있는데 그중에 4번이 아내인 브리스길라의 이름이 앞서서 기록되었다는 점이고(행 18:18, 26, 롬 16:3, 딤후 4:19) 또 다른 하나는 그녀의 남편에 비해 지도자로서의 훨씬 더 많은 활동을 했을 가능성이 높다는 것이다. 그러한 이유로는 고린도에서 브리스길라는 로마의 생활방식을 따랐는데 로마에서는 여성들이 보다 자유롭게 자신을 표현할 수 있었기 때문에 남성들과 같은 위치에서 일할 수 있었다는 것이다. 그러나 브리스길라는 그의 남편 앞서 행하지 않고 항상 그의 남편의 내조자로서 협력하며 그의 남편과 함께 일을 했다.

또 한 가지 아내와 남편은 서로 보완관계 속에서 반드시 지켜야 할 책임과 의무가 있으니 남편으로서, 아내로서 의무를 다하는 것이다. 남편은 아내에 대한, 아내는 남편에 대한 부부로서의 의무를 다해야 한다. 하나님은 성(性)이라는 아름다운 관계를 통해서 부부간에 사랑으로 하나 되게 하시고 사랑스런 자녀를 출생하여 아름다운 가정을 이루어가게 하신 것이다. 따라서 부부간에 지켜야 할 성적(性的)인 예절이 있으며 그 예절을 통해서 서로 간의 신뢰와 사랑의 관계가 지속되는 것이다. 첫째는 서로 간에 신의를 지켜야 한다. 남편은 아내에게 남편으로서 지조를 지켜야 하며 아내는 남편에게 아내로서 지조를 지켜야 한다. 특히 서로 간의 의무를 다하여서 상대방으로 하여금 시험에 들지 않도록 서로를 위한 일에 최선을 다해야 한다. 사도 바울은 부부간에 "서로 분방하지 말라 다만 기도할 틈을 얻기 위하여 합의상 얼마 동안은 하되 다시 합하라 이는 너희의 절제 못함을 인하여 사단으로 너희를 시험하지 못하게 하려 함이라"고 말씀하고 있다(고전 7:5). 부부는 어떤 경우에도 분방하지 말아야 한다. 특별히 기도하기 위해서 서로 합의 간에 얼마 동안은 분방할 수 있으나 그 기간이 지나면 합하여 서로 간의 의무를 다해야 한다. 만일 이유 없이 서로가 분방하여 상대방의 의무를 다하지 않는다면 이는 마귀로 시험할 틈을 주는 것이기 때문에 서로 분방하지 말라고 성경은 말씀하고 있는 것이다. 아내가 자기 몸을 자기 몸이라고 하여 자기 마음대로 할 수 없고 그 남편이 아내의 몸을 주장하며, 남편이 자기 몸이라고 자기 마음대로 주장할 수 없고 그 아내가 남편의 몸을 주장할 수 있다. 부부는 한 몸이라고 말씀하고 있다. 따라서 남편은 그 아내에게 대한 의무를 다하고 아내도 그 남편에게 그리해야 한다(고전 7:3). 아름다운 가정의 시작은 부부의 화합에서 온다. 목회의 성공도 부부가 화목할 때에 하나님이 기뻐하시는 목회를 할 수가 있다. 따라서 행복한 부부 생활은 행복한 가정, 행복한 목회로 이어진다.

(3) '교회'와 같은 존재

남편과 아내에 대한 모델로 "그리스도와 교회"의 모습을 제시하고 있다. 바울은 말하기를 그리스도께서 교회를 위하여 자신을 주심같이 남편들도 아내를 위하여 봉사와 희생을 아끼지 않아야 하며 그리스도께서 죽기까지 교회를 사랑하신 것같이 남편도 아내를 사랑하고 섬김과 봉사의 실천을 해야 한다고 말했다(Jay e. Adams, 1972: 89-93). 남편들이 가장 중요하게 생각하여야 할 것은 "그리스도께서 교회를 사랑하시고 위하여 자신을 주심같이 하라"는 것이다(엡 5:28). 예수님께서는 교회를 사랑하시되 자기 몸을 희생의 제물로 내어 주시기까지 사랑하셨다. 그러므로 남편들도 아내 사랑하기를 '주님이 교회를 사랑하심'같이 하여야 하고 '자기 몸'같이 사랑해야 한다.

예수님의 사랑은 무조건적인 사랑이다. "사랑은 여기 있으니 우리가 하나님을 사랑한 것이 아니요 오직 하나님이 우리를 사랑하사 우리 죄를 위하여 화목제로 그 아들을 보내셨음이니라"(요일 4:10)고 말씀하신 사랑이니 곧 이가페적인 사랑이다. '아가페'는 본질상 무조건적으로 자신을 상대방에게 주는 사랑이다.

남편은 그리스도께서 교회를 사랑하여 희생의 제물이 된 것처럼 아내를 사랑해야 한다. '그리스도께서 사랑하신 것처럼'이라는 원리는 부부관계의 기초적 원리가 된다. 남편이 아내의 보호자가 되는 것은 이러한 거룩하고 고상한 원리를 근거로 한다. 그리스도께서 그의 교회를 사랑하시는 것같이 아내를 사랑해야 한다(정정숙, 1994: 142).

이 부분은 그리스도께서 교회를 위해 자신을 주시는 것을 남편과 아내의 관계로 대비시켜 말씀하고 있는 것이다. 이는 주님이 교회를 사랑하심같이 남편들도 아내를 사랑할 것을 강조하는 말씀이다. 그리스도의 사랑은 남편의 사랑의 원천이요 본보기이다. 남편이 아내를 사랑하는 것이 바로 이러한 점에서 본보기로 말씀하고 있는 것이다. 바울은 그 유추를 지나치게 끌고 나가 마치 교회가 그리스도의 몸인 것처럼 아내도 남편의 몸이라고 말하지 않는다(F. F. Bruce, 1961: 114). 칼빈은 말하기를 "바울은 이제 본성 그 자체에서 논증을 취하여 남편들은 자기 아내를 사랑해야 할 것을 권면하고 있다. 바울은 말하기를 모든 사람이 본질적으로 자기 자신을 사랑한다고 말한다. 그러나 자기 아내를 사랑하지 않고는 아무도 자신을 사랑할 수가 없다. 그러므로 자기 아내를 사랑하지 않는 사람은 자신을 사랑하지 않는 것과 같다"고 한다(Calvin, 1980: 378).

교회는 종말론적으로는 그리스도의 신부이다. 이 땅에서도 주님을 모신 곳이 천국이다. 장차 임하게 될 하나님의 나라, 곧 천국은 신랑 되신 예수 그리스도와 신부 된 교회 간의 거룩한 영적 새 가정이다(계 21:2). 이런 의미에서 본다고 하면 주님의 모든 교회(성도)가 구주 예수 그리스도께서 오시는 날 주님의 신부가 되어 완전한 보양을 받을 것이다. '이는 내 뼈 중에 뼈요, 살 중에 살'인 관계에서 타락으로 말미암아 '그 여자'의 관계로 전락하였던 이 관계는 예수 그리스도로 말미암아 회복되었고 이제 교회는 신랑의 사랑을 힘입어 에덴동산의 진정한 가정의 회복을 소망하게 된다. 가정을 통하여 그리스도께서 명하신 지상명령을 이제 남편과 함께 성취해 나가야 한다. 이제 그리스도 안에서 회복된 부부간의 새로운 관계는 이는 내 뼈 중에 뼈요 살 중의 살인 관계로 회복되었다. 따라서 그리스도 안에서 회복된 가정은 아내를 내 몸과 같이 사랑하며 아내는 주께 하듯 그 남편에게 복종하고 돕는 관계로서 주님의 몸이 회복됨같이 가정에서 아내와 남편이 회복된 관계로 살아야 할 것이다.

우리 주님 예수 그리스도께서 참 하나님이시오, 참 사람으로 완전한 분이시지만 그분은 하나님의 뜻에 복종하는 삶을 사셨다. 이제 남편도 아내에게 대해서 이와 같은 자세로 살아야 한다. 남편이 그리스도를 머리로 삼고 위로부터 오는 주님의 뜻과 그분의 말씀을 복종하는 그 삶만이 온전한 교회로서의 모습이다. 이런 남편은 그 아내를 주님이 교회를 사랑하심같이 사랑할 수 있다. 또한 이런 남편에게 복종하는 삶이 아내의 삶이다. 몸에는 많은 지체가 있고 그 지체들이 하는 일들이 다 다르다. 그러나 모든 지체의 움직임은 머리에서부터 명령을 하달받고 그 머리의 명령에 따라 조화롭게 움직이는 것이다. 몸이 머리의 지시에 순응하고 움직임같이 아내들노 그 남편을 머리로 삼고 몸이 머리에 명령을 인식하고 순응하듯이 아내들도 그 남편으로 머리로 삼고 그 남편의 뜻에 순종하여야 한다(엡 5:23).

역사적 고찰

본 장에서는 사모의 역사적 배경을 살펴봄으로써 오늘날의 사모의 사역의 형태와 가치관이 어떻게 변했으며 목사인 남편과의 관계성의 변화도 살펴보게 될 것이다. 또한 사역을 통한 의식의 변화도 함께 고찰해 보고자 한다. 사모의 가치관 역시 시대적인 흐름에 따라 변하고 있다. 따라서 오늘날 사모로서의 진정한 가치가 무엇이며 올바른 헌신이 무엇인가를 살펴보게 될 것이다.

한국에 기독교가 들어온 지 1세기를 넘어 2세기에 접어들고 있는 시점에서 지난날 초기 한국교회 사모들의 변천사가 어떠했는지를 살펴보며 오늘날의 사모들의 모습을 진단해 볼 것이다. 이와 함께 가능한 범위에서 서양에서는 사모의 역할이 어떠했는가를 연구해 봄으로써 사모의 변천사를 살펴보고자 한다. 사모에 대한 기록이 많지 않기 때문에 많은 양의 자료를 얻는다는 것은 기대할 수 없겠지만 가능한 자료를 토대로 서양에서 사모가 어떻게 변천하였는가를 살펴보고 비교해 봄으로써 진정한 사모로서의 가치가 무엇이며 어떻게 일을 해야 할 것인가에 대하여 연구해 보고자 한다.

1. 사모에 대한 역사적 고찰

(1) 사모의 기원과 역사

사모의 역사적 배경은[6] 그 기초를 성경에서 찾아보아야 할 것이다. 일반적으로 기독교에서 사모라 함은 하나님의 종으로서 사역을 감당

---

6) 일반인들이 말하는 사모와 교회에서 목사의 직분을 감당하는 부인으로서의 사모를 구별하여, 하나님의 종으로서의 사모에 대해서 말하고 있다.

하는 목사의 부인을 지칭하는데 신, 구약 성경에서는 사모로서의 사역적인 면에서 직접적이고 구체적인 사모에 대한 기록을 찾아보기는 매우 힘들다.

다만 성경에 나타난 하나님의 사람들의 아내에 대한 기록을 통해서 역사적으로 사모의 사역을 추측해 볼 수 있을 뿐이다. 구약에서 사모의 역사를 살펴보면 하나님께서 아브라함을 부르시고 그의 아내와 함께 갈대아 우르를 떠나 하나님이 약속하신 가나안 땅으로 가는 노정과 그 후 가나안 땅에 정착하여 생활할 때의 그의 아내에 대한 기록에서 찾아볼 수 있다고 하겠다. 또한 그의 아들 이삭의 아내 리브가를 아내로 맞이하는 과정을 보면 이삭의 아내의 성격과 이삭을 도와 할 수 있었던 일이 무엇이었는가를 찾아볼 수 있다. 이삭의 두 아들 중에 야곱에게는 두 아내가 있었는데 이들 두 아내에게 나타난 행동들에서 그들의 사역이 무엇이었는가를 살펴볼 수 있을 정도다.

이스라엘 백성들이 민족을 이루고 애굽에서 번성한 후에 그들을 애굽으로부터 구원하는 사역을 모세를 부르셔서 감당하게 하시는데 여기에서 하나님의 종으로 선택된 모세의 아내가 모세를 도와서 그의 사역에 관여했던 행적에 관한 구체적인 기록은 찾아볼 수가 없다. 그 후에 하나님의 종으로시 사역을 김당했던 여호수아, 사무엘, 역대 왕들의 이내들 등, 많은 사역자들의 아내들이 있었지만 그늘의 구체적인 사역의 내용을 찾아볼 수 없다. 다만 한 가지 분명히 알 수 있는 사실은 그들의 사여이 한결같이 그 남편의 시역에 순종적으로 따랐던 것과 그들의 가정에서 아내로서 매우 충실하게 남편을 도와서 가정사역을 잘 감당했다는 것이다. 이삭의 아내 리브가의 경우를 예를 들어보면 하나님의 보내심을 받은 시아버지의 사환의 뒤를 따라 이삭의 아내가 되기 위해서 적극적으로 따라섰다. 두 아들을 낳아 잘 성장시켰고 그들로 하여금 하나님의 사람으로 잘 자랄 수 있는 어머니로서의 사역을 감당한 기록 외에는 다른 기록이 없다. 물론 이들은 신앙과 하나님을 향한 믿음이 충만하였다는 것은 잘 알 수 있다.

정확히 이를 이해하려면 성경에 소개되고 있는 부인의 모습은 고대 중동지방의 농촌 배경에서 이해되어야 한다. 잠언 31장 10-29절에는 부인의 아름답고 서정적인 모습이 나타나 있다(월러스 덴튼, 1977: 11). 성경에 나타난 부인들의 모습은 한결같이 가정적이고 순종적이며 그 남편의 뒷바라지를 잘하는 아내들로만 묘사되고 있고 그 외에 특별히 하나님이 직접적으로 사역을 감당하게 하기 위해서 부른 여 선지자나 여 사사들을 제외하고는 사모로서 역할은 오직 가정에서 그의 남편을 도와 자녀를 출산하고 그들의 자녀를 신앙으로 잘 양육하며 가정에서 그의 가족들을 부지런히 돌보는 일이 성경에 나타난 아내에 관한 내용의 역사적 배경이라고 볼 수 있다. 잠언 31장에 기록된 내용들을 살펴본다고 하면 아내의 역할이 무엇인가를 구체적으로 제시해주는 모습을 보아서도 사모의 역할이 대외적으로 그 남편이 하는 일에 적극적으로 함께 동참하여 감당했다는 기록은 전혀 찾아볼 수 없다.

그리스도 승천 이후 초대 교회의 사모에 대한 기록 역시 거의 찾아볼 수가 없는데 목회자 부인에 대해서 성서적 자료가 거의 없는 이유 중에 하나는 초창기에는 목회가 직업화되지 않았고 초대교회의 종교 지도자는 모두가 평신도 지도자였기 때문이다. 평신도와 성직자를 구분하여 이분화한 목회 개념은 그 이후 시대에 생기게 된 것이다. 초대 교회의 시대는 목회자의 부인과 평신도의 부인 사이에 이중기준이 생기기 전 시대였다고 볼 수 있다(1977: 11). 초기 성직자는 결혼하는 것 자체를 불경스러운 일로 생각하여 결혼한 목회자는 성직자로 인정하지 않았던 시대도 있었다. 제임스 1세의 통치하인 1604년까지만 해도 결혼한 성직자의 신분은 인정받지 못했다. 물론 그 이전의 교역자 가운데 생명의 위험을 무릅쓰고 결혼하는 이들이 있었던 것은 사실이다. 그러나 이러한 이유에서 목회자 부인인 사모에 관한 구체적인 기록을 찾아보기가 매우 어렵다(10). 목회자 부인의 모습을 성서에서 찾으려고 한다면 성서에 나타난 일반적인 여인상을 참고해야 할 것이다(11). 누가복음 1장에는 하나님의 종인 제사장 사가랴의 아내 엘리사벳에 관한 기록이 있다. 여기에서 나타난 엘리사벳의 모습은 다만 "이 두 사람이 하나님 앞에 의인이며 주의 모든 계명과 규례대로 흠이 없이 행하더라"고 기록되어 있을 뿐이다(눅 1:6). 엘리사벳은 그 남편과 함께 경건한 삶을 살았고 그의 평생에 그 남편의 제사장 직분에 관여하여 그의 일을 도운 일은 구체적으로 묘사되어 있지 않다.

바울은 결혼하지 않았다. 그가 결혼하지 않은 것은 전적으로 주의 일을 효과적으로 감당하기 위해서 안 했던 것이지 그가 사모의 필요성을 느끼지 못해서나 혹은 할 수 있는 능력이 없기 때문이 아니었다. 그는 결혼을 하지 않았기 때문에 함께 동행할 수 있는 사모가 없었지만 베드로나 그의 다른 형제들과 같이 그도 부인을 가질 권리가 있다고 말한 적이 있다(고전 9:5). 바울이 말한 사역자의 부인은 단정하고 남을 비방하시 않아야 하며 자신을 통제할 줄 알아야 하며 모든 일에 충성스러워야 한다고 말하고 있다(딤전 3:11).

성경에 나타난 사모의 역사를 살펴볼 때 사모의 가장 큰 보람은 집안에서 이이들을 양육하고 물레를 돌리며 베를 짜고 남편을 돌보는 데서 이루어졌다. 그의 보상은 그녀의 남편이 사회에서 존경받는 것을 보는 것이며 그의 자녀들이 하나님을 경외하는 사람으로 성장해서 결혼을 하고 건전한 가정을 이루는 것을 보는 데 있는 것이었다. 이 모든 일에서 사모가 맡은 일이 대단히 중요한 일이라는 사실을 알고 있었다. 이러한 위치에서 맡은 일을 감당하였어도 사모는 남편인 하나님의 종과 함께 중요한 반려자(helpmate)였다. 부부의 관계는 서로의 사랑과 신뢰를 바탕으로 서로를 이해하며 하나님 앞에서 서로의 책임을 잘 감당하는 사명자로서 위치를 지키고 있었다.

성서에 나타난 사모의 역사적 배경이나 그들의 사역에 대해서 자세한 기록이 남아 있지는 않지만 남편인 사역자를 도와 함께 하는 반려자의 의식을 가지고 가정을 돌보고 남편을 뒷바라지하는 일에 최선을 다한 것이 남편으로 하여금 마음 편하게 그리고 성실하게 주의 일을 감당하도록 돕는 최선의 내조였다.

(2) 서구의 사모의 역사적 고찰

1) 고대 사회의 여성의 신분과 사모의 역할

서구 사회에서 사모의 역할이 어떠했는가를 정확히 알아보기 위해서는 당시 사회에서 여성에 대한 사회적 시각과 관습이 어떠했는가를 먼저 살펴보는 것이 그 시대의 사모의 위상과 역할을 알 수 있는 길이 되겠기에 각 시대의 여성의 역할을 함께 연구하여 볼 것이다.

고대 사회에서는 일반적으로 여성의 신분은 거의 노예와 같은 수준으로 취급되었다. 그런 중에도 비교적 그리스 여성들은 다른 이방 사회의 여성들보다 다소 높은 신분을 보장받았다. 그럼에도 불구하고 그 수준 역시 거의 노예와 다름없는 수준에 놓여 있었으며 관습과 법률에 의해서 남편의 권위와 통제하에 놓여 있었다. 그리스 사상의 대표자 아리스토텔레스(Aristotel)는 여성은 본래 열등한 존재라고 생각했다 (Charles Ryrie, 1983: 10). 심포지엄(The Symposium)의[7] 사랑은 동성 연애였고 "그것만이 남성의 가장 지고하고 고상한 열망을 만족시킬 수 있으며 만일 남녀의 사랑이 언급될 때에는 완전히 열등한 것으로 취급되어 육체적 충동의 유일한 목적은 순전히 자녀 생산에 있음은 논란의 여지가 없다”라고 말한다(W. Hamilton, 1951: 12). 물론 플라톤(Platon)은 남녀동등과 아내들의 공동 사회를 적극적으로 주장했다(The Republic, V: 457-466). 그는 “남녀의 자연스러운 공동 협력”(466)에 대해서 이야기했고 그와 같은 신념의 결과 “여성들도 당연히 모든 활동에 동참할 수 있다”(455)는 생각을 가지고 있었다. 이러한 플라톤의 견해는 당시 여성의 신분에 대하여 위상을 높이는 말이었으나 실제적인 시대적 상황에서는 여성의 참여가 거의 이루어지지 않았다.

당시 여성들의 주된 임무는 사회적 참여에 있는 것이 아니라 자녀를 출산하여 사회에 우수한 병사를 만드는 것이었다. 이를 위해서 여성들은 신체적 훈련을 받았고 여성이 가정에서 나와 대외적으로 대중 앞에 설 수 있는 유일한 기회란 신체적 훈련을 위해 대외적으로 나서는 것뿐이었다. “여성의 몸을 튼튼하게 함으로써 튼튼한 자녀를 낳는다”(E. Guhl and W. Koner, 1875: 186)는 사실을 근거로 해서 대외적으로 활동할 수 있는 수준의 것임을 다시 한 번 강조할 필요가 있다(Charles Ryrie, 1983: 11).

유명한 도시 국가인 아테네는 국가가 중요시되었기에 모든 시민들은 국가의 발전과 결속의 유지를 위해 큰 희생을 치러야 했다. 시민과 이방인들 사이에 차별화를 두었으며 사회 각층에는 그들 나름대로의 그룹이 형성되어 계층을 이루고 있었다. 이러한 계급은 여성들 사이에노 존재하여 가정이라는 틀 안에서 엄격히 구별되어 법과 관습에 의해 통제되고 있었다. 그들의 관심은 오직 가정에만 둘 수 있었고 결혼하기

---

7) 고대 그리스에는 많은 연회를 개최하였는데 연회의 이름을 심포지엄이라고 불렀다.

전 처녀 시절부터 결혼 후에도 마찬가지로 가정이라는 생활의 틀을 벗어날 수 없었다. 여성이라는 위치는 단순히 어머니라는 것뿐이었고 여성의 의무와 수행은 남편에 의해서 충실한 가정 노예 정도밖에는 인정받지 못하고 있었다(E. Guhl and W. Koner, 1875: 185). 그러나 그와 같은 고립이 아내들의 무식을 의미하지는 않는다. 그들은 가정에서 자기 훈련을 하고 있었고 가정 내에서 모든 일에 대한 총책임을 맡고 있었기 때문에 아내는 가정에서 절대적인 지배자였으며 나름대로는 명예로운 위치였다(1983: 13).

여성의 지위는 알렉산더 대왕(Alexander the Great)시대 이후에 많이 향상되었다. 특히 마케도니아(Macedonia)지방에서 그러했는데 이들 여성들은 시정에 큰 역할을 감당했고 그들은 사회 지도계층의 인사들을 맞이했고 사원을 건축했으며 도시를 수립했고 용병 사업에 관여했다. 군대에 명령을 내렸고 요새를 점령했다. 때로는 섭정을 하거나 연합 통치자가 되기도 했다(W. W. Tarn, 1927: 84). 그러나 이러한 여성의 활동은 일부 소수층에만 한정돼 있었고 대부분의 여성들은 고대사회의 일반여성들과 같이 남성과 차별된 대우를 받으며 살았다.

거대한 나라 로마 제국의 여성들의 삶은 어떠했는가? 로마에서의 여성의 신분이나 활동은 비교적 다른 고대사회에 비교해서 사회참여의 활동의 기회가 많았다. 그들은 한정된 가정에서만 활동할 수 있었던 것이 아니라 남편의 생활에 동참했고 노년에는 존중받는 아내요 어머니로서 확고한 위치를 확보하고 있었다(R. H. Barrow, 1949: 21). 물론 이들 여성들의 사회참여의 기회는 자연히 얻어진 것은 아니었다. 그들은 자유를 얻기 위해서 많은 노력을 하였다. 종교적으로 여성들은 종교적인 활동에 더욱 자유롭게 참여함으로써 기독교 전파에 도움이 되었다. 이러한 여성에 대한 사회적 변화는 복음전파의 교두보로서의 역할을 감당하게 되었으며 많은 여성들로 하여금 교회에서 활동하게 하는 복음의 거점도시가 되었다.

로마 안에서 유대인들의 아내들의 생활은 어떠했는가? 유대 개념에 따르면 여성의 활동범위는 가정이다. 가정에서의 여성의 위치는 언제나 절대적으로 위엄을 지닌 것이었다. 공적 활동은 집 밖에서 이루어지는 것이었다. 그렇기 때문에 여성의 특별한 영역 밖에 있는 것이었다(W. O. E. Oesterley and G. H. Box, 1907: 297). 유대인들은 여성이 남성보다 열등하다는 일반적인 개념을 가지고 있었다. 그러나 이방 사회에서처럼 여성을 천시하여 노예와 같은 개념으로 대한 것이 아니다. 히브리 여인들은 좀더 자유롭게 그들의 남편의 일에 참여하여 유력한 영향을 미쳤다. 구약 이스라엘사에서도 나타난 대로 남편의 일에 참여하여 긍정적인 영향력을 행사한 여인들이 많다. 대부분의 여성들의 활동은 그 남편에 의존되어 있었지만 여성들도 종교적인 활동에 함께 참여하였던 모습을 볼 수 있다. 에스더는 아하수에로왕의 아내로서 이스라엘을 구하는 중요한 역할을 했다.

모세의 율법은 큰 행사에 여성들이 성소에 나올 수 있도록 하고 있다. 이들의 행사에는 남자와 여자 그리고 노예까지도 참여할 수 있게 했다(신 12:12-18, 14:26, 16:11-14). 다윗이 여호와의 법궤를 탈환하여 잔치를 하였을 때도 여성들이 참석했고(삿 21:6-25) 한나와 브닌나는 실로에서 매년 모이는 대중 기도회에 참석했다(삼상 2:19). 그들은 남성과 마찬가지로 나실인으로 하나님께 서원할 수 있었으며(민 6:2), 공적인 예배에 수종 들었던 사람들 중에 여인들이 있었다(출 38:8). 여성들에게 모든 부분이 개방되어 그들로 자유롭게 활동할 수 있었던 것은 아니다. 그러나 유대 여성들은 이방 사회의 여성들보다 많은 부분에서 종교적 활동에 참여할 수 있었으며 여성을 대하는 데 있어서 기독교가 고대 그리스와 로마와는 극명한 대조를 이루고 있음을 알 수 있다.

이러한 시대적 배경하에서 사도시대[8]에 교회에서 활동했던 사모들의 활동사가 어떠했는지를 우리는 성경을 통해서 고찰해 볼 수 있다. 이 기간 동안 교회 안에서 사모들의 역할은 매우 중요한 위치를 차지하고 있다. 사모의 활동은 교회를 설립하는 일에 핵심적인 역할을 했으며 사도 시대와 속사도 시대에 걸쳐서 로마와 소아시아 그 외 지역에 기독교를 전파하며 교회를 세우는 일에 사모들의 역할은 대단히 중요하였다.[9] 예수님의 승천 직후 주의 말씀을 따라 제자들이 예루살렘 다락방에서 기도하기 위해 모였을 때 여기에는 사도와 주의 제자들, 그리고 그들의 부인인 사모들도 함께 모여 기도하였다(행 1:13-14).[10] 초기 예루살렘 교회는 마가 요한의 어머니 마리아가 그의 집을 모임의 장소로 제공함으로써 이루어졌다(행 12:12). 유럽에서 최초의 회심자는 두아디라의 자주장사인 '루디아'였으며(행 16:14), 빌립보 지방에서는 유오디아와 순두게의 헌신적인 활동을 통하여 복음전파의 핵심적인 역할을 담당하였다(빌 4:2). 데살로니가와 베뢰아에서는 그 지역 지도자의 사모들이 있었다(행 17:4, 12). 고린도 교회에서는 아굴라와 더불어 그의 사모 브리스길라(Priscilla)의 헌신적인 활동으로

---

8) 사도시대라 하면 오순절에서부터 신약 성경의 기간 동안을 말한다. 주로 1세기 말까지를 사도시대라고 말할 수 있다.

9) 초창기에는 목회가 직업화되지 않았고 초대교회의 종교 지도자는 모두가 평신도 지도자였고 목회자 부인과 평신도 부인 사이에 이중기준이 생기기 전의 시대였다는 사실에 입각하여 일반적으로 집사 부인까지도 사모로 간주하여 볼 것이다.

10) Deissmann은 사도행전 1장 15절에 나타난 글 중에 'onoma'라는 뜻은 "사람"을 뜻하는 것인데 이는 남성들만 말하지 않고 여성들도 포함하고 있음을 말하고 있다(Adolf Deissmann, 1901: 196).

인하여 선교 사업에 지대한 공헌을 하였다(행 18:2, 26, 고전 16:19, 딤후 4:19). 바울은 그를 동역자(fellow worker)라고 불렀다.

이와 같이 초기 기독교 전파에서 사모들의 활동은 교회 창설에 매우 중요한 역할을 했으며 선교 사역은 남성들에 의해서 이루어졌으나 유대교에서나 초기 이방 세계에 복음이 전파되는 데 있어서 사모들의 역사도 대단히 중요했다. 만일 사모들의 역할이 없었다면 교회사의 기록은 매우 빈약한 상태가 되었을 것이다.

2) 종교개혁시기의 사모의 역할

사모의 존재가 뚜렷해진 것은 종교개혁 이후이다(Wallace Denton, 1977: 13). 초기 기독교에서도 목사[11]들이 결혼한 것이 사실이다. 사도 바울이 이미 언급하고 있듯이 결혼하는 것이 죄가 아니며 또 결혼하지 않은 자는 결혼하지 않는 것이 더 좋다라고 말하고 있다(고전 7:8-10, 32-35). 초기 시대의 목사들의 혼인에 대한 전통은 사도 바울의 가르침을 근거하여 주로 독신 성직제도를 주장했고 독신 생활을 지나치게 강조한 나머지 목사의 결혼은 불경한 죄에 해당하는 정도로까지 치부했다. 따라서 종교개혁 이전까지 일반적으로 목사는 결혼하지 않은 것을 관습처럼 여겨왔기 때문에 사모에 대한 기록이 거의 전무하였고 사모에 대하여 논한다는 것 자체가 무의미한 일이었다. 따라서 진정한 의미에서 사모의 역사는 종교개혁기 이후를 기점으로 논하는 것이 옳다 하겠다.

그때에도 사모에 대해서는 "오래된 전운과 논쟁의 여운 속에서 처음으로 나타난 희미한 존재"로 나타내고 있었다(Margaret Watt,

---

11) 사도시대에는 목사라는 말 대신, 사도라는 말을 사용하고 있다. 그러나 본 연구에서는 편의상 사도들도 '목사' 또는 '교역자'로 표현하겠다.

1943: 7). 이 논쟁의 여파는 수십 년 후까지도 미쳤다. 성직자 결혼의 공식적 출현으로 말미암아 가정부와 사역자들과의 불륜관계로 뒤덮여 있던 목사관이 권위를 찾게 되었다(1977: 14). 성직자의 결혼이 서방 세계의 가족생활에 커다란 변화를 가져왔고 아내로서의 여성의 역할에 권위와 명예를 부여했다(Kenneth Scott Latourette, 1953: 981).

개신교 사모들의 모습은 남편에게 전적으로 헌신하는 여인상이다. 개혁자 루터는 42세 때 그의 아내 캐티를 만나 결혼을 했다. 당시 그녀의 나이는 26세였고 루터는 결혼 이후에 그의 아내로 인해서 개혁신조를 변호하는 데 참으로 많은 의미를 부여하였다. 뿐만 아니라 루터는 전적으로 캐티에게 익숙해졌다. "나는 프랑스 또는 베니스를 준다 해도 캐티와는 바꾸지 않겠다"라고 말할 정도로 그녀를 사랑했다(윌리엄 J. 피터슨, 1989: 12). 루터는 감정의 변화가 심했으며 건강하지 못했기 때문에 가끔 우울증이 일어나곤 하였다. 그러나 그의 아내 캐티는 루터에게 있어서 요리사, 간호원, 의사이기도 했다(1989: 24). 그녀는 루터를 박사님이라고 부르며 그의 남편으로 존중했다. 루터는 집회 때에 가끔 상스럽고 투박한 언어를 사용하기도 했는데 그때마다 그의 아내가 교정해주곤 했다(25). 루터의 부인은 훌륭한 어머니요 능력 있는 주부였다. 신중하고 알뜰한 살림살이를 하면서 현모양처로서 내조했다. 그녀는 남편을 찾아오는 손님이 항상 있었고 그의 가정에서 루터는 언제나 중심인물이었다. 그녀의 역할은 분위기를 감싸는 여주인이 되었다. 그녀가 유명한 남편 때문에 가려진 것을 유감으로 생각한 흔적은 없다. 그녀는 그렇기를 바랐다(Wallace Denton, 1977:15).

영국의 감리교 운동의 주역인 요한 웨슬레는 결혼생활에 실패한 경우이다. 그의 아내는 그의 남편 웨슬레의 머리채를 잡고 방에서 끌고 다녔다는 목격자가 있을 정도로 악처였다(1977: 36). 그러나 그의 아버지 사무엘 웨슬레의 아내는 헌신적인 사모였으며 그 당시 모든 사모들과 마찬가지로 그 남편에 대해서 가정과 교회에서 모든 일에 사모로서 일을 잘 감당했다고 기록하고 있다(38).

미국에서 영적 대각성운동(America's Great Awakening)을 일으킨 위대한 선구자 조나단 에드워드의 아내인 사라 역시 훌륭한 내조자였다. 에드워드는 훌륭한 남편이 아니었음에도 불구하고 그의 아내 사라의 헌신적 내조로 인하여 그의 가정생활은 성공적이었다. 이들의 행복한 결혼생활을 본 영국의 복음전도자 조지 횟필드(George Whitefield)는 매사추세츠 주에 있는 에드워드의 가정을 방문하고 너무나 깊은 감명을 받아 그의 고향인 영국에 돌아가서 즉시 결혼하기로 결심하기도 했을 만치 그들의 부부관계는 매우 행복했다(63). 사라는 가정일에도 부지런하여 열심히 그를 도왔다. 사무엘 홉킨스는 평가하기를 "그가 그의 아내 에드워드 여사를 깊이 신뢰하며 모든 일을 안심하고 맡김으로써 행복한 가정의 본보기가 되었다. 그녀는 매우 현명하고 성실한 가정주부로서 늘 부지런했고 가정의 매사를 근면과 신중으로 관리하는 완전한 경제가였다. 그녀는 한결같이 남편에게 적절한 경의를 표하고 그를 전적으로 존중하며 대우하는 한편 그의 취미를 인정하고 닮아갔으며 가성의 모든 것을 즐겁고 유쾌하게 만드는 데 모든 수고를 아끼지 아니하였다(69). 그에게는 12명의 자녀가 있었는데 자녀를 기르는 데 있어서도 화내지 않고 큰소리치지 않으며 하나님의 자녀로 인정하여 그들로 하여금 스스로 어머니를 따르도록 성경적으로 가르쳤다. 혼내야 할 경우에는 절대로 감정적으로 처리하지 않았고 아이들로 하여금 타당함에 확신을 갖도록 이성에 호소했다. 부모님에게 순종하는 자녀 그리고 하나님을 경외하는 자녀로 양육하였다.

한편 1750년 에드워드가 시무하던 교회 교인들이 그를 반대하여 심지어 길거리에서 그의 가족들을 만나도 회피하였고 교인들의 반대로 출석인원도 급격히 줄어드는 어려움을 겪었다. 급기야 교회회원들의 탄원서로 파면을 당했고 그로 인하여 그의 가정은 경제적으로도 말할 수 없는 고난 속에 처하게 되었다. 이때에도 그의 아내는 좌절하거나 낙담하지 않고 그의 남편에게 용기를 주었으며 가족의 생계를 유지하기 위해서 그의 딸들과 함께 뜨개질과 수놓기를 하였고 그것을 보스톤 시장에 내다 팔아 그 남편에게 용기와 힘을 북돋아 주었다.

19세기의 빌리 그레함이라고 일컬어지는 드와이트 엘 무디(Ewight L. Moody)에 대하여 우리는 잘 알고 있다. 지칠 줄 모르는 복음전도자로 대서양을 종횡무진 횡단하며 수십 만의 영혼을 예수 그리스도에게로 인도했던 무디 뒤에는 그의 아내 엠마 무디(Emmma Moody)의 헌신적 내조가 있었다. 두 부부는 성격이 정반대로 대조적이었다. 그럼에도 불구하고 그들의 결혼생활은 행복했다. 무디의 성격은 적극적이고 불같았으나 그의 아내는 조용하고 표면에 나서지 않는 성격이었다. 그러나 이러한 그의 아내에게 많은 사람들이 감명을 받고 예수 그리스도에게로 돌아온 일이 많다. 그녀는 결혼 전 처녀시절부터 훌륭한 신앙인이었다. 그녀는 교사로서도 소질이 있어 무디의 주일학교에서 40여 명의 중년 남녀를 가르치는 교사로도 활동했다. 무디는 지칠 줄 모르는 건강으로 열정적으로 일을 했으나 그의 아내 엠마는 늘 허약하여 두통과 천식은 물론 심장질환도 앓고 있었다(94). 그러나 그녀는 침착하고 차분한 성격으로 자신을 일으켜 세우며 무디의 일을 도왔다. 무디의 거친 성격도 그의 아내의 영향으로 차분해져갔으며 성급한 성격들도 절제되어 갔다. 무디가 지역을 옮겨가며 복음의 열정과 헌신으로 떠돌아다닐 때에도 그녀는 한 마디 불평하지 않고 남편을 도와 그의 가정을 돌보며 아이들을 잘 양육해나갔다. 남편이 연구하고 집회에서 사역할 때 그녀는 아이들을 돌보며 학교에 보냈고 아이들이 학교 간 사이 그녀는 남편 대신에 그의 편지들을 처리하고 그의 전화를 받아 메모하며 할 수 있는 데까지 그를 도왔다(101). 1899년 12월 무디는 그의 일생을 다했다. 무디가 죽은 후에 그녀도 병이 악화되어 오른손을 쓸 수 없게 되었다. 그런 가운데도 그녀는 2년 동안이나 왼손으로 글쓰기를 연습하며 자기 일을 계속할 만큼 열정적인 인생을 살았다.

가까이서 지낸 친구들에 의하면 드와이트가 얼마나 엠마를 의지했던가를 잘 알 수 있는데 엠마는 드와이트에게 부족한 것을 항상 채워 주었다. 드와이트도 그것을 잘 알고 있었으며 엠마에게 늘 마음속 깊이 감사했다. 그녀는 결코 무대 조명을 좋아하지 않았고 무대 뒤에서의 보이지 않는 역할을 사랑했다. 그녀는 실로 대단한 존재였다. 그녀는 드와이트를 남편으로서 그리고 하나님의 종으로서 훌륭하게 성공시킨 사모였다(104).

우리는 세계적으로 유명한 빌리 그래함(Billy Graham)에 대해서 잘 알고 있다. 빌리는 30년 동안이나 계속해서 미국에서 가장 존경받는 사람들 중의 하나로 꼽히고 있다. 그는 세계 1억 이상의 사람들에게 하나님의 복음을 전했으며 매스컴을 통해서도 세계적으로 복음을 전한 근대의 위대한 복음의 전도자이나. 세계석으로 유명한 전도자 빌리의 사모는 어떤 사람이며 그가 어떻게 내조하였는가를 살펴보고자 한다. 빌리는 노스케롤라이나 주의 한 농장에서 자랐다. 그러나 그의 아내 루스는 선교사 아버지의 영향으로 중국의 외딴 주택에서 사랐다. 객관적으로 볼 때 루스 쪽이 훨씬 유능했다. 그녀는 처녀 때부터 선교사로서 꿈을 가지고 있었으며 활달한 그의 성격은 빌리를 만난 후에도 그와 같은 방향으로 빌을 도우며 내조했다(185). 그들은 사고방식과 서로 간에 강한 성격으로 인해 결혼생활에 적응하는 것이 모두에게 쉬운 일이 아니었다. 루스가 안고 있는 문제 중에 하나는 문학, 미술 그리고 대학시절부터 좋아하던 성경공부를 포기하고 가정의 주부로 살아간다는 것이었다. 그녀는 요리하는 것을 좋아하지 않았으며 설거지하는 것에 대해서는 장래성이 없는 무의미한 일을 하는 것으로 여겼고 그 일엔 창조적인 아무것도 없는 것이라고 생각해서 집안일 하는 것을 별로 즐겁게 생각지 않았다. 반면에 그의 남편과 함께 동행하며 전도 여행을 좋아했다. 그는 곁에서 그의 남편의 목회에 대하여 심도 깊은 조언을 해주었고 후에 빌리는 그의 아내 없이는 중요한 결정을 내릴 수 없을 정도로 그에게는 중요한 존재가 되었다(194). 그녀는 빌리의 라디오 프로그램에 각본을 써주었고 빌리는 그녀의 각본을 주제로 다른 목사들과 토의하기를 즐겼다. 루스는 항상 자신의 뜻대로 자유롭게 행했으며 빌리는 그녀의 개성을 존중하면서 그렇게 하도록 허락하였다.

　루스는 현모양처형의 아내는 아니었다. 그녀의 결혼관은 '아내는 남편 밑에 있는 하녀가 아니라 위로는 하나님을 아래로는 남편과 아내를 나란히 해 놓은 삼각관계'라고 주장했다(204). 그러나 빌리는 그녀와 생각이 달랐다. 창세기의 "남자는 여자를 다스릴지니라"라는 요절을 인용하면서 "그 명령은 결코 변하지 않았다……아내는 남편의 세계에 맞추어 나가야 한다"고 말하였다. 이렇게 다른 두 사람의 의견 대립 속에서도 그들은 조화를 이루어 나갔으며 서로를 이해하고 양보하며 존중하면서 그들의 사명을 잘 감당해 나갔던 것이다. 그녀는 생활적인 면에서보다 그의 남편의 조언자적인 측면에서 남편의 목회를 도운 근대적인 사모의 모습이라고 평가해 볼 수 있겠다.

3) 초기 미국 선교 당시의 사모의 역할

초기 미국 선교 당시 사모에 대한 기록은 찾아볼 만한 것이 별로 없다. 그나마 그에 대한 기록을 찾아본다면 자서전이나 전기들뿐인데 초기 목회자들과 그들의 가정사역에 관한 기록 역시 찾아보기 힘들다. 한 역사학회가 기록한 바에 의하면 "초기 성직자는 그들의 일을 기록하기보다는 새 역사를 만드는 데 너무나 바빴었다"라고 기록하고 있다(Historical Lectures Upone Early Leaders in the Professions in the Territory of Iowa, 1894: 93). 초기 사모들의 활동은 성서에 기록된 현숙한 부인의 사명을 감당하는 것으로 이어져 내려왔다(Wallace Denton, 1977: 17). 당시 사모들의 생활과 역할은 잠언 31장에 기록된 내용을 중심으로 가정일에 충실하였고 그 남편을 받들었으며 아이들을 양육하는 일에도 최선을 다하였다.

당시 목사들의 생활은 설교를 하고 심방을 하는 일 외에도 그들 나름대로 생계수단을 위한 개인적인 일을 가지고 종종 교사로, 때로는 상점을 경영하기도 했으며 어떤 이는 농업을 생활 수단으로 삼았다. 목사인 남편은 넓은 지역에 교회를 세우느라 오랫동안 가정을 떠나 있는 일이 태반이었으며 남편이 없는 이 기간 동안 아내는 전적으로 가정일을 돌보며 10여 명의 아이들과 그들이 벌여 놓은 일들(상점, 농장, 하교, 등)을 돌보며 남편의 몫도 감당했다(1977: 18). 때로는 그의 남편이 죽기도 하였는데 그들의 남편이 죽으면 가족을 부양하기 위해 학교에서 교사로, 농사꾼으로, 장사꾼으로 활동하기도 했다. 초창기 미국 목회자 부인들의 생활상은 말로 할 수 없이 힘들었다. 개척자를 돕기 위한 그들의 노력 역시 목사인 남편들 못지않은 험난한 고난의 길이었다. 그들에 대한 구체적인 기록은 남편들과 마찬가지로 그들의 일이 너무나 바쁜 나머지 역사를 기록할 수가 없었던 것이다(1977: 18).

목사 사모의 존재가 인식되고 사모라는 자리가 생기게 된 것은 풍파 많은 1세기를 지나서부터였다. 초기 미국교회의 사모들의 삶 역시 고난과 역경 가운데 그들의 자리를 묵묵히 지키며 남편에게는 어진 아내로, 어린 자녀들에게는 좋은 엄마로, 교회에서는 헌신자로서 자리를 지켜나갔던 것이다. 그들 역시 잠언 31장에 기록된 현숙한 아내로서 뒷바라지를 했다.

2. 한국교회의 사모의 역사적 고찰

미국 장로교와 감리교에서 1884년 정식으로 선교사를 파송한 이래 한국에 복음이 들어온 지 1세기를 넘어 2세기를 달리고 있다. 그동안 교회사적인 측면에서 본다고 하면 한국교회와 목사들에 대한 기록은 많이 있으나 목사를 도와 함께 수고하고 헌신한 사모들에 대한 기록은 거의 찾아보기 힘든 실정이다. 사모들에 대한 기록이라야 자서전에 기록된 불과 몇 페이지 안 되는 일부 내용을 통해서 살펴볼 수 있는데 그나마도 극히 제한적이어서 한국교회 사모의 역사에 대한 자료 역시 찾아보기 매우 힘든 실정이다. 가능한 자료를 토대로 하여 한국교회의 역사와 더불어 나타난 사모들의 생활상을 근대와 현대에 이르기까지 간략하게 살펴보고 이를 바탕으로 오늘날의 사모들의 모습을 재조명해 보고자 한다.

(1) 초기 한국의 개신교와 사모의 역할

1) 한국 개신교 선교의 출발

초기 개신교가 한국에 들어온 시기는 1832~1905년으로 잡는다.[12] 이 시기의 시대적 특징을 살펴본다면 서구 문명의 세력과 문화가 아시아로 유입되는 시기이기도 하다. 과학과 신무기를 바탕으로 발전해 온 구미의 세력들은 아프리카를 정복하여 식민지로 삼고 그 기세를 몰아 아시아에까지 손을 뻗치기 시작했다. 이때 미국은 영국으로부터 독립한 지 반세기에 지나지 않았지만 청교도들의 신앙을 기본으로 하는 기독교 신앙을 배경으로 하여 정치, 경제적으로 성장하고 있었다. 이들은 미국 13주를 기본으로 알래스카까지 흡수하여 그들의 영토를 확장해 나갔다. 미국은 기독교를 바탕으로 하는 국가였기에 선진국들 가운데서 가장 우호적이고 공평한 외교 정책으로 아시아에 있는 나라들로부터 신뢰와 존경을 받았다. 그들은 열국 간의 분쟁이 있을 때에도 중재자 역할을 잘하였다. 다른 나라에서도 한국에 선교사들이 왔다 갔지만 우리 한국에 기독교가 뿌리 내리게 된 것은 미국선교에 의해서였다.

이 시기 일본은 200여 년 내려오던 군벌 정치인 도구가와막부(德川幕府)를 청산하고 왕정(王政)으로 복구하여 서구 문명을 재빨리 받아들임으로써 현대 자본주의와 군국주의 나라가 되어 열강과 어깨를 겨

---

12) 김호운은 그의 저서 "한국교회 초기사"에서 한국 개신교 초기를 1832~1905년으로 잡았다. 그의 책에 의하면 1832~1875년까지를 개신교와의 처음 접촉시기로, 1876~1884년까지를 복음이 움이 트는 시기로, 1885~1890년까지를 개신교가 정식으로 한국에 들어온 시기로 보고 있다. 그리고 1891~1896년까지를 본격적으로 뿌리박는 한국교회의 시기로 구분하여 설명하고 있다. 본 연구에서도 편의상 이 시기를 초기 한국 개신교시기로 보겠다.

루고 침략국가로 변모하고 있었다. 그러나 한국은 300여 년 동안 계속되어 온 당쟁과 부패로 국력은 바닥났고 민생은 도탄에 빠져 있었다(이선근, 1951: 941). 그럼에도 불구하고 여전히 사대(事大)와 쇄국정책으로 나라와 국권을 송두리째 일본에게 빼앗기는 불행을 맞이하게 된다(김호운, 1970: 7). 자본주의와 식민지의 침략의 손길이 뻗치면 당연히 그들의 문화와 종교가 따라 들어오게 마련이다. 한국 역시 서구 문명과 더불어 천주교와 기독교가 들어오게 되는데 초기 천주교는 가혹한 박해를 받게 된다. 그 후 구미 각국과의 수호 조약의 체결과 더불어 합법적인 선교사가 들어오게 되고 개신 교회가 세워지게 된다. 이것이 초기 한국교회의 시작이라고 말할 수 있다.

한국에 최초로 개신교 선교사가 찾아온 것은 1832년의 일이다. 최초 선교사는 포메라니아(Pomerania)지방 출생인 카알 구츨라프(Carl Aygustus Rrederich Gutzlaff)였다. 그는 선교사요 의사로(1970: 24) 잠시 한국에 들어왔으나 두 달 정도 문서를 통한 선교를 하고 돌아갔다(25). 그 후 33년이나 지난, 1865년 가을 런던선교회(London Missionary Society)소속의 토마스(Robert Jermain Thomas) 목사에 의하여 중국을 거쳐 황해도 소래 지역에 복음이 전해지게 되었으나 불행히도 토마스 목사의 의도와는 달리 함께 타고 온 선원들의 횡포로 인해서 성난 국민들에 의하여 순교를 당하는 불행을 겪게 된다(29). 그 후 미국의 감리교 목사인 메클레이와 성공회소속의 루미스 선교사, 그리고 장로회 선교사 녹스에 의해서 복음이 다시 전해진다. 녹스 목사는 1883년 미국 선교본부에 선교지원을 요청하지만 당시 미국상황이 남북 전쟁 후 안정을 되찾아 가는 시기였기에 불안정한 한국에 선교사를 보내는 것에 대하여 부정적인 생각을 갖게 하였다(49). 미국 감리교에서는 1884년 12월 스크랜톤 박사(William B. Scranton

M.D)와 아펜젤러(Rev. Henry G. Appenzeller)목사, 그리고 여자 선교부에서는 스크랜톤 박사의 어머니인 메리 스크랜톤(Mary F. Scranton) 여사를 여선교사로 파송했고, 장로교에서는 이듬해 6월 알렌 박사와 부인이 함께 파송된다. 의사였던 알렌은 한국의 신임을 얻게 되고 병원과 학교를 세워 본격적인 선교활동을 하게 된다. 이것이 초기 한국 기독교의 역사다.

2) 선교사 사모들의 활동

우리는 여기서 선교사 사모들의 활동이 어떠했는지를 살펴보고자 한다. 한국 땅에 처음 기독교가 들어와서 복음이 퍼지기 시작한 것은 외국인 선교사들에 의해서였다. 위에서 언급한 것과 같이 미국 장로교의 목사인 알렌 박사와 언더우드를 중심으로 많은 외국인 선교사들에 의해 복음이 전파되기 시작하였다. 이들이 한국 땅에 들어왔을 때 선교사의 사모들도 함께 고난의 땅을 개척하였다. 언더우드 목사 사모인 언더우드 부인(Mrs. L. H. Underwood), 아펜젤라 목사의 부인(R. N. Appenzeller), 감리교 벙커 목사의 사모(Dr. Annie Ellers), 헤른(J. W. Heron) 목사의 사모인 헤른(S. A. Heron) 등 많은 서교사 사모들이 이 땅에서 활동하였다. 초기 선교의 열정으로 가득 찬 이들은 사무로서 가정일만 할 수는 없었다. 남편이 세운 학교와 병원 등지에서 함께 헌신했다(Harry Rhodes, 1984: 126). 특별히 이 시기는 개화 초기였기에 대원군의 쇄국 정책으로 인하여 시기적으로 많이 혼란스러웠으며 외국인에 대한 인식이 좋지 못했고 여성에 대한 인식이 낮은 이 땅에서 그들이 활동하기는 결코 쉬운 일이 아니었다. 안타깝게도 이들 선교사 사모 중에는 순교한 사모도 있었는데 그 이름은 헤론(Mrs. J. W. Heron) 부인이다(1984: 116). 헤론 사모는 그의 남편과 함께 병원에 여성 환자들을 돌보며 그들에게 복음을 전했다. 많은 여성들이 그의 집을 방문하여 치료도 받고 교육도 받았는데 주 2회 여성반을 개설하여 운영하기도 하였다. 이 반에서 수많은 여인들이 세례를 받고 교인이 되었다(L. H. Underwood, 1986: 63). 감리교 목사인 벙커 목사의 사모는(Dr. Annie Ellers) 의사로서 벙커 목사와 함께 의료선교사로서도 활동하였다(128). 감리교 선교사인 아펜셀라 목사는 배재학당을 세웠고 늘어나는 교인들을 위하여 1887년 9월에 현재 정동교회 자리에 작은 초가집 한 채를 사서 권서인에게 관리를 맡기고 교회 이름을 벧엘 교회라고 하였다. 이것이 한국 감리회의 처음 예배당이다(김호운, 1970: 109). 아펜셀라 목사 사모인 R. N. 아펜젤라 여사는 여성들로만 구성된 주일학교에서 주일마다 모여 성경을 공부하기도 하였다. 이것은 여성들만의 예배로 발전하였다(Appenzeller's Diary, 1888: 12). 특히 그녀는 주로 지방을 돌면서 전도하기를 좋아했는데 그의 남편과 함께 서북 지방으로 전도여행을 떠나 그 남편의 사역을 도왔다. 이들 전도 여행은 길도 험하고 인심도 흉흉해서 위험성이 다분했지만 복음 전파의 사명을 가지고 남편을 돕는 일을 계속했다. 그들의 여행 중에는 감리교 선교사인 올링거(Rev. Franklin Ohlinger) 목사의 부인도 함께 동행했다(W. D. Reynolds, 1917: 200). 그린필드 목사는 일년에 180일을 전도여행을 했고 그동안 1,530마일을 여행했다. 이때에도 역시 그의 사모와 다른 여 선교사 그리고 전서인과 한국인 동역자들이 쉬지 않고 여행을 했다(C. Allen Clark, 1928: 102). 1894년 평양에 홀 목사는 1892년에 결혼한 부인과 아기와 함께 선교를 시작했다. 부인은 셔우드(Rosetta Sherwood) 양이었는데 여자 의대를 졸업하고 1890년 북 감리회 의사 선교사로 와서 일하고 있었다. 홀 목사는 환자 치료와 복음 전도에 너무 지나치게 헌신하여 심한 피로가 겹쳐서 장질부사(Typhus fever)에 걸려 1895년 11월 24일 젊은 나이로 천국에 갔고 그의 사모는 일찍 미망인이 되어 그의 남편의 일을 이어받아 남은 일들을 계속해나갔다(W. B. Scranton, 1894: 274-276).

3) 선교사 사모가 한국교회에 끼친 영향

이들 선교사 사모들이 한국 교회사에 끼친 영향을 살펴보고자 한다. 서구에서는 기독교가 여성들의 인권을 저해한다 하여 부정적인 측면으로 생각하고 있지만 한국에 있어서 선교사 부인들의 활약으로 인하여 여성들의 계몽과 더불어 많은 여성들이 그리스도에게 돌아오게 하는 역할을 하였다. 특히 엄격한 남성중심의 가부장제 사회 구조 속에서 여성들은 남성에 예속되고 그들의 활동범위는 가정에 국한되어 있던 당시 시대적 상황 속에서 선교사 사모들의 활동은 여성전도에 매우 효과적인 것이었다. 당시 우리나라 사고는 유교적 관습과 사대주의적 사상으로 인하여 여성들을 남성들과 차별대우를 하여 사회적 활동을 금하고 있었다(한국기독교문화연구소, 1983: 196). 이들 여성을 접촉할 수 있는 사람은 남 선교사가 아닌 그들의 아내들이었다. 이들 사모들은 가정을 직접 방문하거나 양반 계급의 부녀자들보다는 비교적 대외활동이 자유로웠던 평민 또는 천민층의 부녀자들을 대상으로 전도 여행을 통하여 선교활동을 하였다(이덕주, 1990: 120). 특히 외부적인 접촉이 어려운 양반 가문의 부녀자들은 의료사업을 통하여 접촉할 수 있는 기회가 더욱 효과적이었다(한국기독교문화연구소, 1983: 197). 이들 사모들의 활동으로 인하여 많은 여성들이 기독교를 받아들였고 이들은 여성도 남성과 마찬가지로 영혼의 소유자임을 발견하여 신(神) 앞에서 남녀가 평등인 것을 알게 되었다(1983: 192). 초기 복음과 함께 이들 선교사 사모들이 전한 서구문명은 조선 여성들로 하여금 근대화에 밑거름이 되는 역할을 하였다. 이들 선교사 사모들의 정신은 곧바로 한국인 목회자 사모들의 정신이 되었고 기독여성들의 사고가 되었으며, 이들의 교훈이 한국교회 사모들의 역할에 많은 영향을 끼쳤다. 선교사 부인들의 대부분이 전문적인 지식과 의술을 겸비하여 그들의 남편과 함께 한국 땅에 복음을 심는 일에 혼신의 힘을 다 기울였으며 이들의 신앙사상은 보수적이고 성실하여 한국인의 신앙에 지대한 영향을 주었다. 초기 선교사 부인들은 의료나 교육과 같은 간접적인 복음 전도를 통해 선교를 시작하였으나 이어 개인전도, 순회전도를 통한 교회설립과 적극적인 선교활동을 그들의 목표로 삼고 직접적인 선교를 하기 시작했다. 선교사 사모들의 전도는 여성의 복음화와 여성 계몽운동에 많은 영향을 끼쳤다. 1895년 선교회 보고에 의하면 여자 성도들의 숫자는 남자들의 1/3수준에 지나지 않는다고 하였다(서광선, 1985: 60). 그러나 그 후 여 성도들의 수는 급증하여 1970년대에는 여성활동을 통한 급성장으로 남 성도보다 3/2가 많은 수의 여성이 교회를 차지하게 되는 부흥을 이루었다(1985: 61).

(2) '네비우스' 선교정책 이후 한국교회와 사모의 역할 (1904~1970)

초기 선교사들과 그들 부인의 열정 어린 헌신으로 한국교회는 복음의 뿌리를 내리고 건실하게 성장하여 나갔다. 네비우스 선교 정책 이후 한국인 스스로가 자립하여 전도하고 교회를 세워 스스로 운영할 수 있도록 하기 위하여 새문안 교회를 시작으로 방방곳곳에 교회가 세워졌으며 평양을 중심으로 신학교가 세워졌고 이곳 신학교를 졸업한 한국인 목회자들에 의해서 한국에 복음의 씨앗이 뿌려지고 있었다. 네비우스 선교정책[13]은 한국교회가 스스로 자립하며 자체적 복음전파

의 사역을 감당할 수 있는 기회가 되었다. 장로교 최초로 세워진 새문
안 교회의 한국인 초대 목사는 언더우드 목사에게 세례를 받고 그 이
후 목사가 되어 언더우드 목사와 함께 새문안 교회를 섬긴 서경조 목
사이다(세문안교회 70년사 편찬위원회, 1958: 50).

  본 연구에서 필자는 한국교회를 네비우스 선교정책 이후 한국인 목
회자들에 의해서 교회가 인도되던 때를 시작으로 네 시기로 나누어
보았다. 첫째는 신학교를 졸업한 한국인 목사들이 활동하기 시작한 시
기인 한국인 목사 교회 초기, 둘째는 일본에 의해서 무참히 짓밟힌 한
국교회의 수난의 시기라고도 말할 수 있는 일본기와, 셋째는 6·25발
발 후 전쟁을 통한 공산주의자들에 의하여 짓밟힌 박해의 시기, 마지
막으로 그리고 그 이후 교회가 재건되며 부흥을 이루는 부흥의 시기
로 나누어 보고 이 시기에 대표적인 사모들의 역할을 중심으로 연구

---

13) 네비우스는 「선교방법」이란 제목의 논문을 1885년 상해에서 간행되던
    『차이니즈 레코다(The Chinese Recorder)』에 기고하였다. 그것은 다음
    해 책자로 발간되었다. 그는 중국 산동성(山東省) '치후'에서 오랫동안
    선교사업에 종사하였다. '네비우스(Jhon Nevius)' 부처는 1890년 6월 미
    국에 가는 도중 서울을 방문하여 2주간 체류하면서 언더우드를 비롯한
    7명의 한국 선교사와 더불어 자기의 오랜 경험에서 읽은 선교 방법을
    논하였다. 그러나 중국에서는 그가 발표한 방법을 적용하지는 않았고 채
    택하지도 않았다. 다만 이론으로 제시했을 뿐이다. 그러나 한국의 선교
    사들은 이러한 논리에 대해서 대단한 흥미를 가졌고 이 방법을 실제 한
    국상황에 적용하여 많은 효과를 얻었고 한국교회가 스스로 자립할 수
    있는 계기가 되었다. 이것이 네비우스 선교정책이다. '네비우스 선교방
    법(Nevius Nethod)'이란 그의 이름을 따서 부른 것이다(Charles Allen
    Clark, The Korean Church and the Mevius Methods, Fleming H.
    Revell Company, New York, 1928, pp.16-35). "이것을 요약하면 스스
    로 전도하고(自進傳道-sclf-propagation), 스스로 유지하고(自力維持=
    Self-support), 스스로 다스린다(自主治理=self-government)라고 하였
    다"(이광린, 1991: 132).

하고자 한다.

1) 초기 한국인 목회자 사모의 역할

초기 한국인 장로교 사역자인 백홍순 전도사 부인인 한 씨와 이성하 전도사 부인인 김 씨 그리고 감리교의 최성균 전도사 부인인 최 씨 부인에 대해서 살펴보고자 한다. 당시 시대적 상황으로 봐서는 사모라 할지라도 여성이 직접 나서서 교회에서 대외적으로 활동한다고 하는 것은 기대하기 대단히 어려운 시기였다. 따라서 이 시기의 한국인 교역자 사모들의 활동 상황은 거의 기록된 바 없다. 그럼에도 불구하고 이들 세 전도사 사모에 대하여 논하고자 하는 것은 이들은 최초 장로교와 감리교의 여성 세례자들이기 때문이다(주선애, 1979: 49). 특별히 이들이 교회에서 어떤 사역을 했다는 기록은 없다. 이들의 이름도 정식으로 기록되지 아니하고 단지 한씨, 김씨, 최씨 부인 등으로 성씨만 기록된 것을 보더라도 당시 여인들에 대한 대우가 어떠했는지 가히 상상해 볼 수 있을 것이다. 이들 전도사 사모들의 수세 사건은 그들이 직접 나서서 사역한 것 이상의 복음 전도의 위대한 사역을 감당한 것이라고 말할 수 있다. 이들 사모의 수세로 인하여 앞으로 수많은 여성들이 예수를 구주로 영접하고 세례를 받을 수 있는 디딤돌이 되었던 것이다.[14] 최씨 사모의 수세 이후 다른 한국여성들도 용기를 얻었고

---

14) 아펜젤라는 자신의 일기에서 다음과 같이 기록하고 있다. "1887년 16일 주일, 29살 된 젊은 여성 최 씨 부인에게 세례를 주었다. 그는 문답 때 또박또박 분명하게 대답했다. 어느 모로 보나 그가 이 나라에서 개신교 목사에게 세례받은 첫 번째 인물이다. 이로써 우리 감리교회가 안방으로 통하는 길을 개척하게 된 것을 진심으로 기뻐하는 바이다. 그 외에도 말씀을 받은 여인들이 또 있다. 이들 첫 열매에 하나님의 축복이 있을지어다"(H. G. Appenzeller's Diary, 1887: 10.31).

그 결과 1888년 1월에 5명의 여인들이 집단적으로 세례를 받는 놀라운 일이 생기게 되었다(H. G. Appenzeller's Diary, 1888: 1. 14).

초기 한국인 사역자 사모들의 활동이 내적인 가정생활에서만 남편인 교역자를 돕는 일에 주력한 반면 대외적으로 오늘날 사모들의 사역과 같은 위치에서 사역을 한 이들이 있었으니 이들은 곧 전도 부인이다. 전도 부인의 역할은 목회자 아내가 아니기 때문에 오히려 당당히 사역현장에서 사역을 할 수가 있었다고 본다. 당시 목회자 사모의 대외적인 활동은 거의 금기시하던 시기였기 때문에 전도 부인들의 활동은 오늘날 사모들의 대외적인 활동영역의 한 부분이라고 말할 수 있겠다. 당시 사모에 대한 교회와 사회의 요구는 묵묵히 가사 일에만 전념하고 남편을 가정적으로 불편하지 않도록 돕는 것이 가장 이상적인 사모의 역할이라고 생각하였다. 오늘날 교회, 특히 개척교회 부흥의 원동력은 사모들의 사역에 크게 달려 있다. 그러나 초기 사모들은 오직 가정일을 돌보는 것으로 남편을 도왔다. 따라서 당시 시대적 상황이 사모의 대외적인 교회 활동을 기대하기란 어려웠고 대신 전도 부인들의 활동이 교회 성장에 큰 역할을 하였으므로 여기서 전도 부인들의 활약을 잠시 살펴보고자 한다.

당시 전도 부인을 "Bible Women"이라고 불렀는데 선교사들은 한국의 관습과 풍습에 익숙하지 못하여 함께 일할 여자 사역자를 절실히 필요로 하고 있었다. 변화받은 여 성도들 중, 혼자 사는 나이 좀 많은 부인들 중에서 진도 부인으로 신징하어 함께 전도 여행을 하게 하였다(주선애, 장로교여성사 1979: 54). 이들은 성경을 팔기도 하고 선교사들과 함께 전도 여행을 하며 특히 여성들과 접촉하여 전도를 하였다. 이들은 쉽게 부녀자들을 만날 수 있었고 여성을 통하여 이이들과 그 가족에게 접근하여 전도하기에 매우 유용하였다. 이들은 황무지와 같은 한국 땅에 위대한 공적을 남긴 숨은 봉사자요 헌신자들이었다. 한국교회가 성장하는 데 밑거름 역할을 잘 감당하였다(1979: 55).

이들은 이름도 없이 이 부인, 김 부인, 정 부인 등으로 통하였는데 이들의 대부분은 과부이거나 남편에게 버림받은 의지할 데 없는 여인들이었다. 그러나 은혜받은 여인들 중에는 전도 부인으로 일하기 위해서 자기의 생업을 포기하고 이 일에 전념한 부인들도 있었다(김정순, 1990: 102). 이들은 사경회를 통해서 하나님의 말씀을 배우고 성령의 능력을 힘입어 가정 방문 시 여인들에게 성경을 가르치며 입교하여 학습을 받고자 하는 부인들에게 교의문답과 필요한 교리를 가르쳤다. 위에 언급한 전도 부인들 중 김 부인은 병으로 누워 있는 부인들을 찾아다니며 기도를 통해 병을 고치고 사탄을 물리침으로 많은 사람들에게 환영을 받았다고 한다(Missionary Work among Women, 1898: 316). 이들 전도 부인의 활약으로 많은 여성들이 삶의 변화를 일으켰는데 빈곤과 어둠 속에 헤매는 여인들에게 희망과 용기를 주었으며 남편에게 버림받아 자살을 기도하는 여인들에게 새로운 삶의 기쁨과 위로와 희망을 주었다(이효재, 1983: 233).

이들은 목사만큼이나 다양한 일을 하였다. 도시 교회에서 주일학교 교사로서 가르쳤고 주일예배의 결석자들을 찾아다니며 심방했으며 결혼식과 장례식에 참석하고 병든 이와 불행한 일을 당한 사람들을 방문하여 위로하였다. 목사의 보조자로서도 일을 해야 했으며 구역 내에서 전도자로서 일상적인 교회생활 전반에 걸친 지도자의 생활을 했다. 이들은 교인들 특히 여 성도들의 아픔을 나누는 친구이며 조언자이기도 했다(Louise B. Hayes, 1935: 151).

전도 부인의 삶은 대외적인 면에서 목회자가 다하지 못하는 일에 목회자의 조력자로서 일을 감당하는 것이었다. 이와 같이 초대 교회의 사역은 가정에서의 내조는 사모들이 감당했고 교회의 외적인 일은 전도 부인을 통해서 감당하는 방식을 취했다. 그러나 과거 전도 부인의 역할을 오늘날에는 많은 교회에서 사모들이 감당하기도 한다. 오늘날 교회에도 과거 전도 부인의 역할과 같은 사역을 여전도사가 감당을 하고 있으나 사모들의 역할이 전도 부인의 역할을 대신해서 감당하는 것이 오늘날 교회의 현실이다. 개척교회의 경우에는 전도 부인의 역할을 사모가 다 감당하고 있는 실정이다.15)

2) 일본기의 주기철 목사와 그의 사모 '오정모'

1910년 체결된 한일합방 조약이 이루어질 당시 일본에 대한 미국 선교사들의 시선은 매우 우호적이었다. 그들은 생각하기를 한국이 靑國이나 러시아의 지배하에 들어가게 되면 무지해져서 구제할 방법이 없으나 일본은 명치유신 이후 문명이 개화되어 일본의 지배하에 들어가면 한국이 행복해지리라고 믿었다. 따라서 일본의 강압에 의해서 이루어진 한일합방조약 때 선교사들은 불편중립주의를 내세워 방관하였다(이광린, 1991: 223). 이 어려운 시기에 한국의 황제는 언더우드에게 사람을 보내 도움을 청하였으나 거절당하였고 한국 내의 친 정부 신문의 간행을 맡아달라는 요구에도 그들은 거절하였다(1991: 225). 이리하여 한국은 일본의 야욕에 희생물이 되었고 이 시기에 한국교회

---

15) 사역적인 면에서 사모의 사역과 여 전도사의 사역은 분명히 구별되어 있었다. 사모는 가정적으로 목사의 아내로서 남편인 목사가 목회를 잘할 수 있도록 돕는 것이 사모의 역할이요 전도사의 역할은 교회의 사역적인 측면에서 목사가 전도사에게 맡겨준 일을 감당하는 것이 전도사의 역할이있다. 역사적으로 살펴볼 때 역할의 구분이 명문화되어 구분 지어진 것은 아니지만 자연스럽게 이와 같은 형태로 사모의 역할과 여전도사의 역할이 구분되어 있었다고 볼 수 있다.

는 일본에 의해 말할 수 없는 박해를 받았다.

일제시기의 한국을 대표하는 목회자와 사모를 꼽는다면 주기철 목사와 그의 부인인 오정모 사모를 말하지 않을 수 없겠다. 오정모 사모는 시대를 대표하는 대표적 사모라고 말할 수 있다.

당시 시대적 상황은 일본이 한국을 침략하여 주권을 빼앗고 세계정복의 야욕을 품고 물질을 착취하며 더 나아가 우리 한국 민족의 정신을 말살하려는 정책 속에서 창씨개명을 단행하였다. 특히 일본은 조선과 일본이 하나임을 주장하고 내선일체라 하여 일본과 한국이 동일하다는 명목하에 일본의 천황을 숭배하는 '신사참배'를 강요하였다. 신사참배를 거부하는 사람들을 잡아 고문을 가하기를 서슴지 않았고 교회에까지 신사참배를 강요하였다. 일본의 무력과 탄압으로 인하여 교회들 중에 상당수가 신사참배는 죄가 아니며 사람에게 인사하는 것과 일반이라고 하여 총회적인 차원에서 신사참배를 가결하기도 하였다. 그러나 신사참배를 거부하는 교회는 탄압과 박해가 가해졌다. 이때 신사참배를 정식으로 거부한 사람이 주기철 목사이다. 주기철 목사는 신사참배를 우상숭배로 단정짓고 교회적인 차원에서 신사참배 거부 운동을 벌여 나갔으며 일본 경찰은 주 목사를 잡아 옥에 가두기를 수차례 하였다(박용규, 1968: 171). 경찰에 끌려간 주 목사는 일본경찰의 갖은 고문과 매에도 굴하지 않고 꿋꿋하게 신앙을 지켰으며 이를 뒤에서 뒷바라지한 사람이 바로 그의 아내 오정모 사모이다. 오정모 사모는 일찍이 어려서 복음을 영접하고 그리스도인으로 성장하였다. 교회에서 주일학교 교사로, 찬양대원으로 봉사하였으며 학창시절 학교에서 돌아오는 길에 교회에 들려 기도하는 생활을 게을리 하지 않았다. 그리하여 그의 별명이 '기도하는 처녀'라고까지 불렸다(1968: 269). 이처럼 어려서부터 신앙으로 자란 오정모 사모는 학교 교사로 마산에 갔을 때 주기철 목사가 시무하는 마산 문창 교회에서 신앙생활을 하였다. 그러던 중 주 목사의 사모인 안갑수 씨가 병으로 세상을 떠나게 되었고 주위의 권유로 주 목사와 결혼을 하게 되었다(271). 오정모 사모는 주 목사의 가정에 들어가 4명의 아들을 키웠으며 그의 홀어머니와 주 목사의 가정을 극진히 돌보았다. 가정적으로 자녀들을 신앙으로 양육하였는데 하루에 두 시간 이상 기도하도록 훈련시켰고 부모를 공경하는 일에도 남달리 효성스러웠다. 그녀는 기도하는 사람으로 주 목사를 위해서도 늘 기도로 내조하였는데 남편 주 목사가 설교준비를 할 때에는 자지 않고 주 목사와 같이 옆방에 엎드려 "오 하나님이시여! 주의 종이 설교 준비를 하는 중에 있사오니 능력을 베풀어 주옵소서"라고 기도하였고 설교할 때는 강단 아래서 설교하는 내내 기도하였다고 한다. 주 목사가 신사참배 반대로 옥중에 들어가 있을 때에도 늘 기도로 그를 도왔으며 간곡한 기도를 끊이지 않았다(280). 오 사모는 13차례나 옥중에 불려가 고초를 당하였고 유치장에서 며칠씩 고생을 하였다고 한다. 주 목사는 감옥 생활 중 미결수 때에 겨울 추위에 수갑이 얼어서 살도 얼어붙는 추위에 오 사모는 면회를 가서 "만일 당신이 신사 참배를 허락하면 나와는 이혼할 것을 각오하고 나오시오"하고 말함으로 주 목사가 철저한 신앙으로 싸울 것을 독려하였다(214). 주 목사는 옥중에서 갖은 고문과 긴 옥고로 몸이 쇠약하여 병보석을 할 것을 의논하자 오 사모는 단호하게 "주 목사에게 하나님이 죽었습니까? 병보석을 해 줄 리도 반무하시반 어째서 마음을 약하게 가지오" 이 한 마디로 주 목사를 신앙의 피곤에서 소생시켰다고 한다(219).

주 목사의 순교 후 오 사모는 시어머니를 극진히 공경하였으며 철저한 신앙으로 타에 모범이 되었다. 주일에는 예배드리는 일과 심방하는 일 외에는 아무 일도 하지 않았고 심지어 주일날은 나라에서 주는 배급도 타지 않았다(286). 당장 먹을 것이 없었어도 오 사모는 주일을 거룩하게 지키기 위해 먹을 것을 포기하였던 것이다. 이처럼 오 사모는 이 나라에 굳은 신앙의 기틀을 마련하는 사모였다. 주 목사가 세상을 뜨고 해방을 맞은 산정현 교회에서 주 목사를 기념하는 기념비를 세우자고 하는 일에 반대하여 하나님을 뵈러 오는 길목에 주 목사를 생각나게 해서는 안 된다고 반대하였고(293), 해방과 더불어 김일성이 보낸 선물과 영웅 칭호를 "주 목사는 나라를 위해서 싸운 것이 아니요 하나님의 말씀을 지키기 위해 싸운 것이기 때문에 받을 수 없다"고 모두 거절하였다(290). 오 사모는 유방암이 걸려 수술을 권하는 교인들에게 주님의 고난을 경험할 수 있는 좋은 기회이니 수술하지 않겠다고 거절하였고 수술을 하지 않으면 안 된다고 간곡히 권하는 장기려 박사와 송소영 집사의 설득으로 오정모 사모는 수술을 허락하기는 하였으나 예수님의 십자가 고난을 체험하고 싶다며 마취를 하지 않고 수술하겠다고 하였다. 수술은 은혜롭게 잘되었고 수술 후 1년 5개월 만에 암이 재발하여 하나님나라에 들어갔다. 이것이 오정모 사모의 생애이다.

오정모 사모의 삶은 이 땅 위에 모든 사모의 귀감이 되고 있다. 가정의 어머니로서 자녀들과 어머니를 공경하는 일에 최선을 다했고 교회적으로나 시대적으로 고난과 역경을 두려워하지 않았고 부귀와 영화도 버리고 오직 주를 위해 헌신한 사모로서 모든 사모의 모범이 되는 사모라고 말할 수 있다.

3) 한국전쟁기의 손양원 목사와 정영순 사모의 역할

손양원 목사는 일제 말기와 한국전쟁기의 험난한 시대를 겪은 이

나라의 참목자이다. 손양원 목사는 여러 전기를 통하여 한국교계에 잘
알려져 있는 신앙의 위인이다. 하지만 손양원 목사의 사모인 정양순
사모에 대해서 알려진 바가 거의 없다. 필자는 위대한 순교자 손양원
목사의 사모에 대해서 살펴보고자 한다. 손양원 목사 전기를 중심으로
살펴볼 것인데 그중에도 특히 그의 딸 손동희 씨가 기록한 "나의 아
버지 손양원 목사"에 기록된 손 목사 사모에 대한 증언을 바탕으로
순교자의 아내로서 그녀의 사역을 살펴보고자 한다.

손양원 목사는 주기철 목사와 동시대를 산 사람으로 주 목사는 일
찍이 해방 전에 옥중에서 신앙의 지조를 지키다 순교하였으나 손양원
목사는 신사참배 반대로 옥중에서 순교할 수밖에 없던 상황에서 하나
님의 특별한 섭리로 해방을 맞아 죽음에서 극적으로 살아난 목사이다.
그 이후에 공산주의자들에 의해 두 아들이 순교하였고16) 손 목사님도
순교한 순교자이다.

육신적으로 생각해 보면 손목사의 사모는 여인으로서 평범하지 않
은 참으로 비참한 생애를 살았다. 젊은 나이에 남편을 감옥에 보내고
아이들과 부모님을 모시고 어렵게 살았으며 해방 이후 그 남편의 목

---

16) 정영순 사모의 장남 '손동인군'과 차남 '손동신군'은 여순 반란 사건 때 공산
주의 사상을 가진 친구들에 의해서 예수 믿는다는 이유로 어린 나이에 무참
히 살해되었다. 이들은 마지막 죽는 순간까지도 죽이는 자들을 향해서 "회
개하고 예수를 믿으라"고 전도하였다고 한다(손동희 1994: 209).
1948년 10월 19일에 일어난 여순 반란사건은 공산주의 사상을 가진 군인들
에 의해서 벌어진 여수와 순천에서의 반란사건이다. 사건의 발단은 이렇다.
제주도에서 일어난 폭동사건을 진압하기 위해 여수 14연대가 3천 명의 병력
을 동원하여 10월 20일 여수항을 출발하여 제주도로 가기로 되어 있었으나
공산 사상을 가진 김지회 중령을 주축으로 40여 명의 남로당 출신의 군인들
이 규합하고 선동하여 많은 병력을 이끌고 여수와 순천을 공산화하기 위해
습격한 사건인데 이 사건은 일주일 만에 진압되었으나 이 사건으로 인해서
수많은 신자와 우익계 인사들이 목숨을 잃었다(1994: 197).

회지인 애양원에서 나환자들과 함께 생애를 보냈다. 사랑하는 큰아들과 작은아들이 공산주의자들에 손에 의해 무참히 살해당하고 그의 남편마저 6·25 이후 공산주의자들에 의해 무참히 죽임을 당하는 참으로 아내로서 또한 어머니로서 받아들이기 어려운 생을 살았다. 정영순 사모에게는 신앙이 아니고서는 감당할 수 없는 일들이었다. 이 모든 일들을 신앙의 힘으로 잘 감당한 사모이다.

나환자촌에 들어가서 목회를 할 때 정성으로 나환자들을 돌보며 목회하는 손 목사는 자연히 가정을 돌보는 일에 소홀할 수밖에 없었다. 그는 가정의 자녀들과 이야기하는 시간보다 교인인 나환자들과 함께하는 시간이 많았고 어린 자녀들은 아버지에 대한 정이 늘 그리웠고 부족했지만 그의 아내는 이런 남편에 대해서 한 마디 불평하지 않았다고 한다. 오히려 그의 남편과 함께 나환자들을 돌보는 일에 열심이었다. 오히려 정 사모는 손 목사보다 더 열심히 나환자들을 돌보았다. 음식을 만들어 중환자들의 방에 들어가 함께 나누어 먹기도 하였다(손동희, 1994: 62). 결코 남편의 목회에 불평을 하거나 거부감을 가지지 않고 적극적으로 그의 목회사역을 도왔다.

1940년 9월 25일 신사참배 반대로 일본경찰에 끌려가 갖은 고문을 당할 때에 정 사모는 남편의 신변을 염려하는 마음도 컸지만 그보다 더 큰 염려는 경찰의 고문과 회유에 못 이겨 혹시라도 신앙의 절개가 꺾일까 하는 것이었다고 한다(1994: 77). 정 사모는 광주 교도소에 갇혀 있는 손 목사를 면회 갔을 때 숨겨온 성경책을 펴놓고 성경 한 구절을 가리키며 울음 섞인 목소리로 "여보! 여기 이 말 아시지요? 신사참배에 응하면 내 남편 될 자격이 없습니다. 영혼 구원도 못 받습니다"라고 용기를 주었으며 또한 요한계시록 2장 10절 말씀을 펼쳐 보이며 "네가 죽도록 충성하라 그리하면 내가 생명의 면류관을 네게 주리라"는 말씀으로 용기를 주었다고 한다(79). 그 후로도 정 사모는 면회를 갈 때마다 성경 한 구절씩을 외워 가지고 가서 말씀을 암송해 줌으로 힘을 주었다고 한다(119). 손 목사는 종신형을 선고받고 5번씩이나 감옥을 옮겨 다니면서 갖은 고문을 당하였고 해방으로 풀려나기 전까지 고난의 수감생활을 하였으나 승리로 나올 수 있었던 것은 본인의 신앙은 물론이거니와 그의 아내의 헌신적인 기도와 도움이 있었기 때문에 가능했던 것이다(87). 손 목사가 구금되어 풀려나기 전까지 만 5년의 생활동안 가정의 모든 일을 그의 아내가 맡아서 감당했다. 부산으로 이사해서는 다대포 바다에 나가 미역 등의 해초류를 뜯고, 산에 가서는 산나물을 캐서 그것들을 머리에 이고 행상을 하여 부모님과 자녀들을 돌보았다(101). 뿐만 아니라 그의 자녀들이 믿음으로 자라도록 늘 말씀과 기도로 예배생활을 했으며 주일이면 온 가족이 하루 종일 금식하며 기도했다고 한다. 그의 남편을 위해서 온 가족이 하루도 빠지지 않고 기도했으며 자녀들에게 아버님이 남긴 말씀을 깊이 새겨주며 신앙생활에 게으름을 피우지 않도록 자녀들을 양육하였다(103). 아무리 구차하고 어려운 가정 형편이라 할지라도 불의한 재물을 결코 용납지 않았다. 신사참배를 주선하고 녹을 먹는 김길창 목사가 돈이 든 흰 봉투를 건넸을 때 "목사님! 우린 그런 돈 아니라도 굶어 죽지 않으니 목사님이나 그 돈 가지고 가서 잘 잡숫고 잘 사십시오"라며 돈 봉투를 내던졌다고 한다(115). 손목사 부부는 자녀들이 학교에 가면 우상숭배를 해야 할 것이기에 아예 학교를 포기시킬 정도였다(116).

여순 반란사건으로 두 아들이 공산주의자들의 손에 의해 무참히 죽었다는 소식을 들은 어머니는 실신하고 말았다. 그 후로도 여러 번 실신하고 아들의 죽음에 대한 고통을 잊지 못했지만 두 아들을 죽인 사람을 용서하고 아들 삼겠다고 하는 남편의 뜻에 자신은 아들을 죽인

원수를 아들 삼는 것이 도저히 용납되지 않았지만 남편의 뜻을 묵묵히 따랐다(219). 그 후 정영순 사모는 진심으로 양자를 따뜻하게 대해 주었고 혹시라도 죄책감에 사로잡혀 엉뚱한 행동을 할까봐 마음을 많이 썼다고 한다(256).

정 사모는 성경을 늘 읽고 성경을 소중히 여기고 성경과 함께 살아온 인물이다. 그녀는 성경지식에도 탁월하여 손목사가 설교 준비할 때 성경구절이 생각나지 않으면 그의 아내에게 물어보곤 했다고 한다. 그러면 손 목사는 "당신 그 기억력 하나는 알아 줘야 한다니까. 정말이지 당신은 성경 사전 그 자체로구려"라고 감탄했다고 한다(258).

1950년 9월 28일 손양원 목사님이 순교하였다는 소식을 들은 정양순 사모는 이렇게 기도하였다고 한다. "오! 당신의 소원대로 됐군요. 평소 주기철 목사님을 그렇게 부러워했는데……. 하나님, 감사합니다. 평생 동안 주의 일 하게 하시고, 손양원 목사가 소원하던 순교를 허락해 주신 은혜, 감사하고 또 감사합니다"(302). 순교를 귀히 여기고 그의 남편을 내조한 순교자의 아내의 고백이다.

정양순 사모는 남편을 순교자로 먼저 보내고 71세 일기로 1977년 11월 26일 천국에 가기 전까지 개척 교회를 세우기 위한 모금운동을 하다 과로로 쓰러져 천국에 갔다. 정 사모는 마지막 숨을 거두기 전 가슴에 꼬깃꼬깃 모은 돈을 주며 "이 돈을 밀양교회에 갖다 주어라"고 남기고 천국에 갔다고 한다(259).

정양순 사모는 일제시기와 6·25의 전쟁시기를 거치는 동안 고난과 환난의 시대에 목회자의 사모로서 쉽지 않은 한평생을 살았다. 하지만 주님을 사랑하는 마음과 그 남편이 '주의 종'이라고 하는 인식을 뚜렷이 가지고 가정적으로 교회적으로 그 남편을 돕는 일에 충성을 다한 사모이다.

4) 한국교회 성장기와 사모의 역할(1959년 이후~)

한국 전쟁 후 1960년대에서 1970년대에 이르는 동안 교회적으로, 시대적으로도 많은 변화와 발전의 시대라고 할 수 있다. 순교자의 피가 이 땅에 뿌려진 이후 한국교회는 날로 성장하여 1000만의 신도를 자랑하는 놀라운 부흥을 이루었다. 시대적으로는 전쟁 이후 정치가 자리를 잡지 못해 사회적으로 매우 혼란하였으며 정의를 부르짖는 학생들의 4·19 혁명으로 부패의 온상이던 이승만 정권이 무너졌고 제2공화국의 탄생과 연이은 군사혁명으로 이 나라는 새로운 군사정권의 시대로 돌입한다. 이러한 와중에도 박정희 정권은 경제성장을 목표로 경제개발 5개년 계획을 수립하여 눈부신 경제발전을 이룩하게 된다. 60년대 무력정치에 반대하는 학생운동에 반하여 계엄령(械嚴令)이 선포되고, 1974년 박 대통령 부인 시해 사건 등, 끊임없는 북한 도발의 위험으로 시국이 불안하였으나 이런 와중에도 '싸우면서 건설하자'는 국가정책의 끈질긴 노력은 1970년대에 와서 세계 역사에 보기 드문 경제성장을 이룩한다(주선애, 1979: 275).

민족의 운명과 함께 성장하는 한국교회 역시 60~70년대에 이르면서 중단 없는 부흥의 행진을 거듭하게 되는데 이 시기에는 사이비 종교들과 무수한 무속신앙으로 인한 방해도 많았다. 그러나 이러한 방해는 교회 성장에 걸림돌이 되지는 못하였다. 순교자들의 피가 이 땅에 뿌려진 이후 각처에서 부흥회를 통한 신앙운동이 불길처럼 번졌으며 1961년 국가를 위한 기도회를 전국적인 모임으로 가진 것을 시작으로 1962년 전국 복음화 운동을 전개하기로 하고 3백 만 전도 운동을 시작하였다(1979: 276).

선교 80년이 되는 1965년은 복음화 운동의 해로 정하고 전도에 주력하게 되었는데 장로회총회는 '전군 신자화'의 기치를 세우고 군목사업을 도우며 문서운동도 전개하였다. 뿐만 아니라 교파를 초월하여 "3천 만을 그리스도에게"라는 슬로건을 내건 전도운동은 1965년 조세광 박사를 비롯한 많은 부흥사들이 각지에서 전도집회를 가졌고 1973년에는 세계적 부흥사 빌리 그래함 전도집회와, 1974년 엑스폴로74에는 백 만이라는 인파가 여의도 광장에 모여 함께 은혜를 나누는 놀라운 양적 성장을 거듭하게 된다(277).

계속되는 전도로 힘을 얻은 한국교회는 1975년 장로교단에서 목사 장로 선교대회를 열고 구체적인 전도방법을 익혔으며 제60회 장로회 총회에서는 300교회 건립운동을 전개하기로 하고 그 실현을 위해 각 교회가 전력을 기울임으로 전국 각지에 교회가 세워지는 좋은 결실을 거두었다(277).

1970년대까지만 해도 사모들의 교회적인 대외활동은 거의 드러나지 않는다. 이때까지 사모는 가정일에만 충실하는 것이 사모의 본분이라는 대중적인 인식 속에서 사모들도 묵묵히 안으로 남편인 목사를 섬기며 가정일에 충실하는 사모로서의 역할이 대부분이었다. 그러나 80년대 이르러 한국교회가 급성장하게 되면서 여성들의 사회 참여에 대한 인식이 확산되고 따라서 사모들의 교회 참여도 두드러지게 표면화되기 시작하였다.

80년대 이후 교회 성장과 더불어 교회 내의 사모들의 움직임도 활발해지기 시작하는데 많은 교회들이 개척되면서 인력부족과 재정적인 어려움으로 인하여 여 전도사를 쓸 수 없는 형편의 교회들은 목사가 돌볼 수 없는 성도들을 사모가 심방하기도 하고 전도하기도 하며 때로는 교사로서, 때로는 설교자로서 모든 교회일에 참여하게 되어 초기 전도 부인, 오늘날 여전도사의 역할까지 감당하게 되었다. 이처럼 사모들의 역할은 교회의 필요와 남편의 요구 그리고 여성의 사회 참여의식 확산에 편승하여 사모의 본질인 가정적 내조와 숨은 교회 봉사만이 아니라 교회의 여러 분야에서 활동하게 되었는데 이것이 오늘날에 와서는 사모의 일로 정착되기에 이르렀다.

사모의 교회 내에서 역할이 가시화되고 교회 참여가 당연시되면서 여기에 발맞춰 더 낳은 사모로서의 역할과 더 효과적인 교회 부흥을 위한 사모 세미나 등 사모들을 위한 프로그램이 등장하게 된다. 변변한 사모 교육기관이 없던 우리나라 실정에서 이러한 사모 세미나는 사모들의 마음을 사로잡았고 많은 사모들이 참석하여 사모들의 영적 갈증도 채우고 참석한 사모들끼리 서로 간의 처지와 입장을 나누며 숨겨 두었던 이야기도 하면서 서로의 공감대를 형성해 나갔다. 이러한 사모 세미나는 사모들로 하여금 목회자의 아내로서 그리고 교회에서는 어머니로서의 역할을 담당할 때 여러 가지 면에 긍정적인 역할을 하였다.

하지만 오늘날에 이르러서는 사모들의 권위주의와 교회일의 지나친 참여로 인하여 문제가 되고 있는 것이 사실이다.

3. 오늘날의 영향들

(1) 교회의 사모 역할의 필요성

급변하는 현대사회에서 목회자 사모의 역할은 시대적 흐름에 적절히 대응하는 변화를 요구하고 있다. 불변하는 하나님의 말씀이 오늘의 시대에 맞는 그릇에 담을 때 효과적으로 전달되듯이 사모의 역할 역시 복잡한 산업사회의 여러 양상들에 대한 역동적 대응이 요구되고 있다.

이러한 추세에 부응하여 사모들의 사역이 목사들과 함께 하는 팀사역(team ministry)[17] 형태로 변화되고 있다(정정숙, 1995: 185). 개척교회 형태를 통해서 성장하던 한국교회는 자연스럽게 사모들의 역할을 요구하게 되었고 사모들은 주일학교 교사로, 성가대원으로, 심방대원으로, 때로는 교회의 부엌일과 청소일까지 도맡아 함으로 모든 부분에 만능 일꾼으로 역할을 감당했다. 이러한 사모들의 헌신과 희생은 한국교회가 부흥하고, 한국이 복음화하는 데 일등공신의 역할을 하였다. 개척교회나 소형교회에서 사모들의 역할은 전임 교역자 이상의 사역을 감당하고 있는데 이들의 사역은 크게 네 가지로 나누어 말할 수 있다.

첫째는 심방자로서의 역할이다. 심방은 교인들을 신앙으로 권면하고 개인적 문제를 상담하며 교인들의 문제에 대하여 함께 기도하고 위로하며 신앙으로 이겨낼 수 있는 용기와 힘을 주는 업무로서 특히 여자 성도들에게 있어서 사모의 심방을 요구하고 있다. 심방을 위해서는 사전에 말씀과 기도로 준비해야 하며 심방자의 요구가 무엇이며 무엇으로 권면해야 할 것인가를 미리 준비하여야 한다. 이를 위한 구체적 준비가 있어야 함이 중요하다(오윤태, 1990: 56).

둘째는 가르치는 자로서의 역할이다. 사모들이 하는 사역으로는 여성을 위한 모임을 주도하여 가르치고 때로는 주일학교 교사로 봉사하거나 새 신자 양육을 위한 성경공부, 구역모임 인도 등 여러 방면의 성경공부를 인도하기도 한다(박광철, 1993: 6). 가르치는 일은 무엇보다도 중요하기 때문에 이 일을 잘 감당하기 위해서는 체계적인 훈련과 성경에 대한 올바른 지식을 가지고 있어야 한다. 사모들이 이러한 교회의

---

17) '협력목회'(team ministry)란 용어는 목회자와 목회자 사이에 이루어지는 것을 통칭하여 '팀목회', 또는 '협력목회'라고 말한다. 그러나 필자는 사모의 사역이 목회자의 사역을 분담해서 하기 때문에 '팀사역'이라는 표현을 사용했다.

요구에 응하기 위해서는 반드시 신학적인 교육과 전문적인 훈련이 있어야 한다. 이를 기반으로 교육자로서의 역할이 이루어져야 한다.

셋째로 봉사자로서의 역할이다. 우리 주변에는 소년 소녀 가장, 지체 장애자, 노인 등 외롭고 어려움을 겪는 있는 사람들이 도움의 손길을 요구하고 있다. 이러한 이웃에 대하여 그리스도의 사랑으로 돌보며 하나님의 말씀으로 그들을 구원하는 것이 교회가 할 일이다. 교회에는 구제부가 있어서 어려운 사람들을 도울 수 있도록 길을 열어놓고 있지만 가장 가까이서 그들을 도울 수 있는 사람이 사모이다. 이러한 이유 때문에 불우한 이웃들을 섬기는 봉사의 일을 사모들이 하고 있다. 뿐만 아니라 교회 내에서 여러 부분에 봉사의 손길을 필요로 할 때마다 사모들이 앞장서서 이러한 일들을 하고 있다. 이들을 돕고 말씀으로 가르쳐서 하나님의 말씀을 증거하는 일 또한 사모들에게 요구되는 또 한 가지 사역이다.

넷째로는 상담자로서의 역할이다. 사모들이 하는 사역 가운데 상담은 매우 중요한 비중을 차지한다. 여성 신자가 거의 대부분인 한국교회의 실정에서 사모의 상담 사역은 협력목회에서 중요한 비중을 차지한다. 그러나 상담사역은 전문적 교육과 훈련이 필요한데 그렇지 못한 상태에서 상담이 이루어지는 것은 크게 우려되는 일이다.(정정숙, 1995: 봄호) 상담자로서의 사모의 역할을 위해서는 긍정적 사고(selfimage)를 가져야 하고 상담자로서의 체계적인 교육을 받아야 한다(정정숙, 1994: 67). 일반적으로 상담자로서의 자질을 갖추기 위한 여러 요구들이 있으나 기독교적 상담에 있어서 무엇보다 중요한 것은 성경에 대한 바른 지식과 말씀에 근거한 다른 사람을 향한 선한 마음이 있어야 하며, 하나님 말씀에 풍성히 거하는 데서 오는 지혜가 있어야 한다. 주변 학문의 도움을 받아야 하고 신앙과 소망의 사람이 되어야 하며 성경적 확신을 가져야 한다.

시대적 변화는 사모들에게 많은 역할을 요구하고 있으나 이러한 일들을 올바로 수행하기 위해서는 무엇보다 앞서 이러한 일들을 수용할 수 있는 지식과 훈련이 갖추어져야 한다.

(2) '대형교회 사모'로 정의되는 성공

1970년 후반에서부터 1989년에 이르기까지 한국교회는 숫자적으로 성장을 거듭했다. 이 시기에는 부흥회를 개최하면 생업을 전패하고 참석해서 은혜받는 일에 열심을 내었고 교회는 십자가만 걸면 교인들이 모인다는 말이 있을 정도로 많은 사람들이 신앙에 열의를 가졌다. 한국교회는 불과 1세기 만에 천만 명 이상의 기독교인을 자랑하는 교회로 급성장하였다.[18] 이는 개신교가 들어간 이웃 나라(일본, 동남아)들과 비교해 볼 때 매우 놀랄 만한 일이다. 타 문화권에서는 서양의 종교인 기독교가 정착하기에 상당한 어려움이 있다. 비기독교 국가에는 그들이 이미 가지고 있는 토착문화와 토착종교가 있기 때문에 서양의 부산물인 기독교를 쉽게 받아들이지 않고 오히려 거부하는 것이 대부분의 나라의 실정이다(한국기독교문화연구소, 1983: 121). 그러나 유달리 우리나라에서는 다른 나라와 달리 기독교가 쉽게 정착하였다 (1983: 122).[19]

---

18) 1990년 현재 한국기독교의 신도수는 12,091,837명이었고 1992년 말 현재의 그 수는 14,463,301명으로 19.6% 증가한 것으로 나타났다(노치준, 1996, 7: 100)

19) 한완상 교수는 한국의 기독교가 급속히 성장할 수 있었던 이유에 대해서 두 가지로 말하고 있는데 이미 사회적, 문화적, 정치적 소지가 기독교를 받아들이도록 준비되었다고 한다. 첫째는 19세기 말 처절한 국내 상황을 바라보고 있던 애국적 지식층의 사람들이 선진국가의 종교인 기독교를

그 이유 중에 하나는 엘리트층의 사람들이 기독교를 받아들였기 때문이라는 것이다. 서양의 기독교 유입을 정치적 의미에서 본다면 제국주의적 야망이 절정에 이른 19세기 상황에서 종교라는 옷을 가장하고 들어왔기 때문에 기독교는 곧 서구 식민주의와 동일시되었던 것이다(1983: 123). 따라서 서구의 기독교는 순수한 기독교 정신과 함께 그들의 문화까지 함께 들어왔다고 말할 수 있다. 이로서 우리 한국은 친서구세력으로서 구미 문화의 직수입자로 인식되었고 이러한 서구 문화의 선호사상은 기독교를 기복주의 신앙으로 변질시키는 원인이 되기도 하였다(125).

기독교의 성장과 더불어 급성장한 것이 한국의 경제이다. 일제 식민치 통치와 6·25전쟁을 겪은 나라가 이토록 빠른 경제성장을 이룬 것을 일컬어 다른 나라에서는 '한강의 기적'이라고 부른다. 1970년 이후 박정희 정권은 '잘살아 보세'라는 구호 아래 온 나라가 가난에서 일어서려고 애를 썼으며, 이와 더불어 사람들의 마음속에는 서구 문화에 대한 동경심과 차츰 부(富)를 인간의 가치 기준으로 삼는 물질만능사상이 팽배해지기 시작했다. 여기에 가세하여 기독교까지도 하나님 나라 중심의 근본정신은 퇴색되고 금생에서 부를 얻기 위한 수단으로 종교를 갖는 기복 신앙의 종교로 전락하였다. 산업화와 도시화의 과정을 거치면서 인간의 인격석이고 종체적인 사람 지향적인 가치관에서 물질 지향적인 가치관으로 가치 기준이 변했으며, 한국교회도 사회변

받아들이는 것만이 민족이 자강 자립할 수 있는 길이라고 진지하게 생각하여 지식층에서 받아들였고 또 한 가지 이유는 조선조 말, 사회, 정치, 경제적으로 심히 혼란하였던 시대에 서민들은 관료들의 부패로 인하여 심한 착취와 가렴주구에 시달려 교회를 피난처로 삼았다는 것이다. 이와 같이 사회지식층의 엘리트와 서민층이 함께 기독교를 수용하였다는 것은 기독교가 급속도로 성장할 수 있는 요인이다(한완상, 1983: 122).

동으로 인한 가치관의 변화에 역류하지 못하고 '큰 것이 좋은 것'이라는 정신을 가지게 되었다(이재범, 1994: 114).

이렇게 변질된 사상은 잘사는 것만이 하나님의 축복을 받은 것으로 착각하게 하였으며 사모들 역시 양적으로 부흥하여 교회를 크게 짓고 물질이 풍부해지는 것만이 목회 성공이라는 잘못된 공식을 대입하여 큰 예배당과 풍부한 재정을 가진 교회를 부러워하며 그러한 사모들에 대한 동경의 눈길과 시기심으로 앞 다투어 교회를 성장시켜 보고자 최선의 노력을 기울였다. 또한 양적으로 성공한 교회의 사모들은 자신이 무엇을 이룬 듯한 특권의식과 우월의식을 가지고 마치 교회의 주인처럼 행세하는 이들도 있는 것이 사실이다.

교회가 부흥하여 성장한다는 것은 하나님 나라 확장이라는 의미에서 대단히 반가운 일이 아닐 수 없다. 세계적으로 대형교회는 1970년 이후에 등장하기 시작하여 20여 년간 계속되었다. 1970년대에 기독교 세계에서 가장 큰 영향을 준 교회성장운동(Church Growth Movement)으로 성장한 한국교회는 목회자와 사모들로 하여금 교회성장에 대한 안목을 갖게 하였다(이재범, 1994: 110).[20] 송기태는 1000명 이상의 교회를 대형교회라고 말하고 있다(송기태, 1990: 116). 그러나 대부분의 한국교회 목회자들은 3000명 이상의 교회를 대형교회로 부르는 것이 타당하다고 생각한다.[21] 이와 같이 대형화 추세의 행진은 사모들로 하

---

20) 1984년도 John N. Burn이 발표한 "세계 20대 교회들"에서 한국교회가 6개 (1위, 4위, 7위, 13위, 14위, 20위)가 들어 있다(110). 미국에는 약 29만여 개의 교회가 있으며 한 교회당 85명이 주일예배에 참석하고 있다. 샬러는 미국교회를 주일예배 참석 수를 기준으로 다음과 같이 구분하고 있다. 소형교회(15~75명, 145,000교회 50%), 중형교회(75~200, 87,000교회 30%), 중대형교회(300~350, 43500교회 15%), 대형교회(350~2000, 14500교회 5%), 초대형교회(2000명 이상, 300교회).
21) 한국에서는 약 45,000개의 교회가 있으며 약 1000만 명 교인으로 본다면 한

여금 대형교회로 성장하는 것이 목회의 성공이라는 잘못된 인식을 갖게 하였으며 이로 인한 여러 가지 부작용도 낳고 있다. 이에 대한 문제점은 다음 절에서 자세히 논하도록 하겠다. 참목자는 양을 위해서 목숨을 버린다고 했다(요 10:11). 그러나 잘못된 가치관을 가진 지도자는 한 마리 양을 귀히 여기신 예수님의 심정으로 한 영혼을 온 천하보다 귀하게 여기지 못하고 오히려 양무리에게 상처를 주고 교회적으로도 혼돈을 주는 일들을 하게 된다. 참사모상은 주의 종 된 목사의 아내로서 주의 종이 주의 일을 하는 데 있어서 부족함이 없도록 돕고 그 사명을 감당하도록 내조할 때 진정한 가치가 있는 것이라 할 수 있다.

(3) 사모의 지나친 교회 참여로 인한 부작용

월간 '목회와 신학'의 김진영 기자가 조사한 바에 의하면 사모들의 정체성을 묻는 물음에서 62.8%의 사모들이 자신들이 목회의 중요한 부분을 분담해야 하는 것으로 느끼고 있다고 응답하였다(김진영, 1990: 103). 이들 중 43.7%는 목회자의 목회의 한 부분을 감당해야 한다고 하였으며 목회자와 같이 동일한 소명을 받았고 따라서 교회의 모든 일에도 적극 참여해야 한다고 대답한 사모들도 19.1%나 된다. 특히 이들 중에는 '목사님이 반대해서 어쩔 수 없이 참고 있다'고 답한 경우도 있었다(1990: 102).

교회당 약 222명이다(112). 그러나 주일예배 참석 수는 여기에 훨씬 못 미친다. 한국기독교 사회문제 연구소에서 1984년에 조사한 한국교회 세례교인수에 의한 분류에는 다음과 같이 나타내고 있다. 소형교회(100명 이하 61.9%), 중형교회(100~200명, 21.7%), 중대형교회(200~350명 9.59%), 대형교회(350명~2000명 11.97%), 초대형교회(2000명 이상, 0.08%). (한국기독교사회문제연구소, '한국교회 100년 종합조사연구', 현영학 편. 1984).

시대적 요구에 의하여 활동한 사모들의 사역을 힘입어 한국교회가 부흥 발전한 것이 사실이다. 그러나 이에 반하여 오늘날에는 사모들의 지나친 교회 참여로 인한 부작용은 우려하지 않을 수 없는 수준에까지 이른 것이 또한 사실이다. 따라서 본 장에서는 사모의 지나친 교회 참여로 인한 부작용이 무엇인지를 살펴보고자 한다.

부작용은 크게 두 가지로 나눌 수 있는데 첫째는 신학적 전문성과 관련된 문제요, 둘째는 교인들과 관련된 문제이다.

전문성과 관련된 문제에서는 비전문화된 교육으로 인한 교인들의 치우친 신앙인격장애이다. 사모들의 활동영역 중에는 교육적인 면이 포함되어 있다. 신앙교육은 성경을 기반으로 하는 확고한 신앙 속에서 목회에 필요한 전문적인 지식인 이론적 영역에 속하는 성경신학, 역사신학, 교의학, 기독교윤리학, 종교심리학과 실천신학적 영역에 속하는 설교학, 예배학, 행정학, 목회학, 교육학, 상담심리 등의 신학적 지식을 갖춘 전문성이 요구되는 분야이다(이은규, 1996: 44). 이를 위해서 목회자가 될 신학생들에게는 이러한 기초지식을 신학 기간 동안 연마하고 배우게 한다. 목회자가 이러한 확고한 신념을 가지고 전문적인 훈련을 시키는 교회는 모든 부분에서 전문성을 가지고 자신 있는 목회를 하며 교인들로 하여금 전인적인 신앙 교육을 하게 한다. 그러나 대부분의 사모들은 이러한 신학적 기초 지식이 없이 다만 목사의 아내가 되었다는 사실 하나 때문에 이처럼 중요한 교육을 맡고 있는 것이 사실이다. 사모들의 대부분은 단순히 자신의 개인적 신앙 체험만을 바탕으로 교인들을 가르치고 지도하는 사모들이 많다. 따라서 교인들의 신앙은 개인주의적 독선과, 은사 중심적 신비주의, 인본주의적인 신앙으로 성장할 수 있는 문제점을 안고 있는 것이다. 사모의 지나친 교육의 참여로 인하여 개혁교회의 전통과 에큐메니칼 정신을 구현하는 성경적, 사도적 교회의 모습을 잃어가고 있는 것이 심각한 문제점 중의 하나이다.

다른 한 가지 문제점은 교인 간의 불화이다. 교회는 수많은 부류의 사람들이 모인 인간의 단체이다. 따라서 사모와 친한 사람에 대한 시기와 질투로 인한 그 반대 세력에서의 비난과 손가락질이다. 이러한 현상은 확대되어 종종 심각한 문제를 불러일으키기도 한다. 초창기 교인들과는 어떤 끈끈한 유대 관계가 있어서 후에 들어온 교인들이 어울리기 어려운 경우가 있다. 교회의 중직자들 중에는 가족적인 분위기가 좋아서 더 이상 부흥하는 것은 원치 않는 교인도 있다(김정곤, 1993: 20). 따라서 하나님 중심으로 일한다고 하기보다는 인본적인 교회가 되기 쉽다. 사모가 새로운 신자를 돌보게 되면 기존의 신자들은 자신들은 돌보지 않고 새로운 교인들만 좋아한다고 시기할 수도 있고 새로운 교인들은 사모가 기존의 교인들과만 잘 어울린다고 시기할 수도 있다. 이러한 시기심은 결국 목회자에게 화살이 돌아가고 교회가 갈라지고 교회를 등지게 하는 부작용들을 낳고 있다.

이외에도 사모가 교회행정에 깊숙이 관여하여 모든 인사권을 가지고 교역자와 직원을 채용하는 사모도 있었으며 교회의 재정적인 일에도 참여하여 재정적으로 문제를 일으키고 파산하는 교회도 있었다.

교회는 개인의 체험이나 경험으로 움직여지는 단체가 아니다. 복음으로 영혼을 구원하고 하나님의 말씀에 입각하여 하나님 중심으로 나아가는 것이 교회의 본질이다. 교회가 초기 단계에는 인력의 부족으로 사모들의 도움이 많이 필요했던 것은 사실이나 교회가 성장하여 일할 일꾼이 생긴 후에는 사모는 내적인 내조자로서의 본래의 사명을 감당하고 교회의 전반적인 업무는 전문인 사역자를 등용하여 인도케 하는 것이 바람직하다 하겠다.

(4) 한국교회 신도들의 사모에 대한 관점 분석

일반적으로는 사모가 교회에서 활동하는 것에 대하여 좋다고 대답하고 있으나 실제 설문조사에서는 사모가 활동하는 것을 찬성하지 않고 있는 것으로 나타나고 있다. 평신도들은 목회자 부인이 평신도 중에 평범한 평신도가 되기를 원하고 있으며 단지 교회 안팎의 일을 뒷바라지 해주거나 배후에서 참여하기를 원하고 직접적인 간섭을 원치 않는 것으로 나타났다(남송우, 1993: 28).

평신도들이 사모에 대하여 많은 기대를 가지고 있는 것은 사실이다. 그 이유 중 하나는 목사와 함께 사는 부인이기 때문이다. 일반적으로 목사는 현실교회의 중심적 위치에 있으며 따라서 자연히 사모도 많은 사람들의 주목의 대상이며 시선이 집중되는 것을 피할 수 없다. 한국교회 특징 중에 하나는 목사에 대한 기대치가 높다는 것이다. 그에 못지 않게 평신도가 원하는 사모의 이상형은 완전에 가까운 어머니 상이다. 일차적으로 지도자에게 요구하는 것이 완전한 것을 기대하고 있다. 물론 이러한 기대는 인간을 인간 이상의 존재로 인식해 보려고 하는 데서 오는 오류임을 부인할 수 없다. 그러나 주님이 성도를 향해서 요구하시는 것이 "하나님의 온전하심과 같이 너희들도 온전하라"는 것이니 지도자나 그의 부인에게 완전함을 요구하는 것은 당연하다 하겠다.

교인들이 사모를 바라보는 또 다른 시선은 목사나 사모가 교회의 구성원이요 한 식구이지만 그들과 가까이 할 수 없다는 것이다. 물론 목사의 부인이라고 하는 측면에서 어려워하는 면도 있겠으나 사모들의 지나친 권위의식이 교인들로 하여금 거리를 두게 한다는 것이다. 때로는 사모도 청바지를 입고 평신도들과 함께 어울리며 그들과 하나라고 하는 인식을 심어주기를 원하고 있는 것이다. 사모의 지나친 권

위주의는 교인들로 하여금 자신들이 주님의 지체로서 교회의 주인이
라고 하는 의식의 결여를 가져올 수 있다.

(5) 오늘날 한국교회 사모의 역사와 반성

초기 한국교회 사모들의 중심 사역은 오직 남편 중심 하나님 중심
의 신앙으로 목사인 남편을 사랑하고 남편을 도와 어떤 고난이나 가
난이나 굶주림에도 굴하지 않고 신앙의 정절을 지키며 남편으로 하여
금 진실하게 목회할 수 있도록 돕는 것을 본분으로 알고 남편을 중심
으로 사역하는 것이 사모들의 역할이었음을 볼 수 있었다. 그러나 오
늘날 여성의 지위 향상과 더불어 사모들의 가치관의 변화와 역할의
확대로 인해서 나타나는 문제들에 대한 반성을 하지 않을 수 없다. 한
국교회에서 사모의 역할은 팔방미인이 되어야 하고 약방의 감초와 같
은 역할을 해야 한다는 분위기가 조성되어 목사는 물론 사모 자신들
까지도 목사의 목회에 직접적인 도움을 주는 것이 사모의 본분이라는
관념이 자리잡게 되었고 교회의 모든 일에 참여하게 하였다.
　사모들의 지나친 열정과 관심은 평신도들이 감당할 수 있는 일조차
관여함으로 일과 사모의 영역을 넓혀 나갔다. 이로 인해 사모가 감당
해야 할 일이 너무 많아지게 되었고 자신의 역량의 한계를 넘어 무절
제한 참여로 인해 결국 자신을 구속하는 굴레로 변화시키고 있다. 사
모들로 하여금 지나치게 많은 일을 하게 하는 사고를 크게 두 가지로
분류해 볼 수 있는데 첫째로 대형교회를 성공으로 생각하는 대형교회
신드롬이다. 사모들의 의식 속에는 교회가 큰 것이 성공이라는 생각이
자리잡고 있음을 부인할 수 없다. 우리나라의 구조직인 특성에 비추어
볼 때 교회의 중심은 목회자 중심이다. 따라서 대형교회가 된다는 것

은 권력이 목회자 중심으로 집중되어 자칫 하나님 중심의 교회가 아닌 지도자 중심의 '목회자 신격화 신드롬'이 발생할 소지가 있다는 것이다. 대형교회 담임목사는 몇 사람의 목회자와 평신도 지도자들만이 만날 수 있으며 목사를 만나는 것이 하나님을 만나는 것보다 더 어려운 것이 대형교회의 흐름이다(이재범, 1994: 115). 목회자 신격화와 더불어 1990년대에 불어온 '간 큰 남자' 시리즈[22]는 사모들로 하여금 한층 더 권위적인 특권의식을 갖게 하였다.

둘째로 슈퍼사모 신드롬이다. 한국교회 사모들 중에 많은 사모들이 이 병을 앓고 있다. 우리나라 근대화의 과정을 겪으면서 여성들이 가정일에만 종사하던 데서 벗어나 직업을 가지고 전문인으로서 역할을 하는 주부들이 많아지게 되었다. 1990년 경우를 보면 여성의 경제활동 참여율이 전체 46.5%에 이르고 있다고 한다(정정숙, 1994: 106). 여성의 사회적 참여 인식의 변화와 함께 교회에서 사모들의 참여가 두드러지게 많아졌고 여기에 더하여 사모는 음악적인 면, 설교적인 면, 지도자적인 면, 운영적인 면 등 다양한 방면에 모든 것을 다 잘해야 한다는 슈퍼사모 신드롬까지 낳게 되었다. 70년대 후반 들어 많은 교회들이 개척되면서 사모 역할의 필요성이 요구되었고 이러한 요구는 교회가 성장한 후에도 사모들로 하여금 교회의 주인 의식에서 벗어나지 못하고 모든 면에 참여해야 한다는 슈퍼사모 콤플렉스로 이어져 많은 잡음을 자아내고 있는 것이 한국교회 사모의 실정이다.

이제는 사모 자신이 처해 있는 상황을 직시하여 관여해야 할 문제

---

22) 1994년도에 우리나라 여성들이 가부장적인 지배에 눌려 남성위주의 삶에서 벗어나 여성으로서 기를 펴고 살아야겠다는 공감대가 형성되면서 여성중심의 생활이 자리를 잡게 되었고 여성에 대하여 무시하는 처사를 하는 남자에 대해서는 '간 큰 남자'라는 시리즈를 만들어 이에 대한 많은 이야기들이 생겨났다(이원예, 1995: 4).

와 일의 성질을 지혜롭게 구분하고 자신을 조절해 나갈 수 있는 눈을 가져야 한다. 특히 요즘같이 전문화된 시대에 있어서는 한 사람이 모든 일에 전문가가 될 수는 없다. 교회가 성장한 후에는 교회 내의 각 단체나 지체들이 자율성을 가지고 스스로 설 자리를 찾아갈 수 있도록 돕는 것이 사모의 일이 되어야 한다. 이제는 사모의 일에도 분명한 한계가 주어져야 한다. 그렇지 않으면 사모는 그 위치상 초인적인 일을 감당하고자 하는 유혹을 뿌리칠 수 없게 되고 그로 인해 빚어지는 문제들에 연루될 수밖에 없는 것이다(남송우, 1993: 28).

CHAPTER IV

사모 역할에 대한 문제 분석

본 장에서는 교회 내에서 사모가 어떤 역할을 어디까지 하며 목사가 바라보는 사모의 역할, 사모가 바라보는 사모의 역할, 그리고 교인들이 바라보는 사모의 역할이 무엇인가를 분석하여 교회 내에서 사모들의 활동으로 인하여 목회자와 교인들이 겪고 있는 문제점이 무엇인지를 밝힐 것이다.

사모 역할의 분석은 응답자의 개인 신상, 사모가 바라는 사모로서의 가치관, 목사가 보는 아내로서 사모관, 교인들의 사모 역할에 대한 평가, 교회가 원하는 사모의 역할에 대한 수용성 등을 조사하여 정확한 데이터를 근거로 사모의 역할이 효과적으로 이루어지도록 사모 역할의 한계를 도출하기 위한 것이다.

1. 연구 방법론

(1) 설문 대상자

본 연구의 설문 대상자는 <표 1>과 같다. 전국 532개 교회에[23] 무작위로 설문지를 회신 봉투와 함께 발송하여 목사 137명으로부터 회신을 받아서 25.8%의 회수율을 보였으며, 강도사 67명, 전도사 45명, 장로 52명, 집사 117명으로부터 설문지 응답을 받았다. 사모들의 설문 조사는 사모 세미나에서 177명으로부터 응답을 받았으나 응답자 중에서 성의 없게 응답한 18명을 제외하고 전체 응답자 577명의 자료를 가지고 통계를 내었다. 전체 설문 대상은 총 1.136명이 설문의 대상이었으나 설문에 응한 사람은 총 595명이었고 이들 중 18명의 응답지는 통계자

---

23) 본 연구에서는 대한 예수교 장로회, 감리회, 성결교, 침례교 등 모든 교파를 초월하여 설문대상을 삼았다.

료로 쓸 수 없을 정도의 부실한 것이었기 때문에 이들의 응답지를 제외한 나머지 577명의 설문지가 본 연구의 통계 자료로 사용되었다.

〈표 1〉 설문 대상자의 수와 응답 수 (2002년 3월 현재)

구 분	설문 대상자 수			설문 응답자 수		
	남	여	계	남	여	계
목 사	532	0	532	137	0	137
강도사	95	0	95	67	0	67
전도사	42	25	67	25	20	45
장 로	72	0	72	52	0	52
집 사	89	53	142	82	35	117
사 모	−	228	228	−	159	159
계	830	306	1,136	363	214	577

(2) 설문 내용과 변수

본 연구에서 질문지의 내용은 7개의 변수를 정하여 질문을 만들어 조사하였다. 설문의 각 변수와 이에 따른 문항과 문제의 내용은 다음과 같다.

① 응답자의 개인 신상에 대한 영역: 문제 1−5

② 사모의 교회 참여에 대한 인식의 영역: 문제 6−16

③ 사모의 교회 참여의 결과에 대한 영역: 문제 17−22

④ 사모가 보는 교회와 목사에 대한 영역: 문제 23−50

⑤ 목사가 보는 사모에 대한 영역: 문제 51−66

⑥ 교인들이 바라보는 사모에 대한 영역: 문제 67−76

⑦ 자립교회에서 사모의 교회 참여의 수용성에 대한 영역: 문제 77

(3) 설문 기간

① 문헌 연구 및 선행 연구 고찰　　　2001. 1. 10.~5. 30.
② 질문지 구성　　　　　　　　　　2001. 6. 1.~6. 30.
③ 조사 일시　　　　　　　　　　　2001. 7. 1.~2002. 3. 30.
④ 자료 정리 및 통계 처리　　　　　2002. 5. 1.~5. 30.
⑤ 결과 해석 및 논의　　　　　　　2002. 6. 1.~7. 30.

(4) 설문 조사 방법

설문지의 기본적인 기준은 모든 조사의 목적과 의도가 이 질문들 속에 들어 있도록 명시되었고 연구자가 원하는 답변이 나오도록 하는 것이다(James Engel, 1977: 72). 설문의 대상은 목사, 강도사, 전도사, 사모, 장로, 집사가 대상이었으며 목사에 대한 설문은 전국 교회 주소록을 근거로 교단, 교파를 초월하여 전국 교회에 질문지를 회신 봉투와 함께 우편으로 발송하여 회신의 형식으로 답변을 받았으며 강도사, 전도사의 설문은 신학교를 방문하여 설문의 취지를 설명한 후 설문지를 작성하게 하였다. 사모들의 설문은 사모 세미나에 참석한 약 500명의 사모들 중 228명에게 설문지를 배부하여 즉석에서 설문지를 작성하도록 하여 159매의 유효 표본을 얻었다. 장로와 집사들의 설문은 교회 청년들의 도움을 받아 각 교회를 방문하여 받아오도록 하였다.

(5) 자료의 처리 및 분석 방법

본 연구의 수집된 자료는 SAS(Statistical Analysis System)에 의한

통계법으로 처리하였다. 자료의 분석은 각 설문의 문항에 따라 응답 항목별 빈도수와 퍼센트를 표로 만들었으며 의미 있는 항목들을 해석 하였다. 그리고 각 영역의 사모에 역할에 대한 인식, 사모 역할의 평 가, 목회자 부부에 있어서 아내와 남편의 상대에 대한 인식의 차이를 알아보기 위해서 x^2(chi-square)의 방법으로 검토하였다.[24]

---

24) 본 연구의 분석기법은 SAS(Statistical Analysis System)프로그램을 이 용하였다. 본 연구의 통계표에 사용된 약어의 내용은 통계학에서 사용하 는 용어들로 그 내용은 다음과 같다.

1) x^2 (Chi-Square) − 교차분석

두 개 이상의 범주형 변수들 사이의 상호관련성을 알아보고자 할 때 이용된다. 교차분석에서 이용되는 통계량은 x^2(Chi-Square)로서 이 는 기대빈도와 실제빈도 간의 차이에 의해서 계산되는데 이 때문 에 일명 'x^2(Chi-Square)분석'이라고도 한다.

$$x^2(\text{Chi-Square}) = \Sigma \; \frac{(관찰빈도 - 기대빈도)^2}{기대빈도}$$

2) N = 실수 (설문자의 빈도수)

3) Mean=평균

평균은 전체 사례수의 값을 더한 다음에 총 사례수로 나눈 값을 말 한다.

4) SD(standard deviation) − 표준편차

표준편차는 분산에 제곱근을 취한 값을 말한다.

5) P − 유의수준(significant level)

처리 집단 간의 대조를 분석하는 것이다. 심각한 오판을 허용하는 수준으로 .05, .01, .001이 있다. p값이 .05, .01, .001보다 작으면 통계 적으로 유의미하다고 본다.

6) t(F) − 평균검정

① t검정(t−test)

두 집단(ex: 저학년, 고학년)의 평균이 통계적으로 유의한 차이 를 보이고 있는지의 여부를 검증할 때 사용하는 통계기법이며, 이는 t분포에 의하여 검증된다.

t=M1−M2/S

(M1과 M2는 표본 평균을 말하며, S는 평균 간 차이의 표준오차 를 말한다)

2. 설문의 결과를 통한 사모 역할 분석 결과 및 해석

본 조사 결과 7개의 영역별로 나누어 분석을 하여 사모의 역할에 대하여 크리스천[25]들이 어떤 지각과 문제들을 가지고 있는지를 알아본다. 이를 직분별로 반응의 차이를 검증하고 그 결과를 논의하고자 한다.

(1) 응답자의 개인 신상에 대한 영역

〈표 2〉 문제1 - 문제5. 연구 대상자의 일반적인 특징

구 분		빈도(명)	백분율(%)
성 별	남	363	62.9
	여	214	37.1
직 분	목 사	137	23.7
	사 모	159	27.5
	강도사	67	11.6
	전도사	45	7.8
	장 로	52	9.0
	집 사	117	19.9

② F: 변량분석(Analysis of variance : ANOVA)

세 집단 이상(ex: 29세 이상, 30~35세, 36~40세, 41세 이상)의 평균이 통계적으로 유의한 차이를 보이고 있는지의 여부를 검증할 때 사용하는 통계기법이며, 이는 F분포에 의하여 검증된다.

F 값(F-value): 집단 간 평균자승/집단 내 평균자승

7) df - 자유도(Degree of Freedom)

편차의 합이 0을 충족시키고, 즉 평균을 유지하면서, 자유스럽게 어떤 값도 가질 수 있는 사례 수를 말한다. 자유도를 일반적으로 df로 표기한다.

25) 본 연구에서 '크리스천'이라고 하면 설문의 대상자인 모든 직분자들(목사, 사모, 강도사, 전도사, 장로, 집사)을 총칭하여 크리스천이라고 하겠다.

구 분		빈도(명)	백분율(%)
연 령	25~30세	41	7.1
	30~40세	190	32.9
	40~50세	208	36.0
	50세 이상	138	24.0
지 역	서울, 경기	355	61.5
	광역시	165	28.5
	군. 소재지	40	6.9
	면. 소재지	17	2.9
교인 수	50명 이하	121	20.9
	100명 이하	286	49.5
	300명 이하	104	18.0
	500명 이하	46	7.9
	1000명 이상	20	3.46
계		577	100.0

　　본 연구 대상자의 일반적인 특성은 <표 2>에 나타난 바와 같다. 먼저 성별은 남자가 62.9%이고 여성은 37.1%로 남자가 여자보다 더 높은 분포를 보였다. 직분별로는 목사가 23.7%이고 사모가 27.5%였으며 강도사와 전도사가 19.4%로 장차 목회자로서 활동할 예비 목회자의 참여가 약 20% 정도 있었다. 평신도 가운데는 평신도를 대표하는 장로가 9.0%, 집사가 19.9%로 평신도 직분자의 참여가 약 30%이다. 본 연구에 참여한 설문 대상자는 목회자와 예비 목회자 그리고 평신도가 고르게 분포되어 있음을 알 수 있다.

　　연령별로는 40~50대가 36.0%로 가장 많았고 다음으로 30~40대가 32.9%로 많았으며 50세 이상이 24.0%, 25~30세가 7.1%를 차지하고 있다. 따라서 본 연구에서는 가장 왕성하게 활동하는 시기의 사람들이 많은 실문의 비중을 차지하고 있다. 지역 분포를 보면 서울 경기가 61.5%, 광역시 28.5%, 군 소재지 6.9%, 면 소재지 2.9%로 나타났다.

교인 수를 기준으로 보면 100명 이하의 교회가 70.4%로 가장 많았고 1000명 이상의 교회는 3.4%였다.

(2) 사모의 교회 참여에 대한 인식의 영역

1) 사모의 사명에 대한 인식

〈표 3〉문제6. 사모의 사명에 대한 인식

구 분		N	Mean	SD	t(F)	p
성 별	남	363	3.03	0.87	−2.28	0.018
	여	214	3.98	0.89		
직 분	목 사	137	2.92	0.87	112.99***	0.000
	사 모	159	4.02	0.97		
	강도사	67	2.99	0.89		
	전도사	45	2.97	0.87		
	장 로	52	2.75	0.78		
	집 사	117	2.93	0.79		
연 령	25~30세	41	3.79	1.02	98.21***	0.000
	30~40세	190	3.67	0.97		
	40~50세	208	3.30	0.96		
	50세 이상	138	2.39	0.89		
지 역	서울, 경기	355	3.98	0.96	73.98**	0.000
	광역시	165	3.87	0.93		
	군. 소재지	40	2.99	0.87		
	면. 소재지	17	2.97	0.91		
교인 수	50명 이하	121	3.97	1.02	89.77***	0.000
	100명 이하	301	3.96	1.30		
	300명 이하	98	3.05	0.92		
	500명 이하	46	2.76	0.96		
	1000명 이상	11	2.44	0.89		
계		577	3.27	0.93	−	−

*** p<.001

사모가 목사와 똑같은 사명자인가라는 질문에 대한 결과는 <표 3>에 나타난 바와 같다. 전체적으로는 3.26으로 사모가 목사와 꼭 같은 사명을 가지고 있다고 응답했다. 남성이 3.03, 여성이 3.98로 남성보다는 여성에서 높은 비중을 차지하고 있다. 직분별로 보면 사모들에게서 사명자라고 하는 높은 분포는 나타내고 있고 평신도 직분자들의 경우에는 사모가 목사와 같은 위치의 사명자라고 보는 사람이 많지 않다. 연령별로는 20~40대의 비교적 젊은 층에서 사모의 사명이 목회자와 비슷한 것으로 나타났으며 나이가 많을수록 사모의 사명을 목회자와 같은 사명자로 보지 않는 것으로 나타나고 있다. 지역별 분포에서는 지방이 도시보다 사모의 사명을 목회자와 같은 것으로 보지 않고 있다. 교인수가 적을수록 사명자라는 대답이 많았다.

2) 사모의 교회 참여의 필요성

〈표 4〉 문제7. 사모의 교회 참여의 필요성

구 분		N	Mean	SD	t(f)	p
성 별	남	363	3.13	1.10	−0.81*	0.418
	여	214	3.38	1.05		
직 분	목 사	137	3.32	1.04	23.03**	0.000
	사 모	159	3.09	1.08		
	강도사	67	3.93	1.12		
	전도사	45	3.98	1.32		
	장 로	52	2.43	0.75		
	집 시	117	2.75	0.67		
지 역	서울, 경기	355	2.98	1.02	23.18**	0.000
	광역시	165	3.01	1.04		
	군 소재지	40	3.54	1.46		
	면 소재지	17	3.87	1.32		
전체		577	3.28	1.08	—	—

* p<.05, ** p<.01

사모가 교회일에 참여하는 것이 필요한가 하는 질문에서 살펴본 결과는 <표 4>에 나타난 바와 같다. 전체적 평균이 3.28로 사모가 교회일에 참여하는 것이 필요하다고 인식을 하고 있다. 분포도별로 보면 여성이 남성보다 참여의 필요성을 더 많이 가졌으나 통계적으로는 유의미한 차이는 아니었다. 직분별로는 평신도들에 있어서 사모의 교회일에 참여하는 것에 대한 인식이 낮았다. 지역적으로는 대도시의 사람들이 사모의 교회일에 참여에 대한 인식이 낮은 것으로 나타났으며 통계적으로도 유의미한 차이를 보였다($F=23.18$, $p<.01$).

3) 개척교회에서의 사모 역할의 필요성

〈표 5〉 문제8. 개척교회에서의 사모 역할의 필요성

구 분		N	Mean	SD	t(f)	p
성 별	남	363	3.98	1.02	−2.72	0.007
	여	214	4.23	1.00		
직 분	목 사	137	4.09	1.08	5.67*	0.047
	사 모	159	4.12	0.97		
	강도사	67	4.11	1.03		
	전도사	45	4.13	1.09		
	장 로	52	4.23	1.05		
	집 사	117	3.98	1.06		
지 역	서울, 경기	355	4.01	0.93	3.20*	0.023
	광역시	165	4.03	0.92		
	군 소재지	40	3.84	0.96	3.20*	0.023
	면 소재지	17	3.96	0.95		
전 체		577	4.06	1.00	−	−

* $p<.05$

개척교회에서의 사모의 필요성에 대한 질문에서 살펴본 결과, <표 5>에 나타난 바와 같다. 전체적으로 평균이 4.05로, 개척교회에 있어서 사모의 역할이 필요하다는 인식이 높게 나왔다. 남성과 여성에 있어서도 큰 차이가 없었으며 직분별 분포에서도 개척교회에서의 사모의 역할이 매우 필요한 것으로 나왔다. 지역별 분포에는 도시 지역이 약간 높게 나왔으나 통계적으로는 유의미한 차이는 아니었다. 대체적으로 개척교회에서 사모의 역할이 필요하다는 인식이 높았다.

4) 100명 이상 교회에서의 사모 역할에 관한 인식

100명 이상의 교회에서 사모의 역할이 필요한가 하는 질문에 대한 결과는 아래 <표 6>에 나타나 있다. 이 질문의 전체적인 평균이 2.76으로 100명 이상의 교회에서 사모의 역할이 그다지 필요치 않다는 결과가 나왔다.

성별로는 여성이 남성보다 높게 나타나 100 이상의 교회에서도 여성의 역할이 남성보다는 좀더 필요한 것으로 나타났으며 성별에 따라 차이를 보였다($t=-2.25$, $p<.05.$). 직분별 분석에서는 사모 그룹에서 100명 이상의 교회에서도 사모의 역할이 필요하다는 결과를 나타내어 다른 그룹과 차이를 보이고 있다. 그러나 다른 그룹에서는 100명 이상의 교회에서는 사모의 역할이 필요치 않다는 결과를 보이고 있다. 지역별 분포에서는 지방이 도시보다는 약간 높았으며 통계적으로도 유의미한 차이었다($F=10.05$, $p<.001$).

〈표 6〉 문제9. 100명 이상 교회에서의 사모 역할에 관한 인식

구 분		N	Mean	SD	t(f)	p
성 별	남	363	2.71	1.17	−2.25*	0.025
	여	214	3.01	1.17		
직 분	목 사	137	2.83	1.18	24.81	0.000
	사 모	159	3.13	1.17		
	강도사	67	3.01	0.97		
	전도사	45	2.78	0.88		
	장 로	52	2.11	0.87		
	집 사	117	2.12	0.93		
지 역	서울, 경기	355	2.92	1.00	10.05***	0.000
	광역시	165	2.54	0.78		
	군 소재지	40	2.98	0.89		
	면 소재지	17	2.99	0.82		
전 체		577	2.76	0.98	—	—

* p<.05, *** p<.001

5) 현재 교회에서 사모의 사역 현황

현재 사모들이 교회에서 일을 하고 있는가에 대한 결과는 〈표 7〉에 나타난 바와 같다. 전체적 평균이 3.46으로 사모들이 대부분 교회에서 사역을 하는 것으로 나타났다. 지역별로 분포도를 보면 도시 지역의 교회들에서 사모의 사역이 많은 것으로 나타나고 있으며 통계적으로도 유의한 차이를 보였다(F=5.79, p<.05).

〈표 7〉 문제10. 현재 교회에서 사모의 사역 현황

구 분		N	Mean	SD	t(F)	p
성 별	남	363	3.65	1.11	1.67	0.95
	여	214	3.46	1.04		
직 분	목 사	137	3.33	1.05	21.35***	0.000
	사 모	159	3.67	1.03		
	강도사	67	2.98	1.01		
	전도사	45	2.76	0.94		
	장 로	52	3.86	1.03		
	집 사	117	3.72	0.95		
지 역	서울, 경기	355	3.89	1.02	5.97*	0.000
	광역시	165	3.86	1.00		
	군 소재지	40	2.67	1.03		
	면 소재지	17	2.65	0.98		
전 체		577	3.38	1.05	—	—

* p<.05

6) 사모의 교회 참여와 개인적 일에 대한 비중

사모가 교회적인 일에 참여하기보다는 개인적인 일을 하는 것에 대하여 어떻게 느끼는지에 대한 결과는 〈표 8〉에 나타난 바와 같다. 전체적 평균이 2.79로 사모의 개인적인 취미생활이나 일하는 것에 대하여 동의하지 않는 것으로 나타났다. 성별로는 남성이 여성보다 사모의 개인적 취미나 일을 갖는 것에 대하여 동의하지 않는 것으로 나타났으며 통계적으로도 유의미한 차이를 보였다(t=−2.81, p<.05). 직분별로는 교역자들보다는 장로와 집사가 사모의 개인적 취미나 일하는 것에 대하여 반대하는 것으로 나타났으며 교역자 그룹에 비하

여 유의미한 차이를 보였다(F=34.67, p<.001). 지역별 분포에서는 지방이 도시보다 사모가 개인적 일을 갖는 것에 대하여 반대하는 것으로 나타났다.

<표 8> 문제11. 사모의 교회 참여와 개인적인 일의 비중

구 분		N	Mean	SD	t(F)	p
성 별	남	363	2.73	0.88	−2.81*	0.012
	여	214	3.04	0.94		
직 분	목 사	137	2.70	0.85	34.67***	0.000
	사 모	159	3.15	0.89		
	강도사	67	3.02	0.72		
	전도사	45	3.01	0.84		
	장 로	52	2.28	0.80		
	집 사	117	2.26	0.82		
지 역	서울, 경기	355	3.02	0.76	33.76*	0.000
	광역시	165	2.68	0.89		
	군 소재지	40	2.33	0.84		
	면 소재지	17	2.28	0.72		
전 체		577	2.79	0.90	—	—

* p<.05, *** p<.001

7) 사모가 목사에게 전적으로 순종해야 하는가에 대한 반응

〈표 9〉문제12. 사모가 목사에게 순종하는 데 대한 반응

구 분		N	Mean	SD	t(f)	p
성 별	남	363	3.45	0.97	3.12***	0.002
	여	214	2.89	0.89		
직 분	목 사	137	3.79	0.97	98.16***	0.000
	사 모	159	2.76	0.99		
	강도사	67	3.06	1.01	98.16***	0.000
	전도사	45	3.04	0.98		
	장 로	52	3.46	0.96		
	집 사	117	3.32	0.87		
지 역	서울, 경기	355	3.09	1.00	5.49	0.000
	광역시	165	3.25	0.94		
	군 소재지	40	3.56	0.99		
	면 소재지	17	3.45	0.98		
전 체		577	3.26	0.96	—	—

*** p<.001

사모가 목사에게 전적으로 순종해야 하는가에 대한 반응의 결과는 위의 〈표 9〉에 나타난 바와 같다. 전체적 평균이 3.54로, 사모가 그 남편인 목사에게 전적으로 순종해야 한다는 것으로 나타났다. 성별로는 남성이 여성보다 순종해야 한다는 반응이었으며 통계적으로도 유의미한 차이를 보였다(t=3.12, p<.001). 직분별 분포에서는 사모 그룹이 다른 그룹에서보다 목사에게 전적으로 순종해야 한다는 반응이 낮게 나왔다(F=98.16, p<.001).

8) 사모의 가정일과 교회일에 대한 비중

〈표 10 〉 문제13. 사모의 가정일과 교회일의 비중

구 분		N	Mean	SD	t(f)	p
성 별	남	363	2.82	0.98	−3.12**	0.002
	여	214	3.18	0.90		
직 분	목 사	137	2.57	1.00	78.08***	0.000
	사 모	159	3.28	1.11	78.08***	0.000
직 분	강도사	67	2.75	0.97	78.08***	0.000
	전도사	45	2.74	1.09		
	장 로	52	3.09	0.78		
	집 사	117	3.07	0.78		
지 역	서울, 경기	355	2.84	0.86	5.05*	0.000
	광역시	165	2.96	0.96		
	군 소재지	40	3.05	0.76		
	면 소재지	17	3.06	0.79		
전 체		577	2.95	0.92	—	—

 * p<.05,   ** p<.01,   *** p<.001

사모가 가정일에 우선하여 교회일을 하여야 하는가에 대한 질문의 결과는 아래의 <표 10>과 같다. 전체적 평균은 2.95로 사모가 가정일에 우선하여 교회일을 해서는 안 된다는 결과를 보였다. 남성과 여성의 비교에서는 여성이 남성보다 교회일을 우선해야 하는 것으로 나왔으며 그 차이는 유의미한 것이다(t=−3.12, p<.01). 직분별로는 사모 그룹에서 교역자 그룹보다 가정일에 우선하여 교회일을 해야 하는 것으로 나타났으며 통계적으로도 유의미한 차이를 나타내고 있다(F=78.08, p<.001).

9) 사모의 교회일의 참여 정도

사모가 교회일에 어느 정도 참여해야 하는 것이 좋겠는가에 대한 결과는 아래 <표 11>과 같다.

〈표 11〉 문제14. 사모의 교회 참여 인식

구 분		보통 참여	깊이 참여	아주깊 이참여	참여치 않는다	계	x^2(df)	p
성 별	남	218명	43명	15명	87명	363명	3.24 (3)	0.126
		60.0%	11.8%	4.1%	23.9%	62.9%		
	여	129	21	4	60	214		
		60.2	9.8	1.8	28.0	37.1		
직 분	목 사	95	10	4	28	137	132.16*** (6)	0.000
		69.3	0.72	0.29	20.4	23.7		
	사 모	104	12	3	40	159		
		65.4	7.5	1.8	25.1	27.5		
	강도사	41	8	3	15	67		
		61.1	11.9	4.4	21	11.6		
	전도사	25	11	4	5	45		
		55.5	24.4	8.8	11.1	7.8		
	장 로	10	1	—	41	52		
		19.2	1.9	—	78.8	9.0		
	집 사	27	3	2	85	117		
		23	2.5	1.7	72.6	19.9		
지 역	서울, 경기	231	35	25	64	355	150.18*** (6)	0.000
		65.0	9.8	7.0	18.0	61.5		
	광역시	58	7	5	95	165		
		35	4	3	58	28.5		
	군 소재지	12	1	—	27	40		
		30	2.5	—	67.5	6.9		
	면 소재지	6	1	—	10	17		
		35	5.9	—	59	2.9		
전 체		364	64	19	147	577	—	—
		48.3	7.7	2.7	40.3	100.0		

*** p<.001

사모의 교회일에 참여에 대한 전체적 평균은 보통 정도 참여하는 것이 좋다는 반응이 48.3%로 가장 많았고 참여하지 않는 것이 좋겠다는 반응이 40.3%로 다음으로 많았으며 깊이 참여하여도 괜찮다는 반응이 7.7%, 아주 깊이 참여하여도 무방하다는 반응은 2.7로 낮게 집계됐다. 성별로는 남성과 여성 모두가 보통 정도 참여하는 것이 좋겠다는 응답이 60% 이상 많았고 다음으로 참여하지 않는 것이 좋겠다는 것에 대하여 여성이 약간 많았으나 그 차이는 유의미하지 않은 정도이다. 직분별 차이에서는 교역자(목사, 강도사, 전도사)그룹과 평신도 직분자(장로, 집사)그룹에서 많은 차이를 보이고 있는데 교역자 그룹에서는 사모의 교회 참여를 긍정적으로 보는 반면에 평신도 그룹에서는 사모의 교회일에 참여를 부정적인 시각으로 보는 결과가 나왔다. 지역별 차이에서도 지방이 중, 소도시의 지역보다 사모의 교회일의 참여에 대하여 부정적인 견해가 지배적이어서 중소도시와 지방 간의 격차가 심하였다.

10) 개척교회에서 사모에게 가장 적합한 일

개척교회에서 사모가 어느 일에 참여하는 것이 가장 적합한가를 묻는 질문의 결과는 <표 12>에 나타난 바와 같다. 개척교회에서 사모가 할 수 있는 일의 범위에 대하여 심방, 전도가 가장 적합하다는 의견이 34.3%로 가장 많았고 다음으로는 교육이 28.2%, 교회 봉사 7.4%, 모든 일에 참여하여 일한다가 9.5%, 아무 일도 하지 않는다가 20.4%로 나타났다.

남녀의 성별에서는 남성의 경우 53%가 심방, 전도와 교육에 참여하는 것으로 나타났고 여성의 경우에는 74%가 심방, 전도, 교육에 참여하는 것으로 나타남으로 여성의 경우 남성보다 보다 적극적으로 교회일에 참여하여 활동할 것을 기대하는 것으로 나타났다($x^2=14.52$, $p<.05$). 직분별 분포에서는 교육에 참여한다가 42%로 사모 그룹에서 가장 높게 나

타났으며 장로 그룹에서 아무 일에도 참여하지 않는다. 65%로 가장 높게 나타났고 통계적으로도 유의미한 차이를 보였다(F=63.51, p<.001). 지역별 분포에서는 군, 면 단위의 지방 도시에서 아무 일도 하지 않는다가 각각 25.0%, 23.5%로 타 지역에 비하여 비교적 높게 나타났다.

<표 12> 문제15. 사모 역할의 범위의 인식

구 분		심방 전도	교육	식당청소 봉사	모든 일에 참여	아무 일도 안 함	계	x^2(df)	p
성 별	남	119	75	32	36	101	363명	14.52* (5)	0.013
		32.7	20.6	8.8	9.9	27.8	62.9%		
	여	79	88	11	19	17	214		
		37	41	5	9	8	37.1		
직 분	목 사	45	42	10	4	36	137	63.51*** (15)	0.000
		32.8	30.6	5.1	2.9	26.3	23.7		
	사 모	59	67	5	14	14	159		
		37.1	42.1	3.1	8.8	8.8	27.5		
	강도사	31	15	5	12	4	67		
		46.2	22.3	7.4	17.9	5.9	11.6		
	전도사	21	15	2	3	4	45		
		46.6	33.3	4.4	6.6	8.8	7.8		
	장 로	6	2	9	1	34	52		
		11.5	3.8	17.3	2.7	65.3	9.0		
	집 사	17	9	19	4	68	117		
		14.5	7.6	16.2	3.4	58.1	19.9		
지 역	서울, 경기	146	128	32	28	21	355	58.25*** (15)	0.000
		41.1	36.0	9.0	7.8	5.9	61.5		
	광역시	71	56	15	10	13	165		
		43.0	33.9	9.1	6.1	7.8	28.5		
	군 소재지	11	10	8	1	10	40		
		27.5	25.0	18	2.0	25.0	6.9		
	면 소재지	5	4	3	1	4	17		
		29.4	23.5	17.6	5.8	23.5	2.9		
전 체		198	163	43	55	118	577		
		34.3	28.2	7.4	9.5	20.4	100.0		

* p<.05, *** p<.001

11) 사모의 교회 역할 참여의 교인 수 한계

사모의 역할이 교인 몇 명 정도 될 때까지가 적정선이겠는가에 대한 조사의 결과는 <표 13>에 나타난 바와 같다. 전체적인 평균은 100명이 적당하다는 대답이 36.6%로 가장 많았고 200명이 적당하다는 대답은 33.9로 다음이었으며, 300명이 적당하다는 수가 19.3%, 500명이 5.7%이었다. 그러나 교인 수에 관계없이 계속해야 한다는 수도 전체 4.3%를 차지하였다. 따라서 사모의 역할은 교인 수 100명이면 적당하다는 대답이 가장 많았다.

성별 차이에서는 남자가 100명이 적당하다는 대답이 41.0%로 가장 높은 반면 여자의 경우는 300명이 적당하다고 대답이 25.7%로 가장 많아서 여자가 남자보다 사모의 역할의 교인 수에 따른 비교에서 더 많은 인원이 되더라도 사모가 교회의 일에 참여할 수 있다는 견해가 높았다. 직분별 구분에서는 장로그룹에서 100명 선이 적당하다는 대답이 55.7%로 가장 높았으며 통계적으로도 유의미한 차이를 보였다($x^2=$ 76.08, p<.001). 지역별로는 서울지역이 200명 이상이 적당하다는 대답이 서울, 경기지역 전체 43%를 차지하여 가장 많았으며 통계적으로도 유의미한 차이를 보였다.

<표 13> 문제16. 사모의 교회 역할 참여의 교인 수 한계

구 분		100명	200명	300명	500명	계속 참여	계	x^2(df)	p
성 별	남	149	142	48	16	8	363명	11.78 (4)*	0.038
		41.0	39.1	13.2	4.4	2.2	62.9%		
	여	39	49	55	45	26	214		
		18.2	22.8	25.7	21.0	12.1	37.1		
직 분	목 사	58	52	19	4	4	137	76.08 (12)***	0.000
		42.3	37.9	13.8	2.9	2.9	23.7		
	사 모	33	39	54	16	17	159		
		20.7	24.5	33.9	10.0	10.6	27.5		
	강도사	23	23	15	2	4	67		
		34.3	34.3	22.3	2.9	5.8	11.6		
	전도사	20	13	9	2	1	45	76.08 (12)***	0.000
		44.4	28.8	19.9	4.4	2.2	7.8		
	장 로	29	18	5			52		
		55.7	34.6	9.6	—	—	9.0		
	집 사	44	48	21	2	2	117		
		37.6	41.0	17.9	1.7	1.7	19.9		
지 역	서울, 경기	114	153	49	18	21	355	51.80*** (12)	0.000
		32.1	43.0	13.8	5.0	5.9	61.5		
	광역시	54	63	35	8	5	165		
		32.7	38.1	21.2	4.8	3.0	28.5		
	군 소재지	13	16	9	1	1	40		
		40.5	32.0	22.5	0.3	0.3	6.9		
	면 소재지	6	5	3	2	1	17		
		35.2	29.4	17.6	11.7	5.9	2.9		
전 체		211	197	111	33	25	577	—	—
		36.6	33.9	19.3	5.7	4.35	100.0		

* p<.05, *** p<.001

(3) 사모의 교회 참여의 결과에 대한 영역

12) 사모의 교회 참여의 실제 영역

〈표 14〉 문제17. 사모의 교회 참여 실제

구 분		1~2 가지	3~4 가지	5가지 이상	하는 일 없음	계	x^2(df)	p
성 별	남	66	135	129	33	363명	12.19* (4)	0.016
		17.6	37.8	35.4	9.2	62.9%		
	여	36	86	83	9	214	12.19* (4)	0.016
		16.8	40.2	38.0	4.2	37.1		
직 분	목 사	25	56	52	4	137	78.64*** (12)	0.000
		18.2	40.9	37.9	2.9	23.7		
	사 모	27	64	62	16	159		
		16.9	40.2	38.9	10.0	27.5		
	강도사	11	28	23	5	67		
		16.4	41.8	34.3	7.4	11.6		
	전도사	8	17	16	4	45		
		17.7	37.7	35.5	8.8	7.8		
	장 로	9	18	17	8	52		
		17.3	34.6	32.6	15.4	9.0		
	집 사	23	41	41	12	117		
		19.7	35.0	35.0	10.3	19.9		
지 역	서울, 경기	50	150	142	13	355	87.56*** (12)	0.000
		14.1	42.3	39.9	3.6	61.5		
	광역시	26	63	69	7	165		
		15.7	38.2	41.8	4.2	28.5		
	군 소재지	7	17	15	1	40		
		17.5	42.5	37.5	2.5	6.9		
	면 소재지	2	8	6	1	17		
		11.7	47.1	35.2	5.8	2.9		
전 체		96	231	213	37	577	–	–
		16.4	40.1	36.8	6.4	100.0		

* p<.05, *** p<.001

사모가 실제로 교회에서 얼마나 일하고 있는가를 알아보는 항목에서의 결과는 <표 14>에 나타난 바와 같다. 교회일의 건수를 항목별로 분류해서 살펴본 결과 3가지 이상 일을 하고 있다는 대답이 전체 76.8%였으며 그중에서 3~4가지 일하고 있다는 대답이 40.1%로 가장 많았고 5가지 이상 일하고 있다는 대답도 36.8나 되었다. 지역별 분포에서는 광역시에 속해 있는 교회 사모들이 가장 많은 일을 맡고 있는 것으로 나타났다.

13) 사모의 교회 참여로 인한 문제의 인식

〈표 15〉 문제18. 사모의 교회 참여로 인한 문제의 인식

구 분		N	Mean	SD	t(f)	p
성 별	남	363	3.64	1.10	3.17**	0.0024
	여	214	2.63	0.98		
직 분	목 사	137	3.13	1.04	34.25***	0.000
	사 모	159	2.43	0.78		
	강도사	67	3.25	0.97		
	전도사	45	3.02	0.89		
	장 로	52	3.89	1.02		
	십 사	117	3.78	0.95		
지 역	서울, 경기	355	3.43	0.87	5.52***	0.000
	광역시	165	3.52	0.89		
	군 소재지	40	3.22	0.94		
	면 소재지	17	3.24	0.92		
전 체		577	3.27	0.95	—	—

** p<.01, *** p<.005

사모의 교회 참여로 인하여 문제가 생길 수 있는가에 대한 인식의 결과는 <표 15>에 나타난 바와 같이 전체적 평균이 3.26으로 사모의 교회 참여가 문제를 일으킬 수 있는 것으로 나타났다. 성별로는 남성이 3.64로 사모가 교회일에 참여하면 문제를 일으킬 수 있다는 것에 여성 2.63보다 많은 인식을 하고 있는 것으로 나타났으며 통계적으로도 유의미한 차이를 보이고 있다($t=3.17$, $p<.01$).

직분별로는 장로가 다른 직분에 비해서 비교적 많은 우려는 나타내고 있는 것으로 나타났으며 집사 또한 사모가 교회일에 참여함으로 인해서 생기는 문제가 생길 수 있다고 대답하고 있으나 장로와는 차이는 유의미한 정도는 아니나 통계적으로는 유의미한 차이를 나타내고 있다($F=34.25$, $p<.001$). 지역별로는 대체적으로 비슷한 수준의 염려를 가지고 있는 것으로 나타났다.

14) 사모의 교회 참여에 대한 만족도

사모의 교회 참여에 대한 반응은 평균이 3.03으로 보통 정도인 것으로 나타나고 있다. 성별로는 여성에 있어서 사모의 일에 대체적으로 만족하는 것으로 나타났으며 남성의 경우에는 보통 정도이나 통계적으로도 그 차이는 유의미한 것이다($t=-2.57$ $p<.01$).

직분별로는 강도사와 전도사 그룹이 다른 그룹에 비하여 비교적 사모의 교회 참여에 대해서 만족하지 못하는 것으로 집계됐으며 평신도 직분자들의 경우 보통 정도 것으로 나타나고 있으나 그 정도는 유의미한 것이다. 지역별로는 대체적으로 보통 정도의 만족도를 나타내고 있다.

〈표 16〉 문제19. 사모의 교회 참여의 만족도

구 분		N	Mean	SD	t(f)	p
성 별	남	363	3.05	0.96	−2.57**	0.003
	여	214	3.26	1.06		
직 분	목 사	137	3.02	0.97	24.56***	0.000
	사 모	159	3.42	1.03		
	강도사	67	2.89	0.95		
	전도사	45	2.35	0.96		
	장 로	52	3.01	0.99		
	집 사	117	2.98	0.95		
지 역	서울, 경기	355	3.03	1.02	5.49***	0.000
	광역시	165	3.01	0.98		
	군 소재지	40	3.14	0.95		
	면 소재지	17	3.25	0.93		
전 체		577	3.03	0.98	—	—

** p<.01, *** p<.001

15) 목회자 부부관계가 교회 성장에 미치는 영향

목회자의 부부관계가 교회 성장에 영향을 미치는가에 관하여 살펴본 결과는 <표 17>에 나타난 바와 같다. 전체적 평균이 3.43으로 목회자의 부부관계가 교회성장에 영향을 미치는 것으로 인식하였다. 성별로는 남성과 여성 모두가 부부관계가 교회성장에 영향을 미친다고 대답했으며 통계적으로 큰 차이는 아니었다. 직분별로는 목사가 다른 직분에 비하여 목회자의 부부관계가 교회성장에 영향을 끼친다고 인식하는 것으로 나타나고 있다(F=19.97, p<.001). 지역별로도 대부분의 지역에서 목회자의 부부관계가 교회 성장에 영향을 미친다는 것으로 인식하고 있다.

〈표 17〉 문제20. 목회자 부부관계가 교회성장에 미치는 영향

구 분		N	Mean	SD	t(f)	p
성 별	남	363	3.52	1.02	0.35	0.782
	여	214	3.33	1.03		
직 분	목 사	137	3.61	0.98	19.97***	0.000
	사 모	159	3.43	0.89		
	강도사	67	3.22	0.92		
	전도사	45	3.13	0.93		
	장 로	52	3.43	0.94		
	집 사	117	3.41	10.9		
지 역	서울, 경기	355	3.45	0.85	15.03***	0.000
	광역시	165	3.36	0.92		
	군 소재지	40	3.67	0.93		
	면 소재지	17	3.71	0.87		
전 체		577	3.44	0.97	—	—

*** p<.001

16) 목회자의 부부관계의 인식

목회자의 부부관계가 어떠한지를 묻는 질문에 대한 평균은 3.04로 대체적으로 목회자의 부부관계가 좋지 않은 것으로 나타났다. 성별 구분에서는 남성과 여성 모두가 큰 차이 없이 목회자의 부부관계가 보통 이하의 관계로 분석되고 있으며 통계적으로 그 차이는 유의미하지 않는다. 직분별로는 목사와 사모 그룹이 타 그룹보다 낮게 나타나서 대외적으로 보이는 부부관계보다는 목회자 부부 자신들이 느끼는 부부관계가 더욱 안 좋은 것으로 나타났다. 지역적으로는 광역시에 속해 있는 목회자 부부가 타 지역의 목회자 부부보다 관계가 더 좋지 않은 것으로 나타났으며 통계적으로 그 차이는 유의미하지는 않는다.

〈표 18〉 문제21. 목회자 부부관계의 인식

구 분		N	Mean	SD	t(f)	p
성 별	남	363	3.01	0.89	0.25	0.635
	여	214	2.98	0.91		
직 분	목 사	137	2.94	0.12	9.96***	0.000
	사 모	159	2.81	0.89		
	강도사	67	3.01	1.02		
	전도사	45	3.04	1.04		
	장 로	52	3.14	0.98		
	집 사	117	3.21	0.87		
지 역	서울, 경기	355	3.01	0.89	5.35	0.000
	광역시	165	2.98	0.96		
	군 소재지	40	3.20	10.9		
	면 소재지	17	3.25	1.04		
전 체		577	3.04	0.94	—	—

*** p<.001

17) 사모의 교회 참여로 생길 수 있는 문제

사모의 교회 참여로 인하여 생길 수 있는 문제에 대한 인식에서 교인들의 반발이 가장 많은 것이라는 생각을 가지고 있는 것으로 나타났다(전체평균 34.3%). 사모의 교회 참여가 교회의 성장에 도움을 주어야 할 것이지만 전체적인 인식은 평균 25.6%가 교회가 성장하기보다는 오히려 방해가 된다는 인식을 가지고 있었다.

성별의 차이에서는 남자가 여자보다 훨씬 더 높게 나타나 남성들의 생각에 사모의 교회 참여가 교인들의 반발을 일으키고 교회 성장에도 방해가 된다는 생각을 가지고 있었으며 통계적으로도 유의미한 차이를 보였다(x^2=13.15, p<.05).

직분별 차이에서는 사모그룹에서 모르겠다는 대답이 가장 높게 나타나서 사모의 교회 참여가 문제가 없는 것으로 인식하고 있었으며, 강도사 그룹에서 교인들의 반발이 가장 많을 것이라는 인식을 가지고 있는 것으로 나타났다. 지역적으로는 소도시로 갈수록 사모의 교회 참여가 교인들의 반발을 일으킬 것이라는 생각이 많았으며 통계적으로도 유의미한 것이었다(F=56.78, p<.001).

〈표 19〉 문제22. 사모의 교회 참여로 생길 수 있는 문제

구 분		교회성장방해	교인들의 반발	교회의 분열	모르겠다	계	x^2(df)	p
성 별	남	109	127	83	44	363명	13.15* (4)	0.024
		30.0	34.9	22.8	12.1	62.9%		
	여	34	62	28	90	214		
		15.8	28.9	13.1	42.1	37.1		
직 분	목 사	40	49	32	16	137	82.45*** (15)	0.000
		29.2	35.8	23.3	11.7	23.7		
	사 모	21	41	27	70	159		
		12.6	25.7	16.9	44.1	27.5		
	강도사	17	27	12	11	67		
		25.3	40.2	17.9	16.4	11.6		
	전도사	9	17	10	9	45		
		19.9	37.7	22.2	19.9	7.8		
	장 로	20	16	14	2	52		
		38.4	30.7	26.9	3.8	9.0		
	집 사	46	32	30	8	117		
		39.3	27.4	25.6	6.8	19.9		
지 역	서울, 경기	67	128	78	82	355	56.78*** (12)	0.000
		18.9	36.1	21.9	23.1	61.5		

구 분		교회성 장방해	교인들 의 반발	교회의 분열	모르 겠다	계	x^2(df)	p
지 역	광역시	44	59	39	23	165		
		26.6	35.8	23.6	13.9	28.5		
	군 소재지	10	16	9	5	40	56.78*** (12)	0.000
		25.0	40.0	22.5	12.5	6.9		
	면 소재지	4	7	5	1	17		
		23.5	41.2	29.4	5.9	2.9		
전 체		148	198	128	103	577	—	—
		25.6	34.3	22.2	17.9	100.0		

* p<.05, *** p<.001

(4) 사모가 보는 교회와 목사에 대한 영역

18) 남편의 목회 사역에 대한 만족도

남편의 목회 사역에 대한 사모들의 인식의 결과는 <표 20>에 나타 난 바와 같다. 남편의 목회 사역에 관한 사모들의 인식은 평균 2.69 로 대체적으로 만족스럽지 못하다는 결과가 나왔다. 지역별로는 서 울, 경기지역의 사모들이 남편의 목회에 내하여 가장 불반이 낳은 것으로 나왔으며, 중, 소시역의 목회사 사모들의 경우에도 만속스럽 지 못하다는 대답이 나왔으나 그 차이는 그다지 크지 않았다(F= 28.57, p<.01).

〈표 20〉 문제23. 남편의 목회 사역에 대한 만족도

구 분		N	Mean	SD	t(f)	p
직 분	사 모	159	2.69	1.02	—	—
지 역	서울, 경기	98	2.46	0.97	19.40**	0.000
	광역시	45	2.52	1.01		
	군 소재지	11	2.89	1.04		
	면 소재지	5	2.90	0.90		
전 체		159	2.69	1.02	—	—

** p<.01

19) 남편의 설교에 대한 만족도

〈표 21〉 문제24. 남편의 설교에 대한 만족도

구 분		N	Mean	SD	t(f)	p
직 분	사 모	159	2.93	0.93	—	—
지 역	서울, 경기	98	2.87	0.93	9.51***	0.000
	광역시	45	2.90	0.89		
	군 소재지	11	3.00	0.95		
	면 소재지	5	2.95	0.96		
전 체		159	2.93	0.93	—	—

*** p<.001

목사의 설교에 대한 사모의 반응은 <표 21>에 나타난 바와 같다. 전체적 평균은 2.93으로, 남편의 설교에 대하여 만족하지 못하고 있는 것으로 나타났다. 지역별로는 군 소재지 지역의 사모들이 대체적으로 남편의 설교에 대하여 보통 정도 수준의 만족스러움을 나타냈으며 통계적으로는 그 차이가 유의미한 것이나 큰 것은 아니었다(F=9.51, p<.001).

20) 남편이 목사인 것에 대한 만족도

남편이 목사인 것에 대하여 만족한가를 묻는 질문에 대한 결과는 <표 22>에 나타난 바와 같다. 전체평균이 3.06으로 남편이 목회자인 것에 대한 사모들의 만족도는 보통 정도의 것으로 나타났다. 지역별로는 소도시로 갈수록 그 만족도가 적었으나 그 차이는 그다지 크지 않았다(F=4.98, p<.01).

〈표 22〉 문제25. 남편이 목사인 것에 대한 만족도

구 분		N	Mean	SD	t(f)	p
직 분	사 모	159	3.06	0.92	—	—
지 역	서울, 경기	98	3.08	1.03	3.20**	0.023
	광역시	45	3.10	0.98		
	군 소재지	11	3.05	0.92		
	면 소재지	5	3.03	0.72		
전 체		159	3.06	0.92	—	

** P<.01

21) 사모의 교회 참여에 대한 남편의 호응도

〈표 23〉 문제26. 사모의 교회 참여에 대한 남편의 호응도

구 분		N	Mean	SD	t(f)	p
직 분	사 모	159	2.92	0.94	—	—
지 역	서울, 경기	98	2.78	0.98	12.96***	0.000
	광역시	45	2.86	0.87		
	군 소재지	11	3.02	1.06	12.96***	0.000
	면 소재지	5	3.04	1.01		
전 체		159	2.92	0.94	—	—

*** p<.001

사모의 교회 참여에 대한 남편의 호응도 조사의 결과는 <표 23>에 나타난 바와 같이 전체 평균이 2.92로 사모의 교회일하는 것을 원하지 않는 것으로 나타났다. 지역별로는 소도시의 목회자들이 사모의 교회일의 참여에 대하여 대도시 지역의 목회자들보다는 관대한 것으로 나타났으며 통계적으로도 그 차이는 유의미한 것이다(F=12.96, p<.001).

22) 사모 역할의 성공과 대형 교회와의 관계

사모로서 교회를 크게 세우는 것이 성공이라고 생각하는가에 대한 사모의 의식의 결과는 <표 24>에 나타난 바와 같다. 전체적 평균이 3.24로 사모의 역할의 성공은 대형 교회가 되는 것이 성공이라고 생각하고 있었다. 지역별로는 서울, 경기지역의 사모들이 타 지역보다 높았으며 통계적으로도 유의미한 차이를 보였다(F=9.96, p<.001).

<표 24> 문제27. 사모 역할의 성공과 대형 교회의 관계

구 분		N	Mean	SD	t(f)	p
직 분	사 모	159	3.24	0.91	—	—
지 역	서울, 경기	98	3.51	0.92	9.96***	0.000
	광역시	45	3.27	0.91		
	군 소재지	11	3.09	0.86		
	면 소재지	5	3.12	0.96		
전 체		159	3.25	0.91	—	—

*** p<.001

23) 큰 교회 사모에 대한 반응

사모로서 큰 교회 사모에 대한 반응이 어떠한가에 대한 결과는 <표 25>에 나타난 바와 같다. 전체적인 평균이 3.32로 일반적으로 사모들은 큰 교회 사모에 대하여 부러움의 눈으로 바라보고 있는 것으로 나타났다. 지역별로는 광역시에 속해 있는 사모들이 높게 나타났으며 그 차이는 유의미한 것이었다(F=5.49, p<.001).

<표 25> 문제28 큰 교회 사모에 대한 반응

구 분		N	Mean	SD	t(f)	p
직 분	사 모	159	3.32	0.94	—	—
지 역	서울, 경기	98	3.32	0.95	5.49***	0.000
	광역시	45	3.40	0.92		
	군 소재지	11	3.33	0.97		
	면 소재지	5	3.24	0.94		
전 체		159	3.32	0.94	—	—

*** p<.001

24) 사모가 되기 전의 사모에 대한 사명감

사모가 되기 전의 사모로서 사명감이 있었는가에 대한 질문의 결과는 <표 26>에 나타난 바와 같다. 사모가 되기 전의 사명감에 대한 전체적 평균은 2.86으로 사모가 되기 전에는 사모로서의 사명감이 없었던 것으로 집계됐다. 지역별 차이에서는 군 소재지의 사모들이 약간 높게 나왔으나 통계적으로는 유의미한 정도의 것이었으며 대체적으로 사모가 되기 전에는 사모로서의 사명감이 없었던 것으로 나타났다.

〈표 26〉 문제29. 사모가 되기 전의 사모에 대한 사명감

구 분		N	Mean	SD	t(f)	p
직 분	사 모	159	2.86	0.94	−	−
지 역	서울, 경기	98	2.86	1.01	0.78	0.894
	광역시	45	2.87	0.90		
	군 소재지	11	2.89	0.86		
	면 소재지	5	2.82	1.01		
전 체		159	2.86	0.94	−	−

25) 사모가 되기 전의 신학교육의 이수 정도

사모가 되기 전에 신학교육을 받았는가에 대한 질문의 결과는 〈표 27〉에 나타난 바와 같다. 전체적 평균이 2.84로 대체적으로 사모가 되기 전에 신학교육을 받지 못한 것으로 나타났다. 지역별 차이에서도 각 지역이 별다른 차이 없이 전반적으로 사모가 되기 전에 신학교육을 받지 못하고 사모가 된 것으로 집계됐으며 통계적으로도 큰 차이가 없었다. 전체적인 평균이 2.78로 대체적으로 기도가 부족한 것으로 조사됐다.

〈표 27〉 문제30. 사모가 되기 전의 신학교육의 이수 정도

구 분		N	Mean	SD	t(f)	p
직 분	사 모	159	2.84	0.89	−	−
지 역	서울, 경기	98	2.84	1.01	0.25	0.778
	광역시	45	2.83	0.88		
	군 소재지	11	2.85	0.92		
	면 소재지	5	2.86	0.78		
전 체		159	2.84	0.90	−	−

26) 자신과 남편과 교회를 위한 기도의 정도

〈표 28〉 문제31. 자신과 남편과 교회를 위한 기도의 정도

구 분		N	Mean	SD	t(f)	p
직 분	사 모	159	2.64	0.99	—	—
지 역	서울, 경기	98	2.58	1.02	6.61**	0.002
	광역시	45	2.61	0.85		
	군 소재지	11	3.05	0.93		
	면 소재지	5	3.02	0.82		
전 체		159	2.78	0.92	—	—

** $p < .01$

사모가 자신과, 남편과, 교회를 위한 기도의 시간이 충분한가에 대한 설문에서 사모들의 대답의 결과는 〈표 28〉에 나타난 바와 같다. 전체 평균이 2.78로 대체적으로 자신과 남편과 교회를 위한 기도가 부족한 것으로 나타났다. 지역적으로는 서울, 경기지역의 사모들이 타 지역에 비하여 기도 시간이 많이 부족한 것으로 나타났으며 중소 도시의 사모들은 비교적 대도시의 사모들보다는 기도를 많이 하는 것으로 니다났으며 통계적으로도 유의미한 것이었다(F=6.61, $p < .01$).

27) 사모의 아내로서 남편에 대한 순종의 정도

사모가 남편에게 얼마나 순종적인가에 대한 사모 자신들의 평가에 대한 결과는 〈표 29〉에 나타난 바와 같다. 전체적인 평균이 3.37로 대체적으로 사모 스스로는 남편에 대해서 순종적이라고 대답했다. 지역별로는 군 소재지의 사모들이 남편에게 순종적이라는 대답이 높았으며 통계적으로도 유의미한 차이를 보였다(F=22.05, $p < .001$).

〈표 29〉문제32. 아내로서 남편에 대한 순종의 정도

구 분		N	Mean	SD	t(f)	p
직 분	사 모	159	3.37	0.92	—	—
지 역	서울, 경기	98	3.14	0.91	22.05***	0.000
	광역시	45	3.45	0.93		
	군 소재지	11	3.57	1.02		
	면 소재지	5	3.33	1.01		
전 체		159	3.37	0.92	—	—

*** p<.001

28) 타 교회목사와 자신의 남편에 대한 시각

〈표 30〉문제33. 타 교회 목사와 자신의 남편과의 비교

구 분		N	Mean	SD	t(f)	p
직 분	사 모	159	3.15	0.91	—	—
지 역	서울, 경기	98	3.21	0.92	15.03***	0.000
	광역시	45	3.24	0.95		
	군 소재지	11	3.02	0.87		
	면 소재지	5	3.13	0.92		
전 체		159	3.15	0.91	—	—

*** p<.001

자신의 남편을 큰 교회 목사와 비교할 때 작게 느껴지는가에 대한 인식의 결과는 〈표 30〉에 나타난 바와 같다. 전체적 평균이 3.15로 자신의 남편과 큰 교회 목사를 비교할 때 대체적으로 자신의 남편이 작게 느껴진다는 생각이 많았다. 지역적으로는 광역시가 타 지역에 비해 높게 나타났으며 통계적으로도 유의미한 차이를 보이고 있다(F=15.03, p<.001).

29) 남편과의 성생활의 만족도

부부간의 성생활의 만족도를 묻는 질문에서의 결과는 <표 31>에 나타난 바와 같다. 전체적 평균은 3.06으로 남편과의 성생활에 대한 만족도는 보통 정도로 나타났다. 지역별로는 서울, 경기지역의 사모들의 성생활의 만족도가 타 지역에 비하여 비교적 낮았으며 통계적으로도 유의미한 것이었다(F= 29.03, p<.001).

<표 31> 문제34. 남편과의 성생활의 만족도

구 분		N	Mean	SD	t(f)	p
직 분	사 모	159	3.06	0.90	—	—
지 역	서울, 경기	98	2.99	0.78	29.03***	0.000
	광역시	45	3.05	0.95		
	군 소재지	11	3.10	1.02		
	면 소재지	5	3.13	1.01		
전 체		159	3.07	0.90	—	—

*** p<.001

30) 가성의 물화의 원인과 성생활과의 관계

부부간의 성생활이 가정불화의 원인이 될 수 있겠는가에 대한 사모들의 인식의 결과는 <표 32>에 나타난 바와 같이 그럴 수 있다는 결과가 나왔다(전체평균 3.35). 대체적으로 부부의 성생활이 가정불화의 원인이 될 수 있는 것으로 인식하고 있었는데 지역적 분포에서는 서울, 경기지역의 사모들이 다른 지역보다 그렇다는 인식을 많이 하고 있는 것으로 나타났으며 통계적으로도 유의미한 것이었다(F=35.48, p<.001).

〈표 32〉 문제35. 가정불화의 원인과 성생활과의 관계

구 분		N	Mean	SD	t(f)	p
직 분	사 모	159	3.35	0.97	—	—
지 역	서울, 경기	98	3.47	1.04	35.48***	0.000
	광역시	45	3.43	1.06		
	군 소재지	11	3.29	0.89		
	면 소재지	5	3.22	0.91		
전 체		159	3.35	0.97	—	—

*** p<.001

31) 남편의 이성문제로 인한 고민

〈표 33〉 문제36 남편의 이성문제로 인한 고민

구 분		N	Mean	SD	t(f)	p
직 분	사 모	159	3.04	0.99	—	—
지 역	서울, 경기	98	3.42	1.03	47.03***	0.000
	광역시	45	3.26	1.01		
	군 소재지	11	2.97	0.95		
	면 소재지	5	2.51	0.98		
전 체		159	3.04	0.99	—	—

*** p<.001

남편의 이성문제로 인한 고민에 대한 결과는 〈표 33〉에 나타난 바와 같다. 전체적인 평균이 3.04로 대체적으로 사모들이 남편의 이성적인 문제로 인하여 고민한 적이 있는 것으로 나타나고 있다. 지역별로는 서울, 경기지역의 사모들이 타 지역에 비하여 높은 수치를 보이고 있으며 광역시를 포함한 대도시 지역의 목회자들이 지방보다는 이성

적인 문제가 있는 것으로 나타났으며 통계적으로도 유의미한 차이를 나타내고 있다(F=47.03, p<.001).

32) 남편이 가정적인지에 대한 사모들의 반응

남편인 목사가 가정적인지에 대한 물음의 결과는 <표 34>에 나타난 바와 같다. 전체적인 평균이 2.97로 목회자들이 가정적이지 못하다는 데 사모들의 불만이 있는 것으로 나타났다. 특히 지역별 분포에서는 농촌 지역의 목회자들은 대체적으로 가정적이라는 대답이 많은 반면에 도시 지역의 목회자들이 가정적이지 못하다는 대답이 많았으며 통계적으로도 그 차이도 유의미한 것이었다(F=98.37, p<.001).

<표 34> 문제37 남편이 가정적인지에 대한 사모들의 반응

구 분		N	Mean	SD	t(f)	p
직 분	사 모	159	2.97	0.93	−	−
지 역	서울, 경기	98	2.36	0.89	98.37***	0.000
	광역시	45	2.48	1.03		
	군 소재지	11	3.45	0.87		
	면 소재지	5	3.62	0.95		
전 체		159	2.97	0.93	−	−

*** p<.001

33) 자녀 양육의 만족도

〈표 35〉문제38. 자녀 양육의 만족도

구 분		N	Mean	SD	t(f)	p
직 분	사 모	159	2.76	0.96	—	—
지 역	서울, 경기	98	3.01	0.92		
	광역시	45	2.96	0.86		
	군 소재지	11	2.67	1.05	73.06***	0.000
	면 소재지	5	2.41	1.02		
전 체		159	2.76	0.96	— —	— —

*** P<.001

목회자 자녀들의 양육의 만족도를 묻는 질문의 결과는 사모응답의 전체 평균이 2.76으로 전반적으로 목회자 자녀 양육에 만족하지 못하는 것으로 나타났다. 지역별 분포에서는 농촌 지역의 사모들 자녀양육에 매우 불만족스러운 것으로 나타났으며 통계적으로도 유의미한 차이를 보였다(F=73.06, p<.001).

34) 경제생활의 만족도

목회자의 경제생활에 대하여 어떠한지를 살펴본 결과는 〈표 36〉에 나타난 바와 같다. 사모들이 생각하는 경제생활에 대한 평균지수가 2.81로 경제생활이 충분치 못하다는 결과가 나왔다. 지역별 비교에서는 면 단위에 속해 있는 교회들에서 경제적인 어려움이 가장 많은 것으로 나타나고 있으며 통계적으로도 그 차이는 유의미한 것이었다(F=23.49, p<.001).

〈표 36〉 문제39. 경제생활의 만족도

구　분		N	Mean	SD	t(f)	p
직　분	사　모	159	2.81	0.96	—	—
지　역	서울, 경기	98	3.08	1.02	23.49***	0.000
	광역시	45	2.89	0.87		
	군　소재지	11	2.81	0.91		
	면　소재지	5	2.46	0.93		
전　체		159	2.81	0.94	—	—

*** p<.001

35) 남편과 이혼을 생각해 본 적이 있는가에 대한 인식

남편과의 이혼을 생각해 본 적이 있는가에 대한 질문의 평균은 3.06 으로 대부분의 사모들이 남편과의 이혼을 생각해 본적이 있는 것으로 나타났다. 지역적으로는 대도시의 목회자 사모들이 지방의 목회자 사모들보다 남편과의 이혼을 생각해 본 적이 있는 것으로 나타나서 지방의 목회자 사모들과는 대조를 이루고 있었다. 통계적으로도 그 차이는 유의미한 것이었다(F=36.53, p<.001).

〈표 37〉 문제40. 남편과의 이혼에 대한 사모의 인식

구　분		N	Mean	SD	t(f)	p
직　분	사　모	159	3.06	0.82	—	—
지　역	서울, 경기	98	3.24	0.87	36.53***	0.000
	광역시	45	3.20	0.91		
	군　소재지	11	2.89	0.73		
	면　소재지	5	2.93	0.80		
전　체		159	3.06	0.82	—	—

*** p<.001

36) 다시 결혼한다면 현재의 남편과 하겠는가에 대한 인식

〈표 38〉 문제41. 다시 결혼한다면 현재의 남편과 하겠는가?

구 분		N	Mean	SD	t(f)	p
직 분	사 모	159	3.02	0.96	—	—
지 역	서울, 경기	98	3.01	1.05	12.58***	0.000
	광역시	45	2.94	1.02		
	군 소재지	11	3.03	0.93		
	면 소재지	5	3.12	0.87		
전 체		159	3.02	0.97	—	—

*** p<.001

다시 결혼한다면 현재의 남편과 다시 하겠는가를 묻는 질문의 결과는 〈표 38〉에 나타난 바와 같다. 전체평균이 3.02로 보통이다(모르겠다)는 대답이 나왔다. 지역적 분포에서는 광역시 지역의 사모들이 타지역의 사모들에 비하여 그렇지 않다는 대답이 많았으며 통계적으로도 그 차이는 유의미한 것이었다($F=12.58$, $p<.001$).

37) 남편이 자신을 사랑하는가에 대한 인식

남편이 자신을 사랑하고 있다고 생각하는가에 대하여 전체 평균이 3.08로 보통 정도로 생각하고 있는 것으로 나타나고 있다. 특히 대도시지역의 목회자 사모들이 남편이 자신을 사랑하지 않는다고 생각하는 것으로 집계되고 있다. 지역별로는 광역시에 속해 있는 사모들이 2.87로, 그 정도가 조금 더 심했으며 통계적으로도 유의미한 차이를 보이고 있으며($F=23.81$, $p<.001$), 소도시의 사모들이 비교적 남편이 자신을 사랑하고 있다고 생각하는 것으로 나타났다.

〈표 39〉 문제42. 남편이 자신을 사랑하고 있는가?

구 분		N	Mean	SD	t(f)	p
직 분	사 모	159	3.08	0.88	—	—
지 역	서울, 경기	98	3.02	0.78	23.81***	0.000
	광역시	45	2.87	0.85		
	군 소재지	11	3.23	1.00		
	면 소재지	5	3.20	0.92		
전 체		159	3.08	0.89	—	—

*** p<.001

38) 교인들과의 관계성에 대한 인식

교인들로 인하여 여러 번 속상한 적이 있는가에 대한 결과는 〈표 40〉에 나타난 바와 같다. 전체적인 평균이 3.25로 사모들이 교인들로 인하여 여러 번 속상한 적이 있는 것으로 나타났다. 지역별로는 광역시 지역의 사모들이 타 지역에 비하여 더 많이 속상한 것으로 나타났으며 통계적으로도 유의한 차이를 보이고 있다($F=15.32$, $p<.001$).

〈표 40〉 문제43. 교인들로 인하여 속상한 적이 있는가?

구 분		N	Mean	SD	t(f)	p
직 분	사 모	159	3.25	0.93	—	—
지 역	서울, 경기	98	3.12	0.88	15.32***	0.000
	광역시	45	3.47	0.95		
	군 소재지	11	3.23	1.00		
	면 소재지	5	3.20	0.92		
전 체		159	3.25	0.94	—	—

*** p<.001

39) 교인과의 문제 해소 방법

교인들과 문제가 생기면 다른 사모들과 이야기를 통해서 해소하는가에 대한 사모들의 응답의 결과는 <표 41>에 나타난 바와 같다. 전체적 평균이 3.17로 사모들이 교인들과의 문제가 생기면 다른 사모들과 이야기를 통해서 해소하는 경향이 많은 것으로 나타났다. 지역별로는 서울, 경기 지역의 사모들이 문제에 대하여 다른 사모들과 많이 이야기하는 것으로 나타났으며 지방에 있는 사모들은 도시지역의 사모들보다 많이 이야기하지 않는 것으로 나타났으며 통계적으로도 유의미하다(F=15.58, p<.001).

<표 41> 문제44 교인과 갈등으로 인한 문제 해소 방법

구 분		N	Mean	SD	t(f)	p
직 분	사 모	159	3.17	1.00	—	—
지 역	서울, 경기	98	3.32	1.05	15.58***	0.000
	광역시	45	3.31	1.06		
	군 소재지	11	3.01	1.00		
	면 소재지	5	3.04	0.92		
전 체		159	3.17	1.01	—	—

*** p<.001

40) 교인들과의 사이에 대한 인식

<표 42> 문제45. 교인들과의 사이에 대한 인식

구 분		N	Mean	SD	t(f)	p
직 분	사 모	159	3.00	1.00	—	—
지 역	서울, 경기	98	3.01	1.12	8.78***	0.000
	광역시	45	2.87	0.95		
	군 소재지	11	3.06	1.01		
	면 소재지	5	3.08	0.92		
전 체		159	3.00	1.00	—	—

*** p<.001

교인들과의 사이는 좋은가를 묻는 질문에서 나타난 결과는 <표 42>과 같다. 전체적 평균이 3.00으로 사모가 생각하는 교인들과의 관계는 그다지 좋은 것으로 나타나지 않고 있다. 지역별로는 광역시 지역의 사모들이 교인들과의 관계가 다른 지역보다 더 나쁜 것으로 나타났으며 면 소재지 지역의 사모들이 보통 정도로 나타났으나 대체적으로 교인들과 관계가 원만하지는 않는 것으로 집계됐다.

41) 사모의 남편에 대한 불만점

사모들이 남편에 대한 불만점이 무엇인가에 대한 질문의 결과는 <표 43>에 나타난 바와 같다. 남편인 목사에게 가장 많은 불만은 지나치게 권위적이라는 것으로 평균 39.7%를 기록하고 있다. 지역별로는 군 소재지의 사모가 42.1%로 가장 높았으며 지방에 있는 목회자 사모들이 남편이 권위적이라는 것에 대하여 대도시 지역의 사모들보다 더 불만이 많은 것으로 나타나고 있으며 통계적으로도 유의미한 차이를 보였다($x^2=46.39$, p<.001). 다음으로 무능력하다는 대답이 27.0%로 나왔고 가정적이지 못하다는 대답이 26.0%를 기록하고 있다. 반면에 불만이 없다라는 대답은 7.3%에 불과하여 대부분의 사모들이 남편에 대하여 불만이 있는 것으로 나타났다.

<표 43> 문제46. 사모의 남편에 대한 불만점

구 분		권위적이다.	무능력하다	가정적이지 못하다	없다	계	x^2(df)	p
직 분	사 모	63	43	41	12	159명	—	—
		39.7	27.0	26.0	7.3	100%		
지 역	서울, 경기	37	31	30	5	103명	46.39*** (12)	0.000
		35.7	30.0	29.0	4.7	65%		
	광역시	9	6	8	1	24명		
		37.5	25.0	33.3	4.1	15%		
	군 소재지	8	6	3	2	19명		
		42.1	31.5	15.8	10.5	12%		
	면 소재지	5	3	3	1	12명		
		41.6	24.9	24.9	8.3	8%		
전 체		63	43	41	12	159명	—	—
		39.7	27.0	26.0	7.3	100.0		

*** p<.001

42) 사모가 된 이후의 교육의 정도

사모가 된 이후에 어떤 교육을 받았는가에 대한 질문의 결과는 <표 44>에 나타난 바와 같다. 전체응답자 중 교육을 받고 싶은 마음은 있으나 기회가 없어서 받지 못했다는 대답이 59.7%로 가장 많았고 다음은 세미나를 참석했다는 응답이 25.1%였다. 신학교육을 받았다는 응답이 10.0%였으며 교육의 필요성을 느끼지 못한다는 답변도 전체 5.0%나 되

었다. 지역적으로는 지방에 있는 사모들이 교육적으로 받고 싶은 마음
이 있으나 받을 기회가 없어서 받지 못한다는 대답이 66% 이상 되었다.

〈표 44〉 문제47. 사모가 된 이후의 교육정도

구 분		정규 신학교육	세미나 참석	기회가 없어서	필요성 못 느낌	계	x^2(df)	p
직 분	사 모	16	40	95	8	159명	—	—
		10.0	25.1	59.7	5.0	100%		
지 역	서울, 경기	3	36	47	4	103명	58.47*** (12)	0.000
		15.5	34.9	45.6	3.8	65%		
	광역시	3	6	13	2	24명		
		12.4	24.9	54.1	8.3	15%		
	군 소재지	1	4	13	1	19명		
		5.2	21.0	68.4	5.2	12%		
	면 소재지	1	2	8	1	12명		
		8.3	16.6	66.6	8.3	8%		
전 체		16	40	95	5	159명	—	—
		10.0	25.1	59.7	5.0	100.0		

*** p<.001

43) 사모가 교회일에 참여하는 이유의 실제

사모가 교회일에 참여하는 이유가 무엇인가에 대하여 사모들의 응
답을 받은 결과는 〈표 45〉에 나타난 바와 같다. 응답자 143명 중 사명
감을 가지고 자원해서 일한다고 하는 수가 51.7%로 가장 많았으며
22%는 남편이 원해서 한다고 대답했고 13.2%는 교인들이 원해서 한
다고 대답하였다. 지역적으로는 서울, 경기지역의 사모들이 스스로 자
원해서 일한다고 하는 대답이 가장 많았으며, 통계적으로도 유의미한
차이를 보였다(F=12.21, p<.001).

〈표 45〉문제48. 사모가 교회일에 참여하는 이유

구 분		사명감이 있어서	남편이 원해서	교인들이 원해서	남들도 하니까	계	x^2(df)	p
직 분	사 모	79	30	21	16	143명	—	—
		54.7	22.0	13.2	10.0	100%		
지 역	서울, 경기	55	21	11	6	93명		
		59.2	19.4	10.6	10.6	65%		
	광역시	10	6	3	3	21명	12.21***	0.000
		49.9	24.9	12.5	12.5	15%	(12)	
	군 소재지	7	4	3	2	16명		
		47.4	21.0	21.0	10.5	12%		
	면 소재지	6	4	1	1	12명		
		49.9	33.3	8.3	8.3	8%		
전 체		79	30	21	16	159명	—	—
		54.7	22.0	13.2	10.0	100.0		

*** p<.001

44) 교회일의 참여정도의 실제

사모가 교회일에 어느 정도 참여하는가에 대하여 사모들에게 물은 질문에서의 결과는 〈표 46〉에 나타난 바와 같다. 사모들이 스스로가 어느 정도 참여하고 있는지에 대하여 40.2%가 적극적으로 참여하고 있다고 했으며 32.7%가 보통으로 참여한다고 하였고 16.9%는 소극적으로 참여한다고 하였다. 반면에 교회일에 참여하지 않는다는 대답은 10.0%였다. 지역적으로는 서울과 경기 그리고 광역시에 거주하는 사모들이 적극적으로 참여한다는 응답이 많은 반면 군 소재지와 면 소재지에 거주하는 사모들은 보통 정도로 참여한다는 응답이 많아서 지역적인 차이를 보이고 있었으며 통계적으로도 유의미한 정도였다(F=17.89, p<.001).

〈표 46〉문제49. 참여 정도의 실제

구 분		적극 참여	보통 참여	소극 참여	참여 안함	계	x^2(df)	p
직 분	사 모	64	52	27	16	159명	—	—
		40.2	32.7	16.9	10.0	100%		
지 역	서울, 경기	51	26	15	11	103명	17.89*** (12)	0.000
		49.5	25.2	14.5	10.6	65%		
	광역시	10	8	4	2	24명		
		41.6	33.3	16.6	8.3	15%		
	군 소재지	6	7	4	2	19명		
		31.5	36.8	21.0	10.5	12%		
	면 소재지	4	4	2	2	12명		
		33.3	33.3	16.6	16.6	8%		
전 체		64	52	27	16	159명	—	—
		40.2	32.7	16.9	10.0	100.0		

*** P<.001

45) 남편과의 대화시간

〈표 47〉문제50. 남편과의 대화시간

구 분		2시가 미만	4시간 미만	8시간 미만	8시간 이상	계	x^2(df)	p
직 분	사 모	24	55	40	40	159명		—
		15.1	34.5	25.2	25.1	100%		
지 역	서울, 경기	21	41	31	10	103명	76.46*** (12)	0.000
		20.3	39.8	30.0	9.7	65%		
	광역시	2	12	8	2	24명		
		8.3	43.6	39.5	8.3	15%		
	군 소재지	2	6	4	7	19명		
		10.5	31.5	21.0	36.8	12%		
	면 소재지	1	4	2	5	12명		
		8.3	33.3	16.0	41.6	8%		
전 체		24	55	40	40	159명	—	—
		15.1	34.5	25.2	25.1	102		

*** P<.001

목회자 부부의 대화시간이 얼마나 되는가에 관한 문항이다. 그 결과
는 <표 47>에 나타난 바와 같다. 목회자 부부의 대화 시간은 주 4시간
미만의 대화를 갖는다는 응답이 전체 34.5%로 가장 많았고, 8시간 미
만이 25.2%, 8시간 이상이 25.1%였으며 2시간 미만이 15.1%였다. 지
역별 구분에서는 면 소재지에 거주하는 사모의 41.6%가 8시간 이상
대화를 한다고 답했고 군 소재지에 거주하는 사모들의 36.8%가 8시간
이상 남편과 대화하는 것으로 나타나서 대도시 지역의 목회자 부부보
다 더 많은 시간을 대화하는 것으로 나타났다.

(5) 목사가 보는 사모에 대한 영역

46) 교회일에 대한 사모와 의논 여부

교회일을 결정하고 처리하기 전에 교회일을 사모와 의논하는가에
대하여 목사에게 질문한 내용의 결과는 <표 48>에 나타난 바와 같다.
전체적인 평균은 3.26으로 대체적으로 교회일에 관하여 사모와 의논하
는 것으로 나타나고 있다. 지역별 분포에서는 서울, 경기 지역의 목회
자들이 지방에서 목회하는 목회자들보다는 더 많이 교회일을 의논하
는 것으로 나타났으며, 통계적으로도 유의미한 차이를 보였다(F=
47.89, p<.001).

〈표 48〉 문제51. 교회일에 대한 사모와의 의논 여부

구 분		N	Mean	SD	t(f)	p
직 분	목 사	137	3.26	1.01	—	—
지 역	서울, 경기	69	3.68	1.02	47.89***	0.000
	광역시	41	3.54	1.08		
	군 소재지	17	2.95	0.98		
	면 소재지	10	2.87	0.96		
전 체		137	3.26	1.01	—	—

*** p<.001

47) 아내와의 성생활의 만족 여부

부부간의 성생활의 만족도를 묻는 질문에서 그 결과는 〈표 49〉에 나타난 바와 같다. 부부간의 성생활의 만족도는 평균 2.94로 대체적으로 만족하지 못하고 있는 것으로 나타났다. 지역적으로는 도시 지역의 목회자들이 농촌 지역의 목회자들보다 부부간의 성생활에 만족하지 못하는 것으로 나타났다.

〈표 49〉 문제52. 아내와의 성생활의 만족도

구 분		N	Mean	SD	t(f)	p
직 분	목 사	137	2.94	0.86	—	—
지 역	서울, 경기	69	2.79	0.86	32.87***	0.000
	광역시	41	2.90	0.91		
	군 소재지	17	3.02	0.78		
	면 소재지	10	3.08	0.90		
전 체		137	2.95	0.86	—	—

*** p<.001

48) 성생활이 부부관계에 미치는 영향

〈표 50〉 문제53. 성생활이 부부관계에 미치는 영향

구 분		N	Mean	SD	t(f)	p
직 분	목 사	137	3.26	0.85	—	—
지 역	서울, 경기	69	3.27	0.86	1.56	0.918
	광역시	41	3.28	0.78		
	군 소재지	17	3.24	0.97		
	면 소재지	10	3.25	0.79		
전 체		137	3.26	0.85	—	—

성생활이 부부관계에 영향을 미치는가에 대한 질문의 결과는 〈표 50〉에 나타난 바와 같다. 전체 평균은 3.26으로 대부분의 목회자들은 부부간의 성생활이 부부관계에 영향을 미친다고 생각하고 있는 것으로 나타났다. 지역별 분포에서는 농촌 지역의 목회자보다는 대도시의 목회자들이 부부간의 성생활이 부부관계에 영향을 미친다고 대답했으나 통계적으로는 유의미한 차이는 아니었다.

49) 성생활이 목회에 미치는 영향

부부간의 성생활이 목회에 영향을 미치는가에 대한 질문에서 목회자들의 대답의 결과는 〈표 51〉에 나타난 바와 같다. 전체적인 평균이 3.27로 목회자들의 대부분은 부부간의 성생활이 목회에 영향을 미치는 것으로 생각하고 있었다. 지역적 구별에서는 도시 지역의 목회자들이 농촌지역의 목회자들보다 부부간의 성생활이 목회에 영향을 준다는 것에 더 많이 공감하는 것으로 나타났으며 통계적으로도 그 차이는 유의미한 것이었다($F=15.36$, $p<.001$).

〈표 51〉 문제54. 성생활이 목회에 미치는 영향

구 분		N	Mean	SD	t(f)	p
직 분	목 사	137	3.30	0.85	—	—
지 역	서울, 경기	69	3.43	0.98		
	광역시	41	3.38	0.85	15.36***	0.000
	군 소재지	17	3.21	0.76		
	면 소재지	10	3.19	0.83		
전 체		137	3.27	0.85	—	—

*** p<.001

50) 아내의 내조에 목사가 느끼는 만족도

〈표 52〉 문제55. 아내의 내조의 만족도

구 분		N	Mean	SD	t(f)	p
직 분	목 사	137	2.86	0.96	—	—
지 역	서울, 경기	69	2.61	1.06		
	광역시	41	2.78	1.02	54.21***	0.000
	군 소재지	17	3.04	0.84		
	면 소재지	10	3.01	0.92		
전 체		137	2.86	0.96	—	—

*** P<.001

아내의 내조에 남편인 목회자는 만족하는가에 대한 조사의 결과는 〈표 52〉에 나타난 바와 같다. 전체적인 평균이 2.86으로 사모의 내조에 만족하지 못하는 것으로 나타났다. 지역별로는 도시 지역의 목회자들이 아내의 내조에 만족하지 못하는 것으로 나타났으며 통계적으로도 유의미한 것이었다(F=54.21, p<.001).

51) 아내로 인한 목회의 어려움

아내로 인해서 목회를 그만두고 싶다고 생각해 본 적이 있는가에 대한 결과는 <표 53>에 나타난 바와 같다. 전체적 평균이 3.34로 대체적으로 목사들이 사모로 인해서 목회를 그만두었으면 좋겠다고 생각한 적이 있는 것으로 나타났다. 지역적으로는 도시 지역의 목회자들이 농촌 지역의 목회자들보다 사모로 인해서 목회를 그만두었으면 좋겠다는 생각을 더 하는 것으로 나타났다.

〈표 53〉 문제56. 아내로 인한 목회의 어려움

구 분		N	Mean	SD	t(f)	p
직 분	목 사	137	3.33	0.90	—	—
지 역	서울, 경기	69	3.46	0.87	28.01***	0.000
	광역시	41	3.43	0.89		
	군 소재지	17	3.22	0.92		
	면 소재지	10	3.26	0.94		
전 체		137	3.34	0.90	—	—

*** p<.001

52) 아내와 이혼을 생각해 본 적이 있는가에 대한 여부

〈표 54〉 문제57. 아내와의 이혼을 생각해 본 적이 있는가?

구 분		N	Mean	SD	t(f)	p
직 분	목 사	137	3.11	0.88	—	—
지 역	서울, 경기	69	3.28	0.96	12.58***	0.000
	광역시	41	3.06	0.93		
	군 소재지	17	3.03	0.87		
	면 소재지	10	3.07	0.79		
전 체		137	3.11	0.89	—	—

*** p<.001

목회자들에게 아내와의 이혼을 생각해 본 적이 있는가를 묻는 질문의 결과는 <표 54>에 나타난 바와 같다. 전체평균이 3.11로 많은 목회자들이 아내와의 이혼을 생각해본 적이 있는 것으로 나타났다. 지역별로는 대도시 지역의 목회자들이 농촌 지역의 목회자들보다 사모와의 이혼을 생각해 본 적이 많은 것으로 집계됐으며 그 차이는 유의미한 것이었다(F=12.58, p<.001).

53) 설교 후 사모의 조언을 구하는가의 여부

설교 후 아내의 조언을 구하는가에 대한 질문의 결과는 전체적인 평균이 3.11로 설교 후에 사모에게 설교에 대한 조언을 구하는 것으로 나타났다. 지역별로는 도시 지역의 목회자들이 설교 후에 사모에게 조언을 구하지 않는 반면에 농촌 지역의 목회자들은 설교 후에 사모의 조언을 구하는 것으로 집계됐으며 통계적으로도 그 차이는 유의미한 것이었다(F=28.94, p<.001).

〈표 55〉문제58. 설교 후 사모의 조언을 구하는가의 여부

구 분		N	Mean	SD	t(f)	p
직 분	목 사	137	3.11	0.96	—	—
지 역	서울, 경기	69	2.98	1.05	28.94***	0.000
	광역시	41	3.05	1.02		
	군 소재지	17	3.16	0.85		
	면 소재지	10	3.25	0.92		
전 체		137	3.11	0.96	—	—

*** p<.001

54) 사모가 목사를 존경하는가에 대한 인식

사모가 목사를 존경한다고 생각하는가에 대한 결과는 <표 56>에 나타난 바와 같다. 전체적인 평균이 2.89로 아내인 사모가 남편인 목사를 존경하지 않는다고 생각하는 것으로 나타났다. 지역별로는 군 소재지 지역의 목사들이 다른 지역에 비해서 사모가 목사 자신을 존경하고 있다고 생각하는 것으로 나타났으며 통계적으로도 유의미한 차이를 보이고 있다(F=26.65, p<.001).

〈표 56〉 문제59. 사모가 목사를 존경하는가에 대한 인식

구 분		N	Mean	SD	t(f)	p
직 분	목 사	137	2.89	0.94	—	—
지 역	서울, 경기	69	2.79	1.02	26.65***	0.000
	광역시	41	2.82	0.97		
	군 소재지	17	3.12	0.86		
	면 소재지	10	2.87	0.92		
전 체		137	2.90	0.94	—	—

*** p<.001

55) 사모가 남편에게 순종적인가에 대한 인식

〈표 57〉 문제60. 사모가 남편에게 순종적인가?

구 분		N	Mean	SD	t(f)	p
직 분	목 사	137	2.89	0.99	—	—
지 역	서울, 경기	69	2.83	1.01	0.55	0.650
	광역시	41	2.89	1.04		
	군 소재지	17	2.92	0.98		
	면 소재지	10	2.94	0.95		
전 체		137	2.89	0.99	—	—

사모가 남편인 목사 자신에게 순종적인가에 대한 인식의 결과는 <표 57>에 나타난 바와 같다. 사모가 목회자에게 순종하는가에 대한 목사의 인식을 묻는 질문에 대한 전체적 평균은 2.89로 대체적으로 사모가 목사에게 순종하지 않는 대답의 결과가 나왔다. 지역적으로도 별다른 차이가 없이 일반적으로 사모는 남편인 목사에게 순종적이 아니라는 대답을 목사들은 하고 있다.

56) 다시 결혼한다면 지금의 아내와 하겠는가에 대한 견해

〈표 58〉 문제61. 다시 결혼한다면 지금의 아내와 하겠는가?

구 분		N	Mean	SD	t(f)	p
직 분	목 사	137	3.01	1.06	—	—
지 역	서울, 경기	69	2.98	1.03	12.87***	0.000
	광역시	41	2.93	1.13		
	군 소재지	17	3.05	1.07		
	면 소재지	10	3.10	1.02		
전 체		137	3.01	1.06	—	—

*** p<.001

다시 결혼할 수 있는 기회가 생긴다면 지금의 아내와 다시 결혼하겠는가를 묻는 질문에 대하여 전체적 평균이 3.01로 모르겠다는 결과가 나왔다. 지역적으로는 도시지역의 목회자들은 안 하겠다는 대답이 많은 반면에 농촌 지역의 목회자들은 그래도 현재의 아내와 다시 하겠다는 대답이 나와서 차이를 보이고 있으며 통계적으로도 그 차이는 유의미한 것이있다(F=12.87, p<.001).

57) 아내에게 가장 불만스러운 점

아내에게 가장 불만스러운 점이 무엇인가를 묻는 질문에 대한 결과는 <표 59>에 나타난 바와 같다. 전체적으로 목사에게 순종하지 않는 것이 가장 불만이라는 대답이 전체 35.0%를 차지하여 가장 많았고 다음으로는 지나치게 활동적이라서 불만이라는 응답이 24.8%였다. 지나치게 소극적이다, 가정적이지 못하다는 답이 각각 15%를 차지하고 있었다.

지역별 분포에서도 전체적으로 사모가 목사에게 순종치 않는 것을 가장 큰 불만으로 표시하고 있으며 군 소재지 지역의 목회자가 타 지역에 비하여 조금 높게 나왔다($x^2=71.51$, $p<.001$).

〈표 59〉 문제62. 아내에게 불만스러운 점

구 분		순종치 않는다	지나치게 활동적	지나치게 소극적	가정적 이지 못하다	없다	계	x^2(df)	p
직 분	목 사	48	34	21	21	13	137명	—	—
		35.0	24.8	15.3	15.3	9.4	100%		
지 역	서울, 경기	31	22	8	8	8	77	71.51 (12)***	0.000
		40.3	28.5	10.3	10.3	10.3	56.2		
	광역시	12	6	6	3	3	30		
		39.9	19.9	19.9	9.9	9.9	21.8		
	군 소재지	7	3	3	2	2	17		
		41.1	17.6	17.6	11.7	11.7	12.4		
	면 소재지	3	3	3	1	3	13		
		23.0	23.0	23.0	7.7	23.0	9.5		
전 체		48	34	21	21	13	137	—	—
		35.0	24.8	15	15	10	100.0		

*** $p<.001$

58) 사모가 교회일을 하는 이유

〈표 60〉문제63. 사모가 교회일을 하는 이유

구 분		유능 해서	일꾼이 없어서	사모가 원해서	교인이 원해서	목사가 원해서	계	x^2(df)	p
직 분	목 사	13	25	44	15	40	137명	—	—
		9.4	18.2	32.1	10.9	29.2	100%		
지 역	서울, 경기	9	18	25	8	17	77		
		11.7	23.4	32.4	10.3	22.1	56.2		
	광역시	6		12		12	30		
		19.9	—	39.9	—	39.9	21.8	33.74***	0.000
	군 소재지	2	3	5	2	5	17		
		11.7	17.6	29.4	11.7	29.4	12.4		
	면 소재지	1	2	4	1	5	13		
		7.7	15.4	30.7	7.7	38.4	9.5		
전 체		13	25	44	15	40	137	—	—
		9.4	18.2	32.1	10.9	29.2	100.0		

*** p<.001

교회에서 사모가 일을 하는 이유가 무엇인지에 대하여 목사에게 묻는 물음의 결과는 〈표 60〉에 나타난 바와 같다. 목사가 보는 관점에서 사모가 무엇 때문에 교회일을 하는가에 대하여 묻는 물음에 전체 32.1%가 사모가 일하기를 원해서 일하는 것으로 보고 있다. 다음으로는 목사가 원해서 일한다는 대답이 29.2%로 나왔고, 교회에 마땅히 일할 일꾼이 없어서 일한다는 대답이 18.2%가 있었다. 사모가 능력이 있어서 일을 한다는 견해는 9.4%였다.

59) 설교 준비를 위한 시간 투자의 정도

목회자의 설교 준비를 위한 시간을 알아보기 위하여 주일 낮 예배만을 위한 설교 준비 시간이 얼마나 되는가에 대한 결과는 〈표 61〉에 나타난 바와 같다. 2시간 정도를 투자한다는 대답이 31.5%로 가장 많았고 5시간 이상 투자한다는 대답은 전체 8.7%였다. 지역별로는 군 소재지의 목사들이 3시간 정도 투자하는 것으로 나타나서 가장 많았으며 대체적으로 주일 낮 예배를 위해서 2시간 정도 설교 준비에 시간을 투자하는 것으로 집계됐다.

〈표 61〉 문제64. 설교 준비를 위한 시간 투자의 정도

구 분		1시간 이하	2시간 이하	3시간 이하	4시간 이하	5시간 이상	계	x^2(df)	p
직 분	목 사	22	43	34	26	12	137명	—	—
		16.2	31.5	24.5	19.2	8.7	100%		
지 역	서울, 경기	12	26	18	15	6	77	12.86*** (23)	0.000
		16.0	33.7	23.8	19.4	7.8	56.2		
	광역시	6	10	7	5	2	30		
		19.9	23.3	3.3	16.6	6.6	21.8		
	군 소재지	3	4	5	3	2	17		
		17.6	23.5	29.4	17.6	11.7	12.4		
	면 소재지	2	4	3	3	1	13		
		15.3	30.7	23.1	23.1	7.7	9.5		
전 체		22	43	34	26	12	137	—	—
		16.2	31.5	24.5	19.2	8.7	100.0		

*** p<.001

60) 목회자 한 주간의 기도 시간의 정도

〈표 62〉문제65. 목회자 한 주간의 기도 시간의 정도

구 분		1시간 이하	2시간 이하	3시간 이하	4시간 이하	5시간 이상	계	x^2(df)	p
직 분	목 사	5	21	37	40	34	137명	—	—
		3.3	15.5	27.0	29.5	24.7	100%		
지 역	서울, 경기	5	16	25	17	14	77		
		6.4	20.7	32.4	22.1	18.2	56.2		
	광역시	3	5	8	9	5	30		
		9.9	16.6	26.6	29.9	16.6	21.8	74.94***	0.000
	군 소재지		2	4	5	6	17	(12)	
		—	11.7	23.5	29.4	35.2	12.4		
	면 소재지		1	3	5	4	13		
		—	7.6	23.1	38.4	30.7	9.5		
전 체		5	21	27	40	34	137	—	—
		3.3	15.5	27.0	29.5	24.7	100.0		

*** p<.001

목회자가 한 주에 몇 시간 정도 기도하는가에 대한 결과는 〈표 62〉에 나타난 바와 같다. 전체적으로 4시간 정도 기도한다는 대답이 가장 많았고 다음으로 3시간 정도 기도하는 것으로 나타나고 있다. 지역별로는 서울, 경기지역이 3시간 정도 기도하는 것으로 가장 많이 대답하였고 군 소재지 지역의 목회자들이 5시간 이상으로 가장 많이 기노하는 것으로 나타났다(x^2 74.94, p<.001).

61) 목회자 한 주간의 독서량의 정도

목회자가 한 주간에 책을 얼마나 읽는가에 대한 결과는 <표 63>에 나타난 바와 같다. 평균적으로 1권 이하의 책을 읽는다는 대답이 가장 많았고 다음은 한 주간에 2권의 책을 읽는다는 대답이 약 30% 정도 되었으며 한 주간에 4권 정도의 책을 읽는다는 대답이 2.5% 있었다. 지역별로도 대체적으로 1권 이하의 책을 읽는 것으로 나타났다.

<표 63> 문제66. 목회자 한 주간의 독서량의 정도

구 분		1권 이하	2권 이하	3권 이하	4권 이하	5권 이상	계	x^2(df)	p
직 분	목 사	79	41	14	3		137명	—	—
		57.5	29.7	10.0	2.5	0.0	100%		
지 역	서울, 경기	41	24	8	4		77	12.15*** (12)	0.000
		53.3	31.2	10.3	5.2	—	56.2		
	광역시	17	8	3	2		30		
		56.6	26.6	9.9	6.6	—	21.8		
	군 소재지	10	5	2			17		
		58.8	29.4	11.7	—	—	12.4		
	면 소재지	9	3	1			13		
		71.6	23.8	8.6	—	—	9.5		
전 체		79	41	14	3		137	—	—
		57.5	29.7	10.0	2.5	0.0	100.0		

*** p<.001

(6) 교인들이 바라보는 사모에 대한 영역

62) 사모에 대한 존경도

〈표 64〉 문제67. 사모에 대한 존경도

구 분		N	Mean	SD	t(f)	p
직 분	장 로	52	3.02	0.98	−1.16	0.246
	집 사	117	3.11	0.94		
지 역	서울, 경기	118	3.08	0.90	1.14	0.235
	광역시	51	3.05	1.00		
	군 소재지	−	−	−		
	면 소재지	−	−	−		
전 체		169	3.06	0.95	−	−

　교인들이 바라보는 사모에 대한 영역에서 교인들이 사모를 존경하는가에 대한 인식의 결과는 〈표 64〉에 나타난 바와 같다. 평신도들이 사모를 존경하는가에 대한 전체 평균은 3.06으로 보통 정도로 나타났다. 직분별 분포에서는 집사 그룹이 장로 그룹보다 조금 더 사모를 존경하는 것으로 나타났으나 통계적으로는 유의미한 정도는 아니었다. 지역별로는 서울 지역이 조금 더 높은 평가를 보이고 있으나 그 차이는 유의미한 것이 아니었다.

63) 목사와 그 가정에 대한 관심도

　목사와 그 가정에 대한 관심도를 묻는 질문의 결과는 〈표 65〉에 나타난 바와 같다. 전체 평균이 3.34로 목회자 가정에 대한 관심이 상당히 높은 것으로 나타났다. 직분별로는 집사 그룹이 장로보다는 조금 더 높은 것으로 나타났으나 통계적으로는 유의미한 차이는 아니었다.

<표 65> 문제68. 목사와 그 가정에 대한 관심도

구 분		N	Mean	SD	t(f)	p
직 분	장 로	52	3.44	1.12	1.23	0.221
	집 사	117	3.31	1.04		
지 역	서울, 경기	118	3.28	0.98	−1.00	0.317
	광역시	51	3.36	1.00		
	군 소재지	−	−	−		
	면 소재지	−	−	−		
전 체		169	3.34	1.03	−	−

64) 사모의 교회일에 참여하는 것에 대한 인식

<표 66> 문제69. 사모의 교회일에 참여하는 것에 대한 인식

구 분		N	Mean	SD	t(f)	p
직 분	장 로	52	2.89	0.77	1.84	0.067
	집 사	117	2.47	0.80		
지 역	서울, 경기	118	2.48	0.78	0.79	0.431
	광역시	51	2.53	0.81		
	군 소재지	−	−	−		
	면 소재지	−		−		
전 체		169	2.59	0.79	−	−

사모가 교회일에 참여하는 것에 대한 평신도의 인식을 알아본 결과
는 <표 66>에 기록된 바와 같다. 전체평균은 2.59로 사모의 교회일 참

여에 대하여 평신도입장에서는 반대하는 것으로 집계됐다. 직분별로는 장로가 집사보다 사모의 교회 참여에 대하여 부정적인 생각이 강하였으나 통계적으로는 유의미한 차이는 아니었다. 지역별로는 광역시 지역이 서울, 경기지역보다 사모의 교회 참여에 대하여 반대가 더 많았으나 지역별 차이는 보이지 않았다.

65) 사모의 교회 참여가 미치는 영향

사모의 교회 참여가 교회에 나쁜 영향을 끼친다고 생각하는가에 대한 평신도의 의식을 살펴본 결과는 <표 67>에 나타난 바와 같다. 전체적인 평균이 3.21로 사모가 교회일에 참여하는 것이 오히려 나쁜 영향을 끼친다고 생각하고 있었다. 직분별로는 장로가 집사보다 사모가 교회에 참여하는 것이 더 나쁜 영향을 많이 끼친다고 생각하고 있었으나 통계적으로는 유의미한 차이는 아니었다. 지역별로는 광역시 지역이 수도권지역보다 평균이 더 높게 나왔으나 통계적으로 그 차이는 유의미한 것은 아니었다.

<표 67> 문제70. 사모의 교회 참여가 미치는 영향

구 분		N	Mean	SD	t(f)	p
직 분	장 로	52	3.24	0.93	1.17	0.244
	집 사	117	3.12	0.96		
지 역	서울, 경기	118	3.20	0.94	−0.30	0.768
	광역시	51	3.23	0.97		
	군 소재지	—		—		
	면 소재지	—	—	—		
전 체		169	3.21	0.95	—	—

66) 사모가 성도들의 일에 참여하는 데 대한 반응

사모가 성도들의 하는 일에 참여하는 것에 대한 성도들의 인식의 결과는 <표 68>에 기록된 바와 같다. 전체적인 평균이 3.42로 사모가 성도들의 하는 일에 참여하지 않았으면 좋겠다는 인식을 가지고 있는 것으로 나타나고 있다. 직분별로는 장로가 집사보다 사모가 성도들의 일에 참여하지 않는 것이 좋겠다는 의견이 높았으며 통계적으로도 유의미한 차이를 보였다(t=3.16, p<.01). 지역별로는 수도권 지역이 광역시보다 교인들의 일에 대하여 사모가 참여하는 것을 좋지 않게 보는 것으로 나타났으나 통계적으로 유의미한 차이는 아니었다.

<표 68> 문제71. 사모가 성도들의 일에 참여에 대한 반응

구 분		N	Mean	SD	t(f)	p
직 분	장 로	52	3.72	0.98	3.16**	0.002
	집 사	117	3.43	0.94		
지 역	서울, 경기	118	3.32	0.90	1.14	0.253
	광역시	51	3.22	1.00		
	군 소재지	—	—	—		
	면 소재지	—	—	—		
전 체		169	3.42	0.95	—	—

** p<.01

67) 사모의 능력에 대한 성도들의 인식

〈표 69〉문제72. 사모의 능력에 대한 성도들의 인식

구 분		N	Mean	SD	t(f)	p
직 분	장 로	52	2.69	1.02	2.23*	0.026
	집 사	117	2.39	0.95		
지 역	서울, 경기	118	2.35	0.90	−3.05**	0.002
	광역시	51	2.57	1.02		
	군 소재지	—	—	—		
	면 소재지	—	—	—		
전 체		169	2.50	0.97	—	—

* p<.05, p<.01

사모가 교회일을 할 만한 자질과 능력이 있느냐에 대한 성도들의
인식의 결과는 <표 69>에 나타난 바와 같다. 전체적인 평균이 2.50으
로 성도들은 사모가 교회일에 참여하여 일할 만한 능력이 없는 것으
로 보고 있다. 직분별로는 장로가 집사보다 사모의 일할 능력이 없는
것으로 보고 있었으며 통계적으로도 그 차이는 유의미한 것이었다
(t=2.23, p<.05). 지역직으로는 광역시가 서울, 경기보다는 사모의 능
력에 대하여 부정적인 견해가 높았으며 동계적으로도 유의미한 차이
를 보이고 있다(t=−3.05, p<.01).

68) 사모가 가정적인지에 대한 성도들의 인식

사모가 가정적인지를 묻는 질문에 대한 결과는 <표 70>에 나온 바
와 같다. 전체적인 평균이 3.16으로 평신도들은 사모가 가정적이라고
생각하고 있는 것으로 나타났다. 직분별로는 장로와 집사가 커다란 인

식의 차이를 보이지 않았다. 지역별로도 커다란 차이를 나타내고 있지 않다.

<표 70> 문제73. 사모가 가정적인 지에 대한 인식

구 분		N	Mean	SD	t(f)	p
직 분	장 로	52	3.17	1.02	0.04	0.971
	집 사	117	3.16	0.95		
지 역	서울, 경기	118	3.18	0.95	0.46	0.643
	광역시	51	3.14	0.98		
	군 소재지	—	—	—		
	면 소재지	—	—	—		
전 체		169	3.16	0.97	—	—

69) 현 목사 사례비에 대한 성도의 인식

현 목사의 재정에 대한 성도들의 인식은 전체적 평균이 2.78로 목사의 재정이 넉넉하지 않다는 인식을 가지고 있는 것으로 나타났다. 직분별로는 집사가 장로에 비하여 목회자 사례비가 적다는 인식을 가지고 있었으며 통계적으로 그 차이는 유의미하지는 않았다. 지역적으로는 서울, 경기지역의 성도들이 광역시보다 목사가 경제적으로 넉넉하지 않다는 인식을 가지고 있었으나 그 차이는 그다지 크지 않았다.

〈표 71〉문제74. 현 목사 사례비에 대한 성도의 인식

구 분		N	Mean	SD	t(f)	p
직 분	장 로	52	2.70	0.92	−1.24	0.217
	집 사	117	2.83	0.96		
지 역	서울, 경기	118	2.86	0.92	1.33	0.184
	광역시	51	2.74	0.98		
	군 소재지	−	−	−		
	면 소재지	−	−	−		
전 체		169	2.78	0.94	−	−

70) 교인들이 사모를 존경하는 이유

〈표 72〉문제75. 교인들이 사모를 존경하는 이유

구 분		목사부인이라	능력이 있어서	기 타	존경치 않는다	계	x^2(df)	p
직 분	장 로	26	6	10	10	52명	2.09 (4)	0.720
		49.9	11.5	19.2	19.2	30.7%		
	집 사	53	18	23	23	117명		
		45.3	15.3	19.6	19.6	69.2%		
전 체		80	21	34	34	169명	−	−
		47.5	12.5	20.0	20.0	100.0		

교인들이 사모를 존경하는 이유가 무엇인가를 묻는 질문의 결과는 〈표 72〉에 기록된 바와 같다. 사모를 존경하는 이유 중에 가장 큰 이유는 전체 47.5%가 목사 부인이기 때문에 존경한다고 생각하는 것이 가장 많았다. 반면에 사모가 능력이 있고 존경할 만큼의 자질이 있어서 존경한다는 이유는 전체 12.5%로 가장 적었다. 그 외에 기타 다른 이유로 존경한다고 대답이 20.0%였으며 존경치 않는다고 대답한 사람

이 전체 20.0%였다. 직분별 구분에서는 장로 그룹에서 사모를 존경하는 이유가 목사 부인이라서 존경한다는 대답이 집사 그룹보다 조금 더 높았으나 통계적으로 유의미하지는 않았다.

71) 교인들이 생각하는 목회자 사례비의 적정선

〈표 73〉문제76. 교인들이 생각하는 목회자 사례비의 적정선

구 분		100만 원	200만 원	300만 원	400만 원	500만 원 이상	계	x^2(df)	p
직 분	장 로	9	31	12			52명	8.24 (6)	0.221
		17.3	59.6	23.1	–	–	30.7%		
	집 사	18	70	18	11		117명		
		15.3	59.8	15.3	9.4	–	69.2%		
전 체		27	93	32	17		169명	–	–
		15.9	55.0	18.9	10.1		100.0		

교인들이 생각하는 목사의 사례비는 얼마가 적당하겠는가에 대한 인식의 결과는 <표 73>에 나타난 바와 같다. 전체적으로 목사의 사례비가 200만 원이 적당하다는 대답이 55.0%로 가장 많았고, 300만 원이면 적당하겠다가 18.9%, 100만 원이 적당하겠다는 인식이 15.9%, 400만 원이 적당하다는 의식이 10.1이었고 500만 원 이상이 적당하다고 생각하는 교인은 한 사람도 없었다.

(7) 자립교회에서 사모의 교회 참여의 수용성에 대한 영역

72) 조직교회에서 사모의 교회 참여에 대한 수용성의 정도

조직교회에서 사모의 교회 참여에 대한 수용성을 측정하기 위하여

11단계로 나누어 측정지수를 결정하였다. 무관심 0점을 기준으로 긍정적인 측면을 1~5단계로, 부정적인 측면을 −1~−5까지 각각 5단계씩 총 11단계로 나누어 표시하였다. 그 결과는 <표 63>에 나타난 바와 같다. 전체적 평균이 −2.07로, 조직교회에서 사모의 교회일의 참여에 대한 수용성은 거부적이었다. 남녀별 구분에서는 여자가 남자보다 사모의 교회 참여에 대한 수용성이 높았으며 통계적으로도 유의미한 차이를 보이고 있다(t=−5.38, p<.001). 직분별 분포에서는 사모그룹이 수용성이 가장 높게 나왔으며 반면에 장로 그룹에서 가장 낮게 나왔다. 통계적으로도 유의미한 차이를 보이고 있다(F=159.85, p<.001). 지역별 분포에서는 서울, 경기지역이 타 지역에 비해 비교적 높게 나타났으며 면 소재지에서 가장 낮은 것으로 나타나고 있다. 통계적으로 그 차이는 유의미하다(F=96.12, p<.001).

〈표 74〉 문제77. 조직교회에서 사모의 교회 참여에 대한 수용성의 정도

구 분		N	Mean	SD	t(f)	p
성 별	남	363	−2.81	2.60	−5.38***	0.000
	여	214	2..97	2.38		
직 분	목 사	137	−2.08	2.06	159.85***	0.000
	사 모	159	3.18	1.82		
	강도사	67	−3.21	2.04		
	전도사	45	−2.02	1.81		
	장 로	52	−3.45	1.98		
	집 사	117	−3.28	2.05		
지 역	서울, 경기	355	−2.81	1.21	96.12***	0.000
	광역시	165	−2.78	1.85		
	군 소재지	40	−3.76	2.04		
	면 소재지	17	−3.82	2.58		
전 체		577	2.93	2.04	−	−

*** p<.001

3. 설문자 응답의 결과를 통해 본 사모 역할의 현실과 문제

본 절에서는 바람직한 사모의 역할의 장애요인을 발견하기 이전에 먼저 사모 역할에 대하여 설문을 통하여 나타난 결과를 바탕으로 세 가지의 평가, 즉 사모 역할의 기여도평가, 신임도평가, 반응평가를 통해서 사모 역할의 현실과 문제점을 살펴보고자 한다.

(1) 사모 역할의 평가에서 보인 낮은 기여도의 문제

사모의 역할이 교회에 기여하는 정도를 나타내는 <표 15>에서 나타난 결과로는 사모의 교회 참여로 인하여 교회에 문제가 생길 수 있다는 반응을 보이고 있다. <표 17>에서는 목회자의 부부관계가 교회 성장에 영향을 미칠 수 있다고 생각하는 반응이었으며 <표 18>에서는 목회자 부부의 관계를 묻는 질문에서 보편적으로 낮은 점수를 보이고 있다. 뿐만 아니라 <표 37>과 <표 54>에 나타난 결과에 의하면 목사와 사모 모두가 이혼에 관하여 생각해 본 적이 있다고 대답한 것으로 나타나 사모의 역할이 기여도가 낮은 것으로 나타나고 있다. <표 19>에서는 사모의 교회 참여로 인하여 생길 수 있는 문제를 묻는 질문에서 교인들의 반발, 교회 성장의 방해 등 대체적으로 부정적인 응답이 많았다. <표 67>에서는 평신도들에게 사모의 교회 참여가 어떤 영향을 끼쳤느냐는 질문에 대하여 대체적으로 나쁜 영향을 끼친다는 부정적인 결과를 보이고 있다.

크리스천들의 사모의 교회 역할의 기여도에 대한 평가에서 매우 낮은 평가를 나타낸 것은 사모의 사역에 대한 새로운 대안이 요청되는 바이다. 사모의 역할이 교회에 긍정적인 기여를 하지 못하는 것은 하나님의 종이요, 교회의 사자인 목사의 사모로서 세움을 입은 목적을 이루기가 어려울 것이다.

(2) 사모 역할의 반응평가에서 보인 낮은 반응도 문제

사모의 역할에 대한 반응도의 결과를 나타내는 <표 4>에서는 사모가 교회일에 참여하는 것이 필요치 않다는 낮은 반응을 보이고 있다. 따라서 사모의 교회 참여가 성도들에게 좋은 반응을 보이지 않고 있다. <표 6>에서는 교인 100명 이상의 교회에서 사모의 역할이 필요한가를 묻는 질문에서 사모의 교회일의 참여가 필요치 않다는 낮은 반응을 보이고 있다. <표 16>에서 사모가 교회일을 하는 것에 만족도를 묻는 질문에 대한 결과에서도 만족하지 못하다는 낮은 반응을 나타내고 있다. <표 52>에서는 아내의 내조에 만족하는가를 묻는 물음에 대한 목사들의 반응은 만족하지 못하다는 결과를 알 수 있었다. <표 51>에서는 목회자들에게 있어서 성생활이 목회에 영향을 미치는가에 대한 질문에 그렇다고 하는 높은 반응을 보이고 있는 데 반하여 <표 49>에서 아내와의 성생활에 만족하는가에 대한 반응에서는 만족하지 못한다는 낮은 결과는 보이고 있다. 따라서 남편의 한 아내로서의 사모에 대한 만족도에서도 낮은 결과를 보이고 있는 것으로 나타났다. <표 9>에 의하면 사모가 목사에게 전적 순종하는 것이 사모의 역할에 필요하다는 높은 반응을 보인 반면에 <표 59>에서는 아내의 가장 불만스러운 점이 무엇인가에 대하여 대부분의 목사들이 사모가 순종적이지 못하고 지나치게 활동적이라는 낮은 반응을 보임으로써 아내로시 사모의 역할에 대하여도 만족하지 못하는 것을 알 수 있었다.

이상에서 살펴본 바와 같이 사모의 대외적인 교회 활동에 있어서나 대내적인 아내로서의 역할에 대한 반응 평가에서 매우 낮은 결과가 나타난 것은 사모 역할을 효과적으로 제대로 발휘하지 못하고 있음을 볼 수 있다. 따라서 사모 역할의 새로운 인식의 전환이 요청된다.

(3) 사모 역할의 능력 평가에서 보인 낮은 신임도의 문제

<표 60>에 사모가 교회일을 하는 이유가 무엇인가를 목사에게 묻는 질문에서 능력이 있어서 일한다는 답보다는 사모가 원해서 일을 시킨다는 답이 많은 것을 보면 사모가 일할 만한 자질이나 능력이 있어서 일을 시키기보다는 스스로 자원해서 또는 일꾼이 없어서 일을 시키는 것을 알 수 있었다. <표 69>에서 사모가 교회일을 할 수 있는 능력이 있다고 생각하느냐에 대하여 평신도에게 묻는 질문에서 일할 만한 능력이 부족하다는 대답이 많았다. <표 72>에서는 사모를 존경하는 이유가 무엇인가에 대하여 사모로서의 능력이 있어서이기보다는 목사의 부인이기 때문이라는 대답이 많았다. <표 26>에서는 사모가 되기 전에 사모로서의 사명이 있었는가를 묻는 질문에 대하여 사모가 되기 전에는 사모로서의 사명이 없다가 남편과 결혼하고 남편이 목사가 되어서 사모가 된 경우가 많았다는 결과가 나왔다. <표 27>에서는 사모가 되기 전에 신학교육을 받았는가라는 질문에 받은 적이 없다는 대답이 많았으며 <표 44>에서는 사모가 된 이후에 사모로서 어떤 교육을 받았는가에 대하여는 대부분의 사모들이 필요성은 느끼나 기회가 없어서 받지 못했다는 대답이 많아서 사모가 되기 전에나 사모가 된 이후에도 사모로서의 필요한 교육과 훈련을 받지 못했다는 결과는 얻을 수 있었다.

이상에서 살펴본 결과 효과적인 사모 역할의 수행을 위한 학습 훈

련이 부족하기 때문에 실제 목회 현장에서 남편인 목사를 도와 사모의 역할을 수행하고자 할 때 그 능력을 발휘하지 못하고 있음을 볼 수 있다. 따라서 사모의 역할을 효과적이고 능률적인 성과를 올리기 위해서 체계적이고 지속적인 학습의 과정의 설정이 요청된다.

4. 설문자 분석을 통해 본 사모의 역할에 대한 장애요인과 바람직한 사모 역할의 방안을 위한 시사

다음은 설문자 분석을 통해서 나온 결과를 바탕으로 효과적인 사모 역할의 장애 요인을 정리하고 새로운 사모 역할의 방안을 제시하기 위한 시사점을 찾아보고자 한다. 설문 77개 조항의 문제를 분석한 결과를 토대로 하여 사모 역할의 장애 요인을 네 가지로 정리하여 살펴보았다.

(1) 사모에게 문제가 있는 경우

1) 대형교회가 성공이라는 의식의 문제

<표 24>에 나타난 바에 의히면 사모로서 보람과 성공은 큰 교회기 되는 것이 성공이라는 의식을 가지고 있는 것을 알 수 있다. 이는 지역별로도 큰 차이가 없이 대부분의 사모들이 대형교회에 대한 동경과 꿈을 가지고 있는 것으로 나타나고 있다. <표 25>는 이에 대한 구체저인 심리적 상태를 말해주고 있는데 사모들의 심리에는 대형교회의 사모를 부러워하며 자신도 대형교회의 사모가 되기를 원하는 인식을 가지고 있다. 이러한 생각은 바람직한 사모 역할을 하는 데 도움이 될 수 없다. 이런 상황에서 자신이 하는 일이 가치 있고 보람된 일을 하

고 있다는 인식을 가질 수 있도록 작은 부분에서도 자신이 하는 일에 대한 확실한 신념을 갖도록 하는 노력이 필요함을 시사한다.

<표 8>에 의하면 사모가 교회일에 참여하는 것보다 개인적인 일이나 취미생활을 하는 것에 대하여 사모들의 입장에서는 긍정적인 반응을 나타내고 있다. 따라서 사모의 개인적인 능력을 개발하거나 취미생활을 통해서 교회에 대하여 보다 객관적인 입장에서 바라보고 남편인 목사를 통하여 교회가 성장하도록 내조자로서의 역할을 잘 감당하게 하는 것도 대형교회의 사모가 되는 것이 성공이라는 잘못된 인식을 바로잡고 바람직한 사모의 역할을 하는 데 많은 도움이 되리라고 생각한다.

2) 전문성 부족의 문제

조사한 바에 의하면 사모들의 역할에 전문성이 부족한 것으로 드러나고 있다.

<표 27>에 나타난 바에 의하면 사모가 되기 전에 사모로서의 신학교육을 받지 않고 사모가 된 경우가 많았으며 <표 44>에 나타난 바에 의하면 사모가 된 후에도 사모로서 교회의 역할을 감당하기 위하여 특별한 교육을 받지 못한 것으로 나타나고 있다. <표 72>에서는 사모들에 대하여 전문성을 가진 여성으로서 일에 대한 능력 면에서의 존경이 아니라 단지 목사의 아내이기 때문에 존경하는 정도의 의식을 가지고 있는 것으로 나타나고 있다. 사회가 전문화가 되어 가면서 교인들의 의식 수준도 과거에 비해 많이 향상되었고 교육 수준도 상당한 위치에 있는 것이 사실이다. 교회에는 여러 계층의 사람들이 있고 그들 나름대로는 사회의 각 분야에 전문적인 지식을 가지고 전문화된 일을 하는 사람들이 대부분이다. 따라서 교회도 시대적인 요구에 발맞추어 교육에 있어서나 행정에 있어서도 그에 따른 전문적인 지식을 가지고 있어야 한다.

사모가 교회일에 참여하기 위해서는 먼저 사모가 가지고 있는 전문분야가 무엇인지를 파악하고 그에 맞는 일을 맡기고 필요하다면 전문적인 지식을 습득하게 하여 보다 효율적이고 알찬 일꾼이 되도록 전문인으로 양성하는 것이 필요하다는 것을 시사하고 있다.

3) 다중적 역할의 문제

<표 14>에 의하면 사모가 하는 일이 한두 가지가 아니라 5가지 이상의 많은 일들을 맡아서 하고 있는 것으로 드러나고 있다. 그러나 그에 대한 교인들의 반응은 만족하지 못하다. <표 16>에서는 사모의 역할에 대해서 교역자와 성도 대부분이 만족하지 못하는 것으로 나타나고 있다. 지금까지는 사모의 전문성이나 자질은 생각하지 않고 일할 사람이 없을 때마다 단지 사모라는 이유 하나로 여러 가지 일을 서슴없이 맡겼고 또 스스로 일을 찾아했던 것이 오늘까지의 사모의 역할이었다. <표 45>에서 사모가 교회일에 참여하는 이유에 대하여 사명감을 가지고 스스로 자원해서 일한다는 빈도가 높았다.

전문화, 분업화가 정착되어 가고 있는 시대적 상황 속에서 어떤 이유에서든지 이제는 사모 한 사람이 여러 가지 일을 도맡아서 하는 것은 자제되어야 함을 시사한다.

4) 부족한 영성 훈련의 문제

예수님은 제자들을 향하여 시험에 들지 않게 깨어 있어 기도하라고 하셨고 예수님이 친히 기도의 모범을 보이셨다. 기도는 사명자에게 있어서 무엇보다 중요한 사역이다. 그 중요성은 사모라고 헤서 예외는 아니다. 무엇보다 목사의 내조자로서 세움을 입은 사모는 더욱더 기도에 힘써야 한다. <표 28>에는 자신과 남편과 교회를 위한 기도가 충분한가에 대한 질문에서 그 결과는 충분하지 않다는 답변이 많았다. 사모의 역할은 무엇보다 인내와 지혜와 믿음이 요구되는 직분이다. <표 40>에 보면 교인들로 인하여 시험을 자주 받고 있다는 결과가 나타나고 있으며 <표 42>에서도 교인들과의 사이가 그다지 좋은 것은 아니었다. 이처럼 힘들고 어려운 대인관계 속에서 자신의 사명을 잘 감당하며 모든 것을 지혜롭게 판단하여 처리하고 당하는 어려움을 믿음으로 슬기롭게 헤쳐 나가기 위해서는 무엇보다 절실한 기도가 요청됨을 시사하고 있다.

5) 남편에 대한 불신임의 문제

<표 30>에서는 자신의 남편을 타 교회 특히 양적으로 비교적 큰 교회 목사와 비교하여 작게 보인 적이 있다는 빈도가 높았다. <표 56>에서는 사모가 목사를 존경하지 않는 것으로 인식되고 있다. <표 57>에는 사모가 남편에게 순종하지 않는 것으로 나타나고 있다. 이처럼 사모가 목사를 존경하지 않고 순종하지 않는 것은 그 남편에 대한 신임도가 낮기 때문이다. <표 20>에 남편의 목회에 만족하지 못하는 것으로 집계됐으며 <표 21>에서는 남편의 설교에도 만족하지 못하는 것으로 나타났다. 남편에 대한 불신감의 이유는 남편의 목회적 능력이 부족하다는 인식이 저변에 자리잡고 있었고 이것은 남편에 대한 불만과 불순종의 형태로 도출되고 사모가 직접 목회 현장에 뛰어들게 하는 요인이 되고 있다. <표 28>에서는 남편을 위해서 충분히 기도하는가에 대한 물음에 그렇지 못하다는 결과가 나왔다. 이것은 남편의 부족한 점에 대하여 돕고 있지 않으면서 남편의 무능력을 탓하고 있는 증거이기도 하다. 사모의 역할 중에 무엇보다 중요한 한 가지는 남편

의 부족한 점을 위해서 기도로 내조하는 것이다. 남편의 부족한 점을 탓하고 비난하기보다는 기도하며 부족한 점을 보충하기 위해서 노력하는 자세가 요청됨을 시사하는 바이다.

6) 내조에 대한 그릇된 인식의 문제

진정한 내조는 한 남편의 아내로서의 내조이며 가정적으로 남편이 목회에 전념할 수 있도록 돕는 것이 일차적으로 사모가 해야 할 내조의 본분이다. 그러나 사모들의 의식은 아내적 가정적인 내조는 잘못한다고 하여도 교회일만 잘하면 이것이 참된 내조라고 생각하는 사모들이 많다. <표 10>에서 교회일이 가정일보다 우선해야 한다고 생각하는가에 대한 대답에서 사모들은 다른 직분자들에 비하여 가정일보다 교회일을 우선해야 한다는 대답이 높았다. 그러나 진정한 내조는 아내로서 아내의 의무를 다하는 것이요 가정의 주부로서 가정일을 잘 돌보는 것이 우선이며 이것이 성경적 내조이다. 이것이 바로 되지 못하고 교회일을 아무리 잘한다고 하여도 진정한 내조는 아니다. <표 52>에 사모의 내조에 대하여 목사들은 만족하지 못한 것으로 나왔다.

<표 50>에 의하면 성생활이 가정생활에 영향을 끼친다는 높은 결과가 나왔고 <표 51>에는 목회자의 성생활이 목회에도 영향을 미친다는 빈도가 높았다. 그러나 <표 49>에는 아내와의 성생활에 만족하지 못하는 것으로 나타났다. <표 53>에서는 사모로 인해서 목회를 그만두고 싶다고 생각한 적이 있다는 결과까지 나오고 있다. 목회자의 원만한 부부관계가 목회의 성패를 좌우할 만큼 중요하지만 이번 조사에 의하면 목회자 부부관계가 원만하지 못한 것으로 밝혀지고 있다. 사모는 아내로서 남편에게 아내의 의무를 다하라는 것이 성경의 가르침이다. 따라서 교회일을 우선하고 교회일을 잘하는 것이 사모의 역할이라는

잘못된 인식을 바꾸고 남편의 아내로서 가정의 주부로서 역할을 더 잘해야 할 것을 시사하고 있다.

7) 지나친 지도자 의식의 문제

<표 3>에서 나타난 바에 의하면 대부분의 사모들이 자신은 목사와 똑같은 사명자요 교회의 지도자라고 생각하는 것으로 인식하고 있는 반면에 교인들이나 교역자는 목사와 똑같은 지도자라고 생각하지 않는 것으로 나타나고 있다. <표 19>에서 사모의 교회 참여로 인하여 생길 수 있는 문제가 무엇인가를 묻는 질문에 교인들의 반발이라는 대답이 가장 많았다. <표 46>에는 사모가 적극적으로 교회일에 참여하는 것으로 나타났다.

교인들이 사모를 지도자라고 생각하지 않는데 자신은 스스로를 지도자라고 생각하여 모든 일을 지도자의 위치에서 교인들을 향하여 지도자로서 역할을 하려고 한다면 교인들의 반발이 생길 것은 당연한 일이라 하겠다. 사모는 성도도 만인 제사장이라는 평범한 진리를 인식하고 교인들을 대할 때 자신의 수하의 사람이라는 생각을 바꾸어 주님의 자녀요 주님의 백성이라는 인식을 가지고 섬기는 자세로 교인을 대하여야 함을 시사하고 있다.

(2) 목사에게 문제가 있는 경우

1) 지나친 권위주의의 문제

<표 43>에 나타난 바에 의하면 남편에 대한 사모들의 가장 큰 불만이 남편이 권위적인 것에 불만이 많은 것으로 나타났다. 성경은 남성

을 여성보다 우월하다고 말하고 있지 않다. 여자는 인격적으로 부족하지 않으며 지식적으로도 뒤지지 않는다. 아직까지도 구시대적인 사고를 가지고 남자의 권위로 사모를 속박하려고 하는 것은 비성경적인 행동이다. 사모를 동등한 한 인격체로 인정하며 삶의 동반자요 목회의 파트너라는 인식을 가지고 모든 일을 사모와 함께 하고 인격적으로 존중하여야 함이 요구됨을 시사하는 바이다.

2) 부족한 애정의 문제

<표 39>에 보면 남편의 애정도를 묻는 질문에 그렇지 못하다는 대답이 많았다. <표 32>에는 부부간의 성생활의 불만족이 가정의 불화의 원인이 된다는 인식이 높았다. <표 50>에는 부부간의 성생활이 부부관계에 영향을 미친다고 하였고 <표 51>에는 성생활이 목회에도 영향을 미치는 것으로 조사되었다. <표 31>에는 남편과의 성생활에 만족하지 못하는 것으로 나타났다. <표 38>에는 다시 결혼한다면 현재의 남편과 하겠는가에 대한 질문에 그렇게 하지 않겠다는 빈도가 높았다. 이것은 사모에 대한 남편의 애정이 부족함을 시사한다.

교회 목회에 앞서 중요한 것이 가정 목회이다. <표 17>에 나타난 바에 의하면 목회자의 부부관계가 교회 성장에도 영향을 미치는 것으로 드러나고 있다. 이것은 부부관계의 중요함을 나타내는 표이기도 하다. 부부간의 침소는 기도할 틈을 얻기 위한 경우를 제외하고는 분방을 하지 말라고 말씀하고 있다(고전 7:5). 여성은 남성보다 연약한 그릇이다. 남편 된 목사는 사모를 주님이 교회를 사랑하심같이 자기 몸같이 사랑하여야 함이 필요함을 시사한다.

3) 대화 부족의 문제

<표 47>에 나타난 바에 의하면 목회자 부부의 일주일간의 대화시간이 4시간 미만으로 나타났다. 지역별 차이에서는 군, 면 소재지에 거주하는 목회자 부부가 대도시(서울, 경기, 광역시)에 거주하는 목회자 부부보다 훨씬 더 많은 시간을 대화한다. 이것은 부부가 함께하는 시간이 많다는 것을 의미한다. 대화의 단절은 인간관계의 단절을 의미한다. 특히 대도시의 목회자 부부가 대화가 없다는 것은 여러 가지 대외적인 일로 분주하여 부부가 함께할 수 있는 시간이 적다는 것이다. 분주하고 복잡하여 함께할 시간이 많지 않은 도시 지역 목회자 부부일수록 더 많은 시간을 부부가 함께하며 대화하는 일에 투자해야 함이 요청됨을 시사한다.

4) 부도덕한 이성의 문제

<표 33>에서 보면 남편의 이성문제로 고민한 적이 있다는 데 높은 빈도를 보이고 있다. 이것은 남편에 대한 불신을 나타내는 부분이다. 남편을 신뢰하지 못하는 사모들의 불신감에도 문제가 있겠지만 이성적인 면에서 사모들로 하여금 믿음을 가지지 못하도록 한 목사들에게도 책임이 없지 않다. 부부에게 무엇보다 중요한 것은 서로에 대한 믿음이다. 아내도 남편을 믿음으로 바라보아야 할 것이요 남편도 아내에 대한 믿음을 가지도록 오해의 소지를 남기지 않아야 한다. 부부에게 있어서 침소는 매우 소중한 것이다(히 13:4).

목사는 많은 여성들을 대해야 하는 위치에 있다. 따라서 늙은 여자는 어미에게 하듯 대하고 젊은 여자를 대할 때에는 일절 깨끗함으로 자매에게 하듯 해야 하는(딤전 5:2) 보다 높은 도덕성이 요청되는 바이다.

5) 최선을 다하지 못하는 자세의 문제

<표 20>에 나타난 바에 의하면 남편의 목회 사역에 만족하지 못하는 것으로 나타났다. <표 21>에는 남편의 설교에 만족하지 못한다는 대답이 많았다. <표 30>에 나타난 결과는 큰 교회 목사와 비교하여 자신의 남편이 작게 느껴진다고 하였다. <표 56>에 보면 목사 스스로도 사모가 자신을 존경하지 않는 것으로 생각하고 있다. 사모가 목회 사역에 있어서 자신의 남편에게 만족하지 못하고 불만을 가지는 것은 남편의 능력에 의심을 가지고 있음을 시사한다. 이에 비하여 목사의 준비 정도를 나타내는 부분인 <표 61>에 의하면 목사의 주일 낮 예배를 위한 설교 준비 시간이 2시간 정도이고 <표 62>에는 한 주간에 4시간 정도 기도하는 것으로 나타났으며 <표 63>에서 보면 한 달에 평균 1권 미만의 책을 읽는 것으로 집계되었다. 이것은 목회자가 자신의 목회에 최선을 다하지 못하고 있음을 시사하는 바이다. 물론 목회 현장에는 여러 가지 해야 할 분주한 일이 많은 것은 사실이다. 그러나 사모로 하여금 자신을 믿고 신뢰하며 교회적으로도 남편에게 믿음으로 바라볼 수 있도록 자신을 만드는 일에 최선을 다해야 함이 요청된다.

(3) 교인들에게 문제가 있는 경우

1) 사모에 대한 잘못된 선입관의 문제

<표 11>에 보면 사모가 교회일에 어느 정도 참여하는 것이 좋겠는가에 대하여 장로와 집사그룹 모두가 사모가 교회일에 참여하지 않았으면 좋겠다는 반응이다. <표 3>에서는 사모도 목사와 똑같은 사명자라고 생각하는가에 대한 질문에서 장로와 집사 그룹이 그렇게 생각하지 않

는 것으로 나타났다. <표 64>에는 사모를 존경하는 것에 대하여 낮은 평가를 보이고 있으며 <표 66>에 의하면 사모가 교인들의 일에 함께 참여하는 것을 좋게 생각하지 않는 것으로 나타나고 있다. 이러한 모든 결과를 종합해 볼 때 일반적으로 평신도들이 생각하는 사모에 대한 인식은 과거 여인을 무시하던 시대의 사상적 배경이 깔려있음을 엿볼 수 있다. 이 지구상의 여성이 절반이고 여성의 고급인력이 사회 여러 분야에서 활동하고 있다. 이제는 단순히 사모를 목사의 한 아내로만 볼 것이 아니라 교회의 또 다른 분야의 전문인으로서 사모를 바라보고 인정해야 함이 요청된다. 사모의 역할로 인하여 그동안에 이루어진 한국교회의 공로를 생각한다면 무조건적인 반대가 아닌 진정한 의미에서 교회를 위한 사모의 역할이 무엇인지의 인식이 필요함을 시사하고 있다.

2) 지나친 관심과 기대감의 문제

<표 65>에 보면 목사와 그 가정에 대한 평신도의 관심이 대단히 높은 것을 알 수 있다. 목회자와 그 가정에 대한 관심이 높은 것은 다행스러운 일이다. 그러나 이러한 관심이 목회자와 그 가정을 위하고 걱정하여 돌보기 위한 관심이라면 감사할 일이겠으나 <표 40>에는 사모들이 교인들로 인해서 속상한 적이 많다고 하였고 <표 42>에는 교인들과의 관계에 대하여 사모들을 보통 정도로 생각하고 있었다. 사모라는 직분 때문에 수많은 사람들(교인들)로부터 관심의 대상이 되고 일거수일투족이 낱낱이 드러나는 것이 목사 가정의 현실이요, 사모의 오늘날의 실정이다. 교인들은 자신들은 그렇지 못하더라도 목사와 그 가정에 대하여는 높은 지식수준과 성결을 요구하고 있으며 어린 자녀들에게까지도 도덕적으로 완전한 생활을 요구하고 있다. 그들의 삶에 대하여 거는 기대감이 높다. 사모의 자그마한 실수도 그대로 넘어가지

못하고 지나치게 민감한 반응을 나타내는 것이 교인들의 문제이다. 사모도 인간이라는 평범한 진리를 인식하고 보다 관용하고 용납할 줄 아는 성숙된 교인들의 자세가 요구된다.

(4) 교회적인 특성에 따른 문제들

1) 개척교회에서 사모의 역할의 문제

<표 5>에 나타난 바와 같이 사모가 교회에서 일하는 이유 중에 하나는 교인이 부족하여 일한다는 결과가 나왔다. 따라서 교회를 개척하고 교인이 없는 상황에서는 누구라도 나서서 일을 해야 하는 것이 사실이다. 이러한 이유에서 사모의 역할이 많아지게 된다. <표 14>에 의하면 사모의 역할이 5가지 이상 되는데 그 이유 중에 하나가 개척교회 당시 일할 일꾼이 부족한 상황에서 발생한 자연스런 현상이기에 교회가 자립할 수 있는 상황이 된 이후에도 사모가 여러 가지 일에 참여하여 일하는 것에 대하여 사모의 책임으로만 돌릴 수 없는 문제이다. <표 13>에서 나타난 바에 의하면 사모의 역할의 적정선이 100명이 적당하다는 결과가 나왔다. 따라서 사모 역할의 한계를 교회가 자립하고 어느 정도 일꾼이 있어서 일할 수 있는 단계까지인 100명으로 한계를 정하는 것도 바람직한 사모 역할을 위해서 좋은 방안이 되리라고 생각된다.

2) 낮은 사례비의 문제

한국 기독교 사회문제 연구소의 발표에 의하면 오늘날 한국교회의 80% 이상이 100명 미만의 소형교회라는 통계가 있다. <표 2>에서 나타난 대로 본 연구의 대상자들 가운데도 대부분이 100명 미만의 소형 교회의 응답자들이 많았다.

<표 73>에 의하면 현 실정에 비추어 목회자 사례비가 얼마가 적당하겠느냐에 대한 일반성도들의 대답은 200만 원이면 가장 적당하다는 대답이 나왔다. 그러나 <표 36>에서 보면 사모들이 경제생활이 어려운 것으로 나타났다. <표 2>의 설문자의 연령별 분포에서도 나타나고 있듯이 연령별로는 40~50대가 36.0%로 가장 많았고 다음으로 30~40대가 32.9%였으며 50세 이상이 24.0%였다. 그렇다고 하면 실제적으로 40~50대의 경제적인 수준은 교인들이 보는 200만 원보다 훨씬 더 상위하여야 할 것이지만 오늘날 한국교회의 실제적인 사례비의 수준을 감안한다면 사모들이 경제적인 빈곤으로 인하여 대형교회를 꿈꾸는 것도 결코 무리라고 말할 수는 없는 형편이다. 이러한 상황을 감안할 때 교회가 개척 후 자립하기까지 교단적인 차원의 지원이 있든지 아니면 서구 교회와 같이 사모들이 교회일 외에 전문적인 직종에 종사하여 교회가 자립하기 전까지는 목사가 목회에 전념할 수 있도록 사모들의 개인적인 일을 통한 역할의 변환도 대안이 될 수 있다 하겠다.

3) 조직교회에서 사모 역할의 수용성의 문제

<표 6>에 보면 100명 이상의 교회에서 사모가 교회일에 참여하는 것이 필요하겠는가에 대하여 교역자와 평신도의 반응은 그다지 필요하지 않다는 반응이었으나 사모들의 반응은 100명 이상의 교회에서도 사모가 교회일에 참여하는 것이 필요하다는 대답이 많았다. 그러나 <표 74>의 조직교회에서 사모 역할의 수용성에 대한 결과에서는 사모 역할이 필요치 않다는 낮은 결과는 보이고 있다. 교역자 그룹과 평신도 그룹이 모두가 낮은 결과를 보인 반면에 사모 그룹에서는 사모의 역할이 필요

하다는 높은 수치를 나타내고 있는 것은 매우 안타까운 일이 아닐 수 없다. 이러한 상황에서 사모 역할의 한계를 조직교회가 되기 전까지로 정하고 사모의 역할의 전문성을 고려하여 특기와 적성에 맞는 분야에 전문인으로서 참가하게 하는 것이 요청됨을 시사하는 바이다.

CHAPTER V

바람직한 사모 모델 방안

본 장에서는 제Ⅳ장에서 사모 역할에 대한 설문자 분석을 통해서
나온 문제점들을 해결해 나가기 위해 바람직한 사모의 모델을 위한
방안을 제시하고자 한다. 오늘날 사모의 역할은 남편의 아내인 내조자
로서의 역할, 가정의 주부로서의 역할, 교회에서 심방, 상담, 교육, 봉
사 등 다양한 사역자로서의 역할을 감당하면서 교회 발전의 한 축을
이루어 왔다. 본 연구에서 바람직한 사모의 모델을 제시하는 데 있어
서 바람직한 사모 역할 수행을 위한 자기 성찰, 든든한 후원자로서 남
편의 지원, 체계적인 훈련, 효과적인 사모 역할을 위한 교회적인 지원,
그리고 사모 역할의 역기능적인 장애 요소를 극소화하기 위한 방안들
을 제시함으로 바람직한 사모의 모델을 제시하고자 한다.

1. 바람직한 사모 역할 수행을 위한 자기성찰

목회의 성공과 실패는 사모에 달렸다고 해도 과언이 아닐 만큼 내
조자로서 사모의 역할은 매우 중요하다. 사모는 목사와 같이 직접적인
부름을 받은 것은 아니라 할지라도 목사의 아내로서 하나님의 뜻을
받들어 나가는 소명자라는 의식을 가지고 사명을 감당해야 한다.
사모의 역할은 강제적으로 시켜서 하는 일이 아니다. 영리를 목적으
로 하는 일도 아니다. 주님을 사랑하고 주님이 주신 은혜를 받은 자로
서 특별한 소명을 받았다는 의식을 가지고 있을 때 비로소 바람직한
사모의 역할을 감당할 수 있는 것이다. 자신을 아는 것이 가장 중요하
다. 자신의 소명을 인식하고 소명자로서의 사명을 깨닫는 것이 바람직
한 사모 역할을 하는 데 무엇보다 필요하다.

(1) 사모의 소명의식 다지기

오스 귄네스(Os Guinness)는 '소명'(calling)을 다음과 같이 정의하고 있다. "소명이란 하나님이 우리를 그분께로 부르셨기에 우리의 존재 전체, 우리의 행위 전체, 우리의 소유 전체가 특별한 헌신과 역동성으로 그분의 소환에 응답하여 그분을 섬기는 데 투자된다는 진리이다"(Os Guinness, 2000: 13). 소명은 하나님 나라를 건설하는 일에 복음 전파의 사역을 위해서 하나님의 일꾼으로 부르심을 받은 것이다. 여기에는 하나님을 향한 헌신과 희생이 포함된다. 사모는 자신이 이 일을 위해서 하나님께 부르심을 받은 사명자라는 인식을 가지는 것이 필요하다.

<표 26>에 의하면 사모가 되기 전에 사모로서의 사명을 가지지 못하고 사모가 된 사모들이 많았다. 대체적으로 결혼 전에 목회자 사모로서의 사명을 가지고 사모가 되는 경우가 많지 않다. 다만 내가 택한 남자가 신학생이고 목회자가 되었기에 사모로서의 역할을 감당하는 것이지 처음부터 사모로서의 사명을 가지고 결혼하는 경우는 많지 못한 것을 설문의 결과에서도 알 수 있다. 텍사스의 침례교 스탠다드지(Baptist Standard Newsweek)는 말하기를 "목회자의 아내의 시련과 긴장은 아마존(Amazon)도 시치게 만들 정도이며 모든 방면에서 모범이 되고 길잡이가 되어야 하는 '냉혹한 여행 속의 존재'가 되어 간다"고 하였다(Dorothy Harrison Pentecost, 1964: 17). 미국 달라스 신학교의 성경학 교수이며 동시에 한 교회의 목사의 아내인 Dorothy Pentecost 여사는 그의 저서에서 자신의 경험을 다음과 같이 말하고 있다.

"저는 제가 아는 사람 중에서 가장 훌륭한 기독교인 청년과 약혼했습니다. 그는 선교에 대한 소명을 가지고 있었으나 저는 그렇지가 않았습니다. 사실 가고 싶지 않지만 빌(Bill)과 함께 있기 위해서라면 기꺼이 가겠습니다. 하나님께서도 제가 선교사가 되기를 원하신다고 믿어도 되겠습니까?" 그를 상담했던 교목은 이렇게 대답했다. "그래 주님께서는 개개인을 위해서 사랑의 환경을 만드시고 그런 방법으로 너를 인도하고 계신다고 믿는다." 이런 일이 있은 후 그녀의 행복은 이루 말할 수 없었다. 그러나 그녀의 마음속에는 평화가 없었다. 시간이 흐르고 기도하면서 선교에의 헌신을 생각해 본 결과 앞서 나눈 교목의 말이 틀렸다는 것을 알게 되었다. 인간적인 사랑은 모든 생애를 주님을 위해 헌신하도록 이끌기에는 충분하지 못했다. 약혼은 그해 여름을 넘기지 못했으며 결국은 파혼하게 되었다(1993: 16).

일반적으로 보통 사람이 남자를 사랑하여 결혼하면 단지 자신의 남편감을 고르는 것뿐이다. 그러나 목회자와 사랑하여 결혼하면 한평생 그의 아내가 될 뿐만 아니라 사역을 갖게 되는 것이다. 일반인들이 직업을 선택한다면 얼마든지 바꿀 수도 있고 그만둘 수도 있다. 그러나 사모는 한 번 선택한 사모의 길에서 돌이킬 수도 바꿀 수도 없는 것이다(1993: 19).

한 남자를 사랑하는 것과 사모로서 소명을 받은 것은 별개일 수도 있다. 남편 때문에 확신도 없는 일에 자신을 희생할 수 없기 때문이다. 사모가 사모로서 바람직한 역할을 수행하기 위해서는 자신이 사명자라는 확실한 소명인식을 가지고 있어야 한다. 뜨거운 체험 속에서 주님의 사랑에 대하여 잊을 수 없는 경험과 그분이 자신을 부르시고 그분의 일에 쓰임 받기 위해 부르심을 받았다는 소명이 있어야 하는 것이다. 만일 소명 의식이 없이 사역을 감당했다면 다시 한 번 주님 앞에서 무릎 꿇고 주님을 찾고 그분의 사랑 때문에 그분을 위해서 헌신하고 일할 수 있는 소명 의식을 다져야 한다.

(2) 자기 관리를 위한 확고한 신념 정하기

사모라는 위치는 어느 한 가지만 잘 감당하면 되는 직분이 아니다. 남편의 아내로서의 직분, 가정의 어머니로서의 직분, 교회의 사모로서의 직분 등 그 어느 것도 쉽게 해낼 수 없는 일들이다. 본인 스스로가 자기 관리를 위한 확고한 신념이 없다면 많은 스트레스와 더불어 역기능적인 행동이 돌출될 수도 있다. 바람직한 사모로서 역할을 감당하기 위해서는 자기 관리를 위한 확고한 신념이 있어야 한다. 다음은 바람직한 사모 역할을 위한 자기 관리로서 사모가 가져야 할 신념을 네 가지로 살펴보겠다.

감사하며 살겠다는 신념

"항상 기뻐하라, 쉬지 말고 기도하라, 범사에 감사하라"는 말씀은 모든 그리스도인들을 향한 하나님의 뜻이다(살전 5:16-18). 사모가 가질 신념 가운데 첫째는 어떤 일에서도 감사하며 살겠다는 신념이 있어야 한다. <표 25>에 나타난 바에 의하면 자신의 사역에 감사하기보다는 다른 교회의 사모와 비교하여 부러움을 사는 이들이 많았다. 이것은 사모로서 자신의 일에 대한 감사와 기쁨에 대한 정체성을 가지지 못한 것이다. 사모로서 사역을 감당하다 보면 감사할 일도 있겠지만 감사하지 못할 일이 더 많다. 격언에 '피해가지 못할 일이라면 차라리 즐기라'는 말이 있다. 사모로서의 직분은 평생을 감당해야 하는 직분이다. 모든 일에 감사하는 마음을 가진다면 어떤 어려움도 이겨낼 수 있으리라고 생각한다. 감사와 기쁨은 자기가 선택하여 얻을 수 있는 사항이다. 물론 감사가 저절로 되는 것은 아니다. 그것은 노력해서 배워야 할 학습이요, 습득해서 얻어야 할 기술이다. 하나님은 우리가 감사하며 살기를 바라신다(송길원, 2000: 332). 어떤 처지에서도 감사하겠다는 마음을 배운다면 모든 스트레스에서부터 벗어날 수 있다. 1957년 12월 아프리카에 최초로 복음을 전한 선교사는 영국의 리빙스턴이다. 그는 아프리카 선교에서 돌아온 후 많은 희생을 했다고 말하는 사람들에게 "영원토록 갚지 못할 하나님의 은혜의 빚에 대하여 지극히 작은 빚을 갚았을 뿐입니다"라고 말하였다. 물론 아프리카라고 하는 오지에서의 그의 사역에는 걱정과 질병, 고난과 위험도 있었지만 그는 하나님 나라에 대한 소망을 가지고 감사함으로 사역을 감당했다(2000: 333).

섬기며 살겠다는 신념

소금은 녹아짐으로 맛을 내는 것이요, 초는 스스로를 태움으로 빛을 내는 것이다. 세상에 빛과 소금이 되라고 하신 예수님의 말씀은 사명을 받은 사모들이 간직해야 할 확고한 신념이 되어야 한다(마 5:13).

<표 3>에 의하면 사모의 지나친 지도자 의식으로 인해서 교회의 지도자로서 인정받으려 하고 자신을 인정해주지 않을 때 오는 좌절감으로 인해서 많은 갈등이 있음을 알 수 있었다.

중세기에 로렌스라는 사람은 수도사가 되기를 원했지만 학력이 모자라서 수도사로 받아들여지지 못하고 다른 수도사들을 섬기는 일을 하였다. 그는 주방에서 음식에 소금을 넣으면서 '주여, 세상의 소금이 되게 하소서,' 수도사들의 옷을 세탁할 때에는 '주여, 내 마음속에 있는 더러운 죄를 주님의 보혈피로 씻어주시고 주님의 의로운 옷으로 입혀주옵소서', 그리고 어두운 방의 불을 켤 때마다 '캄캄한 세상에 빛이 되

게 하옵소서'라고 기도했다고 한다. 음식을 익히면서는 '나의 심령을 성령님의 능력으로 익혀 주옵소서'라고 기도했으며 그릇을 닦을 때에는 '나의 심령을 닦아 주옵소서'라고 기도했다고 한다. 그런데 놀랍게도 수도사들은 그를 대하고 바라볼 때마다 그리스도를 바라보는 듯했다. 그후 그는 수도원에 성자로 추대되었다(송길원, 2000: 345).

그리스도인들이 높아지는 방법과 세상 사람들이 높아지는 방법은 다르다. 세상 사람들은 다른 사람 위에 서야 높아지지만 그리스도인들은 다른 사람을 섬길 때 높아진다(마 23:12). 낮아짐의 모범을 보이신 분은 예수님이다. 그는 근본 하나님의 본체이시지만 낮고 천한 인간의 자리까지 낮아지셨고 십자가에 죽기까지 복종하신 섬김의 모범이시다(빌 2:6). 그는 친히 제자들의 발을 씻기면서 섬기는 자의 모범을 보이셨다. 예수님의 섬김의 모습이야말로 그리스도인들이 가져야 할 진정한 삶의 모습이요, 사명자인 사모의 모습이어야 한다.

낙심하지 않겠다는 신념

사모의 역할을 감당하다 보면 좋은 일을 해 놓고도 나쁜 소리를 들을 때가 많다. 낙심은 나의 선한 행위를 다른 사람이 몰라줄 때, 그리고 오해할 때 찾아온다. <표 14>에 의하면 교회에서 사모들이 하는 일이 3~5가지 이상의 많은 일을 하면서도 그에 대한 결과는 <표 16>에 나타난 바와 같이 불만스럽다는 평을 듣게 된다. 열심히 일하고 좋은 소리를 못 듣는 것이다.

일의 최종적인 결과는 하나님 나라에서 평가받는다. 하나님의 뜻대로 하나님이 기뻐하시는 일을 했다면 하나님께서 갚아주신다. 선을 행하다 낙심하지 말 것은 때가 되면 갚아주시기 때문이다(갈 6:9). 오히려 다른 사람이 알지 못하게 은밀하게 할 때 은밀한 중에서 보시는 하나님의 갚아주심이 있다(마 6:4). 만일 주를 위해서 손해된 것이 있다면 이 땅 위에서도 여러 배로, 백 배까지 갚아 주시며, 내세에서 영원한 것으로 갚아주신다는 약속이 있기에 결코 낙심할 필요가 없다(눅 18:29-30). 낙심하지 않겠다는 확신과 오직 주님만 바라보고 일하겠다는 신념을 가질 때 바람직한 사모로서의 역할을 하게 된다.

다 맡기고 살겠다는 신념

사모로서의 역할을 하다 보면 여러 가지 염려와 걱정되는 일들이 많다. 가정의 염려, 남편의 염려, 자녀의 염려, 경제적인 염려, 교회의 염려 등 많은 염려들이 있다. <표 40>에 보면 교인들로 인하여 속상해하고 힘들어하는 염려들이 있으며 <표 33>에는 남편의 이성적인 문제로 염려하는 것도 있다. <표 35>에는 자녀양육으로 인한 염려가 있으며 <표 36>에는 경제생활로 인한 염려 등 설문조사에 나타난 바에 의하면 많은 염려들이 사모들의 바람직한 역할을 하는 데 방해적인 요소가 됨을 알 수 있다.

이러한 염려들을 사모 스스로가 해결해 나갈 수 없다. 사람이 염려한다고 키를 조금도 더 크게 할 수 없듯이(눅 12:25), 사모 스스로의 염려는 무거운 짐밖에는 되지 않는다. 수고하고 무거운 짐진 자들아 다 내게로 오라 내가 너희를 쉬게 하리라고 하셨고(마 11:28), 너희 염려를 다 주께 맡겨 버리라고 권고하셨다(벧전 5:7). 맡기는 일은 단번에 되지 않는다. 자기의 모든 것을 맡기는 훈련과 연습을 통해서 맡기게 되고 모든 것을 맡길 때 주님이 주시는 평안을 맛보게 된다. 바람직한 사모의 역할을 감당하기 위해서는 모든 것을 주님께 맡기는 확고한 신념이 필요하다.

(3) 자기 개발을 위한 실현 가능한 목표 설정

목표가 분명한 사람은 열심히 노력한다. 내일을 오늘로 앞당겨 살며 오늘에 만족하지 않고 자신을 더욱 발전시키려고 노력한다. 자기 개발을 위해서 실현 가능한 목표를 설정하고 목표를 이루기 위해서 노력해야 된다.

1) 교육 수준 향상을 위한 목표 설정

<표 27>, <표 44>에 의하면 사모가 되기 전에나, 사모가 된 후에도 교육을 받지 못한 것으로 나타났다. 현대의 사모의 역할은 단순히 가정에서 남편을 뒷바라지하는 것만이 아니라 목사와 함께 교회의 역할도 감당하는 것이 오늘날 사모의 역할이다.

21세기의 지도자는 평생을 배우는 사람이라는 뜻에서 'lifelong learner'라고 부른다. 과거에는 단순히 기도와 선교 후원, 그리고 성경공부를 중심으로 모였던 교회 사역이 이제는 보다 더 복잡해지고 포괄적인 사역들로 발전하고 있다. 이에 대처하기 위해서 사모의 자기 개발이 요구된다. 자기 자신을 개발하지 않으면 도태당할 수밖에 없다. 어느 누구도 자기 개발에 대한 책임을 대신해 줄 수 없다. 자기 개발은 자기 스스로 해나가야 한다. 배우고 공부하는 것만이 자신을 만드는 길이다(송길원, 2000: 346). 이를 위해서 실현 가능한 목표를 설정해야 한다.

목회의 현장에는 여러 가지 이유로 인해서 문제를 가지고 고민하는 성도들이 많다. 특히 여성일 경우에 사모와의 상담이 많이 이루어진다. 일반 상담과 기독교 상담은 목적이 다르다.[26] 일반 상담은 개인이

---

26) 기독교 상담에 대하여 J. E Adams는 다음과 같이 말하고 있다. "성령의 중생케 하시는 사역과 성화시키는 사역의 조화 속에서 이루어져야 한다"

가지고 있는 문제 해결을 목적으로 하지만 기독교 상담은 단순한 문제 해결만이 아니라 하나님과의 관계를 정상화하며 영적 성숙을 도모하는 것이다(정정숙, 1995, 봄: 14). 이러한 이유에서 상담자로서 충분한 자질과 소양을 갖추기 위한 목표도 설정되어야 한다.

2) 영성 훈련을 위한 목표 설정

<표 28>에 나타난 결과에 의하면 사모들은 자신과 목사와 교회를 위한 기도가 충분하지 못한 것으로 나타났다. 교회 사역은 지식으로만 할 수 있는 사역이 아니다. 영혼을 구원하고 영혼을 인도하는 사역이기 때문에 전적으로 자신을 개발하고 영적으로 충만해야 한다. 영성 개발은[27] 본질이 아니라 관계성을 말한다. 예수님도 영성 훈련에 게

고 전제하면서 성경적 상담은 성경에서 동기를 찾으며 성경을 그 전제 조건으로 하며 성경의 목표를 기준으로 삼아 성경의 모델로 주어지고 명령된 원리와 실천에 따라서 조직적으로 발전시켜 나가는 것이라고 하였다(Jay E. Adams, 1975: 181). 정정숙 교수는 기독교 상담학은 "성경적 세계관을 확산시키는 한 영역이다. 신앙과 학문을 별개의 영역으로 생각하는 인본주의적 사고에서 탈피하고 성경적 배경을 가진 학문의 정립과 확산을 도모해야 한다"라고 말하고 있다(정정숙, 1993: 218)

27) 영성의 대한 개념을 Urban T. Holmes는 다음과 같이 정의하고 있다. "영성이란 ① 인간관계 형성 능력(a human capacity for relationship)이며, ② 그 관계의 대상은 감각현상을 초월하는 존재이며, ③ 이 관계는 주체의 노력과는 별개의 것으로 확장된 또는 고양된 의식으로서 주체에 의하여 인식되며, ④ 역사적 상황 속에서 본질을 받고, ⑤ 세계 속에서 창조적 행위를 통하여 그 자신을 드러내는 것이다"(Urban T. Holmes, 1982: 12). John Eusden은 "모든 인간 생명의 중심에는 물질적인 것과 비물질적인 것 즉 몸과 영혼, 세속적인 것과 신성한 것의 통합을 위한 물음이 있다. 영성은 가장 충만한 인식 안에서의 통합된 인간의 존재와 관계를 가진다"고 하였다(John Eusden and John Westerhaff, 1982: 2). 이한수 교수는 "참된 기독교 영성의 출발점은 회심과 중생이다. 기독교 영성의 출발은 인간의 신비적 체험이나 통속적인 일에서 벗어나려는 성

을리 하지 않으셨다. 새벽 미명에 기도하셨으며(막 1:35), 말씀을 선포하고 난 후에도 밤늦도록 기도하셨다(마 14:23). 십자가를 앞에 두고 땀방울이 핏방울로 변하기까지 기도하셨으며(눅 22:44), 제자들에게도 시험에 들지 않게 깨어 있어 기도하라고 명하셨다(마 26:41). 기도는 모든 그리스도인들 특히 사명을 맡은 자들에게는 무엇보다 중요하게 훈련하여야 할 부분이다. Q. T의[28] 방법은 사람에 따라 다를 수 있다. 그러나 그 안에서 찬양과 묵상과, 기도를 통해서 하나님과의 깊은 관계가 형성되며 생활이 변화되어 그리스도의 형상을 닮은 그리스도의 영성을 이루어 가는 데 매우 유익하다. 바람직한 사모의 역할을 위해서는 영성 훈련을 위한 자신만의 목표를 설정하고 말씀을 묵상하고 기도하는 일에 힘써야 한다.

3) 교회 사역을 위한 목표 설정

현대 사모의 사역은 그 한계가 정해져 있지 않다. 교인들은 사모가 어떠한 일을 해야 한다는 규정을 짓지 않으면서 사모가 하는 일에 대

향, 은사와 치유를 강조하는 카리스마적 성향들이 아니라 하나님의 은혜로 말미암은 회심과 중생이다"라고 말히고 있디(이헌수, 1994: 60). 오성춘 교수는 이러한 이해를 바탕으로 하여 기독교 영성이 포괄해야 할 다섯 가지 요소를 다음과 같이 제시하였다. ① 기독교 영성은 본질적인 용어에서보다는 관계적인 용어로 설명할 수 있다. ② 기독교 영성은 하나님과의 인격적 관계에 기초한다. ③ 기독교 영성은 하나님과의 만남을 통해서 초월적 체험과 새로운 의식을 얻는다. ④ 하나님과의 관계에서 체험의 실체(본질)는 역사적 삶의 상황 속에서 공급받는다. ⑤ 기독교 영성은 하나님과의 관계의 체험을 통해서 얻는 새로운 힘을 사용하여 주체적인 참여의 삶을 결단한다(오성춘, 1989: 26).

28) Q.T 라는 용어는 영어의 Quiet Time의 머리글자를 따서 부른 것이다. 글의 뜻 그대로 조용한 시간, 즉 하나님의 임재를 느끼면서 말씀과 기도로 하나님과 교제하는 시간이다.

해서는 매우 민감하게 반응한다. 사모가 해야 할 일이 무엇이고 어느 범위까지 감당해야 하는지 아무도 가르쳐 주지 않으며 정해진 지침도 없다. 사모의 자유의사와 책임에 관한 문제라고 생각할 수 있다. 스스로 사모의 역할을 규정하고 그 결과에 책임지는 것이다. 따라서 교회 사역에 대한 실행 가능한 목표가 설정되어야 한다. 사역의 목표가 정해질 때 가능한 판단이 설 수 있고 측정 가능한 평가가 나오게 된다.

목회는 교회 안에서만 이루어지는 것은 아니다. 성도들의 삶의 현장에까지 연장된다. 앉아서 기다리는 목회가 아니라 그들의 삶의 현장까지 찾아가는 것이 오늘날의 목회이다. 따라서 교회의 모든 제반 행정적인 면까지도 파악할 수 있어야 하며 이를 위한 목표도 설정되어야 한다.

4) 가정 사역을 위한 목표 설정

가정 사역은 사모가 감당해야 할 중요한 부분이다. 가정 사역에는 남편과의 관계가 있고 자녀와의 관계가 있으며 경제적인 측면과 가사일에 대한 부분이 있다. 이 모든 부분에서 성경이 제시하고 있는 말씀을 기준으로 실행 가능한 목표를 설정하고 재정적인 측면, 정서적인 측면, 관계적인 측면에서 원만한 가정생활이 되어야 한다.

신앙적인 차원의 목표가 설정되어야 한다. 다른 사람의 신앙을 점검하고 지도하지만 자신의 가정의 신앙은 간과할 수 있는 오류가 있다. 하나님과의 구체적인 관계를 긴밀히 점검하며 위선과 형식을 멀리하고 긴장감에서 해방되어 방임의 자유를 누리지 않도록 신앙적인 차원의 관리를 위한 목표가 정해져야 한다.

물질적인 차원의 목표가 정해져야 한다. 목회자의 가정에도 세상살이를 위한 물질이 필요하다. 가정의 경제원칙에는 비축과 사용의 적절한 목표가 있어야 한다. 가정의 경조사, 대외적인 구제, 자녀의 학자금 등 여러 가지 사용처가 있다. 물질을 분별없이 사용하여 교회나 성도들에게 부담을 주지 말아야 하고 지나치게 인색하여 시험에 들지 않도록 경제생활에 목표가 서야 한다.

정서적인 차원에서 문화생활은 목회자 가정에 빠뜨릴 수 없는 요소이다. 자녀들의 전인격적 성장을 위해서나, 지나친 스트레스로 인해 경직된 목회 사역의 원만한 해소를 위해서도 가족들이 풍부한 정서적 감성을 지니고 살 수 있도록 정서적인 차원의 목표설정도 필요하다.

2. 든든한 후원자로서 남편의 지원

사모의 바람직한 역할은 남편의 보살핌과 충분한 사랑 안에서만 가능하다. 아내는 남편을 사모하고 남편은 아내를 다스리라는 하나님의 명령(창 3:16)에 근거해 볼 때 사모는 사명자로서의 역할을 감당하기에 앞서서 한 남자의 아내로서 남편의 사랑과 보호와 인도가 절대적으로 필요하다. 본 연구에서는 사모의 바람직한 역할을 위한 든든한 후원자로서 남편의 지원 방안을 제시하고자 한다.

(1) 개인적인 돌봄

II장에서 살펴본 바와 같이 여자는 연약한 그릇과 같아서 깨어지기 쉬운 존재이다(벧전 3:7). 에덴동산에서 마귀는 연약한 하와를 유혹하여 깨지게 하였다. 사모의 바람직한 역할을 위해서는 남편의 개인적인 돌봄이 필요하다. 여자는 화단과 같다. 화단에 정성을 들이고 가꾸면 아름다운 정원이 되지만 가꾸지 않고 방치하면 꽃은 시들고 잡초가 우거지는 황폐한 정원이 될 수밖에 없다.[29] 이러한 의미에서 사모에 대한 끊임없는 애정과 관심을 가진 남편의 개인적인 돌봄이 있을 때 가정에서나 교회에서 또한 하나님 보시기에도 자기의 몫을 잘 감당하는 바람직한 사모가 된다.

1) 건강 돌보기

일상생활에서나 목회생활에서 건강관리를 하지 않고 방치하면 심각한 국면에 이르는 위기를 맞게 된다. 목회자 부부는 영적인 부분에 많은 강조점을 두고 산다. 그러나 다른 사람들을 건강하게 돌보기 위해서는 자신들의 건강을 무시해서는 안 된다. 자신을 보호한다는 것은 적당한 영양을 섭취하고, 충분한 수면과 휴식을 취하고, 필요한 방법으로 스트레스를 해소하며, 건강을 유지할 정도의 적당한 일을 함으로써 신체의 요구와 정신적 안정을 취하는 것을 말한다. 건강할 때 더 생산적이 된다는 것은 이미 상식이 되었다(D. Pentecost, 240). 긍정적인 자아 개념과 바람직한 사모의 역할을 하기 위해서는 사모의 건강 상태를 돌봐야 한다.

① 육체 건강 돌보기

건강한 신체에 건강한 정신이 깃든다는 말이 있다. 육체가 건강하지 않으면 정신적으로도 나약하게 되고 사모로서의 역할을 감당하지 못하게 된다. 일단 병을 얻으면 매사에 자신감과 활력을 잃게 되고 목회에 결정적인 영향을 끼치게 된다. 건강은 건강할 때 지켜야 한다는 것

---

29) 오성춘은 부부가 한몸이 된다는 것은 ① 상호교통(communication), ② 나눔(sharing), ③ 돌봄(caring)이라고 하였다. 부부관계에서 돌봄의 중요성을 말하고 있다(오성춘, 1989: 186).

을 알면서도 건강을 잃은 뒤에야 그 사실을 깨닫게 되는 경우가 많다. 그때는 이미 너무 많은 것을 잃는다. 사모의 건강은 교회의 행복이요 목사의 행복이다(이상은, 1994: 234).

건강을 유지하는 방법에는 세 가지 보약이 있다고 한다. 첫째는 식보(食補)요, 둘째는 동보(動補)요, 세 번째는 약보(藥補)이다. 일반적인 생각에는 약이 가장 좋은 보약이요, 다음은 잘 먹는 것이고 운동은 건강 유지에 보조적인 역할 정도 한다고 생각한다. 그러나 이러한 생각은 잘못된 상식이다. 약은 건강을 잃었거나 잃을 지경에 있는 사람이 먹는 건강 유지에 최후의 수단이다. 지금은 먹는 것도 너무나 잘 먹고 있다. 과거에 먹을 것이 없어 허덕이던 시절에는 뚱뚱한 사람을 건강의 기준으로 삶았다. 지금도 먹을 것이 없어 굶주림에 시달리는 북한에서는 뚱뚱한 사람이 건강하고 인격적인 사람이라고 생각하여 부러워하며 뚱뚱해지려고 노력한다고 한다. 그러나 경제적으로 부유한 나라에서는 너무 잘 먹는 것이 오히려 만병의 원인이 된다. 뚱뚱한 것이 만병의 원인이라는 것은 누구나 잘 아는 사실이다. 현대인들에게 가장 필요한 것은 운동이다. 운동 부족현상은 기계의 자동화, 그리고 교통수단의 발달 등으로 생활의 편리는 누리고 있으나 육체적 활동의 경감으로 인히여 심힌 운동 부족의 현상을 초래하고 있다.[30] 운동부족 현상은 심징질환 및 고혈압, 낭뇨병, 골다공증 등의 발병위험을 높인다(김유섭외 2인, 1996: 23).

---

30) 현대인들은 영양의 과다섭취와 운동부족으로 만병의 원인인 과다체중과 비만이 증가하고 있으나 운동 실천율은 극히 저조하다. 20~59세의 성인을 대상으로 조사한 바에 의하면 건강관리를 위해서 운동하는 사람이 23.9%인 것으로 나타났다. 이들 중에도 특히 여성의 운동 실천율은 17.7%로서 남성의 운동 실천율 30.9%보다 훨씬 낮은 것으로 조사됐다(송건용, 1992: 36).

하나님은 인간을 신체활동을 통해서 건강하도록 하셨다. 따라서 인간의 신체는 본능적으로 운동을 요구한다. 아동기에는 하루 종일 신체활동을 하며 자란다. 청소년기에 이르면 더욱 격렬한 운동을 하게 되고 장년기와 노년기에도 어느 정도의 신체활동은 꾸준히 요구된다. 건강을 유지하기 위해서는 이와 같이 최소한의 운동이 필요한데 그것마저 하지 않는다면 육체의 힘과 신축성이 소실되고 정형외과학적인 문제가 파생된다. 그러나 이보다 더 중요한 문제는 대사과정의 문제이다. 운동은 심장 박동의 속도와 힘을 증가시키고, 호흡을 깊게 하며 그 속도 또한 증가시키고, 열 생산과 발산을 증가시키며 식욕과 소화작용을 통하여 에너지를 증가시킴으로써 근육발달에 자극을 주게 된다. 운동부족은 심장질환, 호흡기질환, 순환기 계통의 질환 등 내적인 질병이 생기게 된다(1996: 27).

이와 같은 이유로 해서 사모의 건강관리를 위한 남편의 관심과 도움이 절대적으로 필요하다. 목사는 나름대로 건강관리를 위한 운동을 한다. 새벽기도회 후에, 또는 개별적인 시간을 할애하여 규칙적 또는 불규칙적으로 운동을 하지만, 사모는 아침 시간에는 가족의 식사준비로 시간을 낼 수 없고 오전에는 교회일을 돌봐야 하는 등 여러 가지 이유로 해서 본인 스스로는 운동할 수 있는 시간을 내지 못한다.

본 연구자는 사모의 육체적 건강관리를 위하여 두 가지 방안을 제시하는 바이다. 첫째는 남편과 함께 할 수 있는 운동을 찾는 것이다. 부부가 함께 운동을 하기 위해서는 함께할 수 있는 시간을 찾는 노력이 필요하다. 함께할 수 있는 운동에는 여러 가지가 있다. 예를 든다면 주중에 시간을 내어 함께 등산을 하거나, 자녀들 등교 후에 가까운 산에 올라가서 맑은 공기를 마시며 간단한 체조를 하는 것도 좋은 운동이다. 또 다른 한 가지는 배드민턴이다. 배드민턴은 운동량도 많지 않기 때문에 나이가 든 부부도 할 수 있는 운동이다. 그 외에도 테니스, 볼링, 수영 등 부부가 함께할 수 있는 운동은 많다.[31] 부부가 함께 운동을 하면 건강에 유익함은 물론이고 부부 화합에도 크게 유익이 되는 일석이조의 효과가 있다.

두 번째로는 사모의 업무량을 감당할 수 있을 정도로 제한하여 주는 것이다. 과다한 업무는 과로를 유발시키고 과로가 누적되면 만성피로가 되어 각종 질병을 일으키는 원인이 된다. 사모의 업무는 새벽기도회부터 시작하여 가사일, 자녀 돌보는 것, 장례식, 결혼식, 잔칫집 참석, 환자들 심방, 전화상담 등 많은 일에 쫓기다시피 하루를 보낼 정도로 과다하다(이상은, 1994: 236). 사모의 건강을 위해서는 과다한 업무에 지치지 않도록 가정적으로나 교회적으로 적정한 선에서 업무를 제한하여 주는 남편의 세심한 배려가 필요하다. 이 두 가지 방법을 실천하기 위한 남편의 적극적인 의지가 요청된다.

② 정신 건강 돌보기

현대는 산업 사회로의 발전과 함께 사회 구조의 복잡화, 과학기술의 발달로 인하여 취급해야 할 많은 정보와 극복해야 할 갈등 요인 등으로 스트레스와 과로가 가중되고 있다. 결국 이들은 위장 장애, 심장 장애, 정신 장애 등을 일으키게 되고 암을 위시한 각종 성인병의 위험 요인이 되고 있다(김유섭 외 2인, 1996: 25). 모든 병의 원인은 마음에서 온다는 말이 있다. 우리가 아는 많은 병이 '심인성 질환'이라고 한다. 대개 병의 원인은 긴장과 불안, 염려와 두려움, 원망과 미움 등 부정적인 감정들에 의해서 생기게 된다(1994: 237).

---

31) 각 지역마다 국민건강 증진을 위하여 구정에서 운영하는 체육센터나 문화센터가 있다. 이런 곳을 이용하면 적은 비용으로도 부부가 함께할 수 있는 운동을 찾아볼 수 있다.

사람이 하는 일 가운데 가장 힘든 일이 복잡하고 다양한 심성을 지닌 인간을 상대하는 직업이다. 교회는 여러 종류의 사람들이 모인 곳이고 각양의 성품의 소유자들이 모인 집합 장소이기도 하다. 이러한 일에 종사하는 목회자는 말할 것도 없거니와 교회일에 참여하는 사모 역시 말할 수 없는 스트레스에 시달리게 된다. 앞에서도 언급한 바와 같이 지나친 스트레스는 심장병 등 각종 질병을 일으킬 위험요소가 된다. '이상은' 사모가 기고(寄稿)한 '사모의 건강관리'라는 제목의 글에 다음과 같은 내용이 실려 있다.

> "얼마 전 어떤 사모는 심장병으로 교회 화장실에서 쓰러진 채 숨을 거두고 말았다. 그날도 그 사모는 수요 예배를 준비하기 위해 주보를 챙기며 교인들을 돕고 있었다. 예배가 시작되기 전에 화장실을 갔다가 그곳에서 쓰러진 것을 예배가 다 끝난 뒤에 발견했는데 이미 차가운 시체로 변해 있었다" (이상은 1994: 237).

스트레스는 신체적 건강뿐만 아니라 정신 건강까지 해친다. 사모가 받는 스트레스는 크게 두 가지로 구분되는데 첫째는 사역의 현장에서 생기는 역할 문제이고 둘째는 가정에서 생기는 갈등의 문제이다. 교인들은 터무니없는 말로 곤경에 몰아넣기도 하고 무례한 말로 상처를 주기도 한다. 때론 잘하지 못하는 부분까지 잘해주길 바라는 교인들의 요구로 스트레스를 받는다. 미숙한 교인들과 한평생 살아가면서 사모가 받는 스트레스는 이루 말할 수가 없다. 사모를 슬프게 하는 또 다른 스트레스는 부부관계에서 생기는 문제이다. 자신을 배려할 줄 모르는 남편에 대한 야속함이 배신감으로 느껴지며 스트레스가 쌓이게 된다. 스트레스가 쌓이고 그 강도가 심해질 때 심각한 우울증으로 발전하게 된다. 우울증은[32] 한마디로 무기력증이다. 우울증에 걸린 사모는 모든 문제에 소심하게 되고 영혼도, 정신도 모든 의욕이 다 죽는다(정태기, 1999: 47).

남편은 사모의 정신 건강을 돌보아야 한다. 본 연구자는 사모의 정신 건강을 위하여 두 가지를 제안한다. 첫째는 사모의 이야기를 들어주는 것이다. 스트레스를 해소하며 정신 건강을 지키는 방법 중에 하나는 자신의 이야기를 낱낱이 말하는 것이다. 목사는 설교를 통해서 많은 이야기를 한다. 또한 다른 사람을 만나서 이야기를 함으로 스트레스를 풀기도 한다. 그러나 사모는 그 자신의 문제와 고민의 목소리를 들어줄 사람이 없다. 교인을 붙잡고 이야기할 수도 없고 다른 사람을 만나 이야기할 수도 없다. 사모의 문제를 가장 잘 알고 있는 사람이 남편이며 가장 가까이에서 들어줄 수 있는 사람도 남편이다. 사모가 이야기하고자 할 때 쓸데없는 이야기로 일축시켜 말을 막는다면 이는 사모를 죽음의 구덩이로 밀어 넣는 것과 같다. 사모의 건강이 목사의 건강이요 목사의 건강이 교회의 건강이라는 인식을 가지고 사모와 자주 대화하며 사모의 모든 대화를 들어주는 자세가 요청된다. 두

---

32) 우울 장애는 심한 심리적 사회적 스트레스 요인으로부터 발생되는데 예를 들면 사랑하는 사람이 죽었거나 이혼과 같은 것을 들 수 있다. 이관직 교수는 사모의 우울증의 원인을 가족시스템이론의 관점에서 사모들의 심리시스템적(psychosystemic) 원인을 근거로 4가지로 말하고 있다. ① 경계선의 불명확함, 경계선은 자신과 타인을 구분 지으며 "나는 나다"라고 말할 수 있는 부분인데 경계선을 그을 수 없는 유연한 성격에서 우울증이 나타날 수 있다. ② 안아주는 환경의 불안정, 인격발달 과정에서 건강한 인격발달을 위해서는 비교적 좋은 양육(good enough parenting)을 제공할 수 있는 환경(holding environment)이 필요하다고 보는데 사모들의 환경이 불안정할 때 우울증에 걸릴 확률이 높다. ③ 미해결의 과제, 자신이 자란 환경에 대한 미해결문제, ④ 결혼 만족도, 남편과의 갈등을 제대로 처리하지 못하거나 성적인 불만족이 생겨날 때 사모들은 결혼생활에서 만족감을 누리지 못하고 부정적 감정들을 내면화시키게 되면 우울증에 취약해진다(이관직, 1999: 79-80).

번째는 개인적인 취미생활을 즐길 수 있도록 도와주는 것이다. 어떤 목사는 스트레스를 풀기 위해서 볼링을 친다고 한다. 볼링 핀을 보면서 자기에게 스트레스를 준 사람을 생각하고 공으로 그것을 칠 때 스트레스가 풀린다고 한다. 나름대로 스트레스를 푸는 방법을 터득한 경우이다. 사모에게 있어서도 정신 건강을 위해서 스트레스를 풀기 위한 적절한 취미 활동을 하는 것이 바람직하다. 사모의 바람직한 역할은 건강한 정신에서 나온다. 사모의 정신건강을 지켜주는 것은 사모를 위하는 것이요 목사를 위한 일이며 목회를 위한 것이다.

③ 영적 건강 돌보기

사모가 가진 문제는 가정적인 문제, 교회적인 문제 등 여러 가지가 있으나 가장 큰 문제는 자신을 관리하지 못하고 이기지 못하는 데서 오는 영적인 위기다. 사모의 마음속에 쌓여 있는 여러 가지 상처들은 주어진 환경 이전에 마음의 영적 환경이 고통의 원인으로 작용하고 있다. 나약하고 정돈되지 않은 내면의 세계로 인해서 혼란을 겪게 되고 아무에게도 드러낼 수 없는 상처가 되어 사모의 영혼을 위협하고 있는 것이다(강준민, 1999: 108).

사모의 영적인 상태를 단적으로 나타내주는 지표가 남편의 설교에 은혜를 받지 못한다는 것이다. <표 21>에서 나타난 바에 의하면 사모들이 남편의 설교에 은혜를 받고 있지 못하다. 영적으로 건강하면 말씀을 사모하게 되고, 모든 것에 자유를 얻게 되며 변함없는 기쁨과 즐거움을 갖게 된다. 영적인 건강은 육체적, 정신적인 건강은 물론이거니와 현실의 문제로 인해서 고민하고 힘들어하는 모든 것들을 변화시키고 능히 이길 수 있는 힘을 얻게 한다. 영적 건강은 정신과 육체를 모두 건강하게 가꾸는 힘의 원동력이다. 바람직한 사모의 역할을 감당하기 위해서는 영적인 건강을 지키는 것이 중요하다. 영성 관리는[33] 영혼의 관리이며 성령 안에서 말씀으로 예수님을 닮아가는 것이다 (Ronald Klug, 1993: 23). 영적으로 건강하면 모든 문제를 신앙의 눈으로 바라보고 믿음으로 해결하려고 노력하며 문제 해결을 위해서 기도하게 되고 성령의 능력을 힘입고 주님과 함께 문제를 풀어간다.

영적 훈련은 목회의 현장에서 교회 성장과 영혼 구원을 위해 분주하게 노력하는 남편을 돕기 위해 스스로 설 수 있는 길을 모색하는 것이다. 하나님 앞에 홀로 설 수 있는 영성 훈련이 필요하다. 사모로 부르신 주님을 바라보고 주님의 깊은 사랑 안에서 남편을 바라보고, 자녀를 바라보고, 가정을 바라볼 때 향기로 가득 찬 아름다운 사모가 될 것이다. 교인들은 사모에게 무엇인가 기대한다. 목사와 함께 사는 사모이기에 목사에게 기대하는 것 이상의 영적인 그 무엇인가를 기대한다. 때로는 교인들의 영적인 상담과 훈련을 필요로 할 때도 있다. 미성숙한 교인들로 인해서 마음에 상처를 받을 때도 있다. 교회적인 크고 작은 일들은 영적으로 건강하지 않으면 감당할 수 없는 일들이다. 이러한 일들을 해결할 힘은 인간에게는 없다. 오직 성령의 능력으

---

33) 사모의 영성관리를 위한 좋은 안내자 중에 하나가 「영혼의 일기」이다. 이 책의 저자 Ronald Klug은 그의 글에서 다음과 같이 이야기하고 있다. "일기는 매일의 삶을 기록해두는 하나의 장(場)이다. 일기는 자기 발견을 위한 도구이기도 하며 정신 집중을 위한 도움의 손길이며 또한 영혼의 거울이다. 일기는 떠오른 생각들을 붙들어 두는 방, 감정을 표현하는 편안한 통로요 작가를 위한 훈련장이요 좋은 친구요 믿음직스러운 벗이기도 하다." 그는 영적인 훈련의 한 방법으로 일기를 쓸 것을 권하고 있으며 영적인 일기를 쓸 때 오는 열 가지 유익에 대해서 다음과 같이 말하고 있다. ① 자기 이해의 성숙, ② 경건한 생활, ③ 인도와 결단, ④ 삶의 분별력과 질서 조명, ⑤ 감정의 표출과 새로운 전망, ⑥ 일상의 삶에 대한 커다란 자각, ⑦ 자기표현의 창의력, ⑧ 믿음을 분명히 하기, ⑨ 목표 세우기와 시간관리, ⑩ 문제를 통한 일하기(Ronald Klug, 1993: 12-33).

로만 가능한 일들이다. 사모의 영적 건강은 육체적, 정신적 건강 못지 않게 중요하다.

본 연구자는 사모의 영적 건강을 위한 세 가지 방안을 제시하는 바이다. 첫째는 가정 예배의 생활화이다. 예배는 한 인간의 영혼이 가질 수 있는 가장 심원(深遠)한 개인적인 경험이다. 인간은 본래 하나님을 알고 그의 선하심에 감사하며 그를 섬기도록 창조되었기 때문에 하나님을 예배하지 않고서는 영혼의 만족을 얻을 수 없다(Gene A. Getz, 1979: 95). 가정 예배는 가족들의 믿음의 표현이다. 창조주 하나님께 예배함으로 영혼의 만족을 얻으며 하나님이 주신 사명의 본질적 목적을 깨닫게 해준다. 가족 예배를 통해서 하나님의 말씀을 배우며 하나님의 말씀으로 자녀들이 양육받기 때문에 말씀을 통하여 믿음이 자라게 된다. 또한 가정 예배는 하나님이 주시는 용서와 위로의 은혜를 받게 되고, 가족들 간에도 용서를 얻을 수 있는 기회가 된다. 따라서 부부간, 가족간에 결속을 강화시키고 가족관계의 유대를 강하게 해준다. 서로 간의 어려운 문제를 고백할 수 있으며, 온 가족이 문제 해결을 위해 기도하며 서로의 사랑을 확인하게 된다. 예배의 뜨거운 체험을 통해 가족은 하나가 된다. 사모의 영적 상태는 가정의 영적 상태에 의해서 결정되고 가정의 영적 고갈은 교회를 연약하게 한다(Adolf Bedsole, 1978: 3). 논자는 사모의 영적 건강을 위한 가정 예배를 제시하며 남편은 가정예배에 힘써 사모의 영적 건강을 도와야 할 사명이 요구된다.

둘째는 사모의 영적 훈련을 위해서 정기적으로 기도할 수 있는 시간을 만들어 주는 것이다. 기도는 그리스도인들에게 있어서 영적인 생명을 이어주는 끈과 같다. 기도가 끊어지면 영적인 활동도 중단된다. 기도는 하나님과 동행하는 것을 배우는 것이며 자신을 하나님께 맡기는 훈련이다. 기도를 통해서 하나님과 자유로운 교제가 이루어지고 끊임없이 심장이 고동치듯 하나님과의 관계에서 살아 있는 영적인 상태가 된다. 기도는 하나님과의 친교에 의해서 자기 자신의 거짓 없는 모습을 알게 하고 참된 마음의 평화를 얻게 해준다(R. A. Torrey, 1982: 76). 칼빈은 다음과 같은 여섯 가지 이유에서 기도할 것을 말하고 있다. "첫째, 기도함으로 우리의 마음은 항상 하나님을 찾게 되고 하나님을 섬기려는 뜨거운 마음으로 불타게 되고 둘째, 우리의 마음과 모든 소원까지도 하나님 앞에 내어놓기를 배우게 되며 셋째, 감사함으로 하나님의 은혜를 믿게 된다. 넷째, 우리가 구하는 것을 얻고 하나님께서 우리의 기도를 응답해 주셨다는 확신을 얻고 하나님의 자비를 더욱 뜨겁게 묵상하게 되고 다섯째, 우리가 이미 기도해서 얻은 것들을 더욱 큰 기쁨으로 받아들이게 되며 여섯째, 우리가 연약할수록 기도생활로 경험을 쌓게 하며 하나님의 섭리가 넘침을 확신케 한다"(John Calvin, 1985: 11).

영적 건강을 위해서는 정기적으로 기도만 할 수 있는 시간적 배려가 필요하다. 사모가 기도하지 않는 것은 아니다. 한국교회 사모라면 매일 새벽기도를 통해서 기도한다. 그러나 일상생활 속에서 기도하는 것과 기도만을 목적으로 모든 일을 쉬면서 기도하는 것과는 다르다. 최소한 3일, 혹은 5일이라도 사모가 전적으로 기도하여 하나님과 밀접한 관계를 다지고 쌓인 문제들을 해결하며 영적인 충족을 채울 때 사모는 영적으로 건강할 것이다. 사모의 소중함은 사모가 있을 때는 모른다. 다만 며칠이라도 사모가 없을 때 사모의 빈자리를 통해서 사모의 소중함을 깨달을 수 있기에 일석이조의 효과를 볼 수 있겠다.

셋째는 성경과 찬송을 들을 수 있는 매체를 마련해 주는 것이다. 하나님의 말씀은 영성을 개발하는 데 중요한 근거가 된다. 성경은 성경의 유익성을 다음과 같이 말씀해주고 있다.

> "하나님의 말씀은 살았고 운동력이 있어 좌우에 날선 어떤 검보다
> 도 예리하여 혼과 영과 및 관절과 골수를 찔러 쪼개기까지 하며 또
> 마음의 생각과 뜻을 감찰하나니, 모든 성경은 하나님의 말씀으로 된
> 것으로 교훈과 책망과 바르게 함과 의로 교육하기에 유익하니 이는
> 하나님의 사람으로 온전케 하며 모든 선한 일을 행하기에 온전케 하
> 려 함이니라"(히 4:12, 딤후 3:16-17).

하나님의 말씀은 살아 있기에 그 말씀을 접하면 심령과 골수를 쪼
개는 역사가 있다. 자신의 참모습을 발견하게 하며 바르게 되고 하나
님의 선하신 사역을 행하기에 온전케 한다. 성경 말씀에 대한 훈련이
없을 때 영적 성장에 도움을 줄 수 없다(오성춘, 1994: 290). 영적 건
강을 위해 빼놓을 수 없는 필수 요소 중에 또 다른 하나는 찬양이
다.34) 찬양은 하나님이 우리에게 베풀어주신 은혜에 대한 화답이요
감사의 표현이다. 찬양을 통해서 하나님의 영광을 드러내며 하나님을
영화롭게 한다. 이것을 노래로 표현한 것이 찬양이다(이효은, 1981:
50). 찬양은 구속의 은총을 받은 성도들이 하나님께 드리는 신앙의 표
현이요 감사와 감격의 표현이다. 찬송을 부를 때 영혼의 감사가 있고
하나님을 향한 감격이 솟구치며 기쁨이 넘치게 된다. 찬양이 있는 곳
에 마귀는 물러가고 하나님의 영이 임하신다. 다윗이 수금을 탈 때 악

---

34) 찬양하다는 뜻의 '할렐루야(הללויה)'는 '할라(הלל)'와 '루야(יה)'의 합
　　성어이다. 할렐루야는 할랄(halal)에서 파생되어 나온 말인데, '할랄'은
　　"자랑하다, 찬양하다라는 뜻이다. '야(יה)'는 단순히 하나님의 거룩하신
　　이름의 약자이다. 할렐루야 외에도 '야다(yada)'"두 손을 들어 경배하다,
　　"'바락(barak)', 무릎을 꿇다"라는 뜻이 있다. 찬양은 하나님께 인간에게
　　행하신 사역에 감사를 나타내는 표현이다. 그의 은혜에 감사하며 화답하
　　는 교제가 찬양이다(성서대백과사전, 1981: 390).

신이 사울에게서 떠나가고 사울이 상쾌하였다(삼상 16:23). 사모의 영적 건강을 위해서 말씀과 찬양이 있어야 한다. 그러나 성경을 읽을 수 있는 시간적 여유가 많지 못하다. 가정에서는 가사일을 봐야 하고 교회에서는 교회일을 해야 하기 때문에 특별히 시간을 내어 성경을 읽을 수 있는 시간적 여유가 많지 못하다. 따라서 가정에서 일하면서 성경과 찬송을 들으며 묵상할 수 있도록 환경과 조건을 마련해 주는 배려가 요구된다. 요즈음에 지어지는 아파트나 신축 연립에는 아내들을 위한 주방 시설이 잘되어 있다. 부엌에서 일하면서 뉴스나 오락 프로그램을 보고 들을 수 있도록 TV나 Radio가 설치되는 것은 일반적인 일이 되었다. 현대 정보 사회에서 가정주부도 뒤떨어지지 않기 위해서 이렇게 노력을 하거든 하물며 영혼을 구원하는 막중한 사명을 가진 목회자 사모에게 영적인 건강과 충만을 위한 일에 투자하는 것이라면 무엇을 주저하겠는가? 가능한 시간에 언제든지 하나님의 말씀과 찬양을 들을 수 있는 시설을 가정에 설치하여 말씀과 찬양을 들을 수 있도록 할 것을 제안하는 바이다. 영적으로 건강하여 예수를 닮는 생활을 한다면 바람직한 사모의 역할을 감당할 것이다.

(2) 가정적인 돌봄

<표 43>에 의하면 남편에 대한 사모의 불만이 권위적이라는 데 많은 불만을 나타내고 있다. 뿐만 아니라 <표 34>에는 목회자가 가정적이지 못한 것으로 나타났다. 한국 사회의 전통적 특징을 묘사하는 중요한 말들 가운데 하나는 '권위주의'이다. 부부는 하나님 앞에 동등하게 지음 받았기 때문에 피차 존중하고 서로를 존경하기를 먼저 해야 한다. 권위주의는 이러한 기독교적 인식 대신 유교에서처럼 수직적 관

계로 이해하는 데 기인하는 태도이다. 외국의 관찰자들은 이 권위주의가 한국 사회 발전에 가장 큰 장애 요소라고 지적한다. 상급자가 아랫사람에 대해서 그 견해가 타당하고 합리적인가 하는 것을 따지기 이전에 단지 지위, 계급, 신분, 혹은 연령이 위라는 이유로 자기 의견을 관철시키고 아랫사람에게 무조건적인 복종과 존경을 요구하는 것이 유교문화의 특징이다(이복수, 1997: 52). 한국인의 생활 속에 깊이 뿌리내려 있는 가치규범은 유교이다. 특히 한국인의 가족개념과 대인관계의 예절, 그리고 직업관이나 국가관은 유교적 기초를 이루고 있다(정용두, 1994: 151). 유교는 오랜 세월 동안 한국인의 의식 속에 깊이 뿌리내려 있기에 그 영향으로부터 자유롭기는 쉽지 않다. 우리 사회 속에서 권위주의는 상하 관계가 있는 곳에는 어디서나 존재한다. 스승과 제자, 연장자와 연소자, 상급자와 하급자, 남편과 아내 등, 권위가 존재하는 곳에는 어디든지 존재하는 것이 권위주의다. 이러한 관계에서 자신의 아랫사람의 의견이나 주관은 상관없이 복종할 것을 강요한다(1995: 53). 부부관계는 상하 수직적인 관계가 아니다. 사랑의 관계이다. 남자이기에 무조건 복종해야 하는 관계는 아니다.

산업화가 되기 이전의 사회에서는 가사 노동의 문제가 발생하지 않았다. 가족생활의 형태는 상호보완적인 구조 속에 자연스럽게 남자와 여자의 일을 구별해 놓았다. 남자는 들에 나가 가정의 경제적인 일에 책임을 다하였고 아내들은 가정에서 가사 노동과 자녀 양육의 문제를 책임지고 있었다. 그러나 시장 자본주의의 출현은 이러한 정착된 세계를 뒤흔들어 놓았다. 농경사회에서 누리던 통일성은 없어지고 남편과 아내가 다 같이 경제적인 노동을 팔 수 있게 되었다. 이와 더불어 사회적으로 부양할 자녀들도 노동의 능력 여하에 따라 역할을 분담해야 하는 불평등한 부담이 생겨나게 된 것이다(조상국, 1992: 154).

이제는 가사 노동이 하나님과 공동체에 대한 봉사로 하나님께 영광을 돌리는 것으로 인식되어야 한다. 루터는 다음과 같이 말하고 있다.

"온 세상은 하나님에 대한 봉사로 가득할 것이다. 교회에서뿐 아니라 가정에서도, 창고에서도, 작업장에서도, 시골 농민들의 들판에서도……. 당신이 집에서 하는 일은 그것이 하늘에서 우리 하나님을 위해 일하는 것만큼 중요합니다"(조상국: 1992, 157).

바람직한 사모의 역할을 위해서는 남편의 권위주의적 사고를 버리고 가정에서 아내와 함께 가정을 이끌어 간다는 자세를 가지고 가사 업무를 분담하며 자녀 양육에도 함께 참여하는 노력을 기울여서 역할 분담을 할 것을 제안하는 바이다.

(3) 교회적인 돌봄

교회의 기능은 주로 Kerygma(말씀), koinonia(친교), diakonia(구제)의 기능이 있다. 이 기능들 중에서 사모들은 말씀과 구제의 기능 역할에는 매우 헌신적이고 모범적이다. 그러나 대부분의 사모들이 겪고 있는 기능이 친교와 관련된 부분이다. 사모는 친교의 수단으로서(means of koinonia) 교우 관계를 피할 수 없다(김종환 1999: 92). 교우 관계는 교회 안에서의 인간관계이다. 그러나 사모들이 가장 힘들어하는 부분이 교인과의 관계이다. 사모들은 교인 관계에 대해서 훈련이 돼 있지 않다. 다만 그들의 경험을 통해서 익히고 배우는 가운데 많은 갈등과 상처를 받는다. 교회는 위로 하나님과의 관계, 아래로 사람과의 관계 속에서 이루어진다. 사모들이 하나님과의 관계에서는 매우 열심이다. 열심히 기도하고, 전도하며, 뜨겁게 찬양하면서 헌신한다. 그에 반하여 사람과의 관계인 koinonia를 위해서는 그 동기조차 없는 것이 오늘날 한국교회의 현실이다. 이러한 관계는 교회의 분열의 원인이 되고, 교역자에 대한 갈등을 심화시켜 교회 성장을 둔화시키는 원인이 된다(1999: 92). 이러한 문제를 해결하지 못하고는 바람직한 사모로서의 교회의 역할을 기대할 수 없다. 목회자는 사모의 이러한 문제에 대하여 끊임없는 관심과 노력을 기울여 극복할 수 있도록 돌봐야 한다. <표 14>에 의하면 사모가 교회에서 지나치게 많은 역할을 맡고 있는 것으로 나타나고 있다. 사모들에게 나타나는 역기능적인 요소 중에 하나가 많은 일을 맡고 있는 데서 기인한다. 일에 대한 욕심이 지나쳐서 많은 일을 하면서 완벽하게 소화해 내야 한다는 강박감은 스스로를 지치게 한다. 따라서 목회자는 사모로 하여금 일의 유혹에서부터 자유롭고 완벽하게 해내고자 하는 슈퍼 사모의 역할을 조절해 주어 교회적인 역할의 한계를 정해주고 가능한 일의 범위를 설정하여 지나친 스트레스를 받지 않도록 돌보아야 한다.

(4) 지속적인 관심과 사랑

보통 여자들은 남자보다 8년을 더 살지만 목회자의 아내는 4년 먼저 죽는다고 한다. 그 이유는 사랑과 관심을 받지 못하기 때문이다. 사람은 사랑받을 때 삶의 의욕을 갖는다. 사랑받지 못하면 곧 폐인이 되고 만다. 공기 맑고 물 좋은 농촌에 사는 사람이 도시보다 2.5배 사망률이 높다고 한다. 그 이유는 자녀들을 다 키우고 도시로 떠나버린 자녀들의 사랑과 관심이 없기 때문이다(정태기, 1999: 46). 사모의 사망률이 일반인들에 비하여 높은 것은 남편의 관심과 사랑이 부족하기 때문이다. 대부분의 목사들이 교인들에게 관심을 보이고 너무 많은 일에 신경을 쓰다 보니 정작 사모에게는 무관심하게 대할 수밖에 없다. 무관심의 정도가 지나쳐서 오히려 목회에서 쌓인 스트레스를 아내에게 풀어버리게 되니 남편으로부터 받아야 할 관심과 사랑을 받지 못한 사모는 각종 암 등 질병에 시달리거나, 사모의 역할에 역기능적인 현상들로 나타나게 된다. 교회가 살려면 목사가 살아야 하고 목사가 살려면 사모가 살아야 한다. 아내에 대한 관심과 사랑을 뒤로 하고 교회 교인들에게만 관심을 두는 것은 목회의 순서를 거꾸로 하는 것이다. 미국에 어느 목사가 4년 만에 교회를 열 배로 성장시키는 놀라운 부흥을 일으켰다. 그러나 4주년 기념식 때 사모가 이혼 서류에 사인(sign)을 해놓고 집을 나가버렸다. 이 교회 목사는 교회는 부흥시켰으나 목회는 실패한 것이다(1999: 48). 사모에 대한 관심과 사랑은 곧 자기 사랑이요 교회 사랑이다. 수천 명의 목회를 한다고 해도 가장 우선으로 관심과 사랑을 쏟아야 할 대상이 사모이다. 과거 선배 목사들은 가족이나 아내에게 관심 쓰는 것을 부끄러운 일로 알았고 교회와 다른 사람에게 관심을 쓰는 것을 미덕으로 알았다. 심방을 가도 사모는 남편 뒤에서 일정한 간격을 두고 뒤따르게 했다. 이러한 사고의 배후에는 사회적인 폐쇄성이나 유교적인 영향도 있었을 것이다. 이제는 사모에 대한 관심이 목회의 성공이라는 인식과 함께 사모에 대한 지속적인 관심과 사랑을 베풀어야 한다.

본 연구자는 아내에게 지속적인 사랑과 관심을 베풀기 위한 두 가시 방법을 제안한다. 첫째는, 하루에 3번 이상 사랑을 표현하는 것이다. 우리나라 남편들은 아내에 대한 사랑의 표현이 미숙하다. 특히 목회자들의 경우에는 더욱더 그러하다. 법(法)도 주장하지 않는 권리를 지켜주지는 않는다. 사모들도 표현하지 않는 사랑을 사랑으로 느끼지 못한다. 보석은 가공할 때 보석으로서의 가치가 드러나고 사랑은 표현할 때 애정이 두터워진다. 속으로 아무리 큰 사랑을 가지고 있다고 할지라도 표현하지 않으면 그 사랑은 빛을 발하지 못한다. 사모들은 '사랑한다'는 말을 듣고 싶어 한다.[35] 둘째는 기념일을 잊지 말고 선물을 하는 것이다. 여자는 자그마한 것이라도 자신을 기억하고 있다는 것에 대하여 감격한다. 하나님은 여자에게 남편을 사모하며 살도록 하셨기 때문이다. 여자는 남편의 세심한 배려를 원한다. 사모는 자기를 사랑하고 기억하여 관심을 기울이고 있다는 것을 알 때 남편을 위해 자기의 모든 것을 희생한다.

3. 바람직한 사모 역할을 위한 행복한 부부 만들기

<표 17>에 나타난 결과에 의하면 목회자의 부부관계가 교회 성장에 영향을 미친다고 하는 데 대하여 목회자, 사모, 평신도 모두가 긍정적인 반응을 나타내고 있다. 설문 조사에서도 나타난 것처럼 목회자의 부부관계는 교회 성장과 밀접한 관계가 있으며 바람직한 사모 역할을 위해서도 매우 중요하다. 이를 위해서 본 연구자는 행복한 부부를 만들기 위한 6가지 방안을 제안하는 바이다.

(1) 충분하고 질 좋은 대화

<표 47>에 의하면 목회자 부부 대화시간이 한 주일에 4시간 미만인

---

35) 미국의 저명한 심리학자요 부부 상담사인 헤리(Harley)는 결혼생활에서 여성이 가장 필요로 하는 다섯 가지를 ① 애정표현, ② 대화, ③ 솔직성과 개방성, ④ 경제적 안정, ⑤ 가정적인 남편을 들고 있다(Willard F Harley, 1998: 119).

경우가 34.5%로 대화를 많이 하지 못하는 것으로 나타났다. 목회자는 일의 특성상 많은 교인을 만나야 하고 설교 준비를 해야 하며 교회의 제반 업무를 처리하는 등 바쁜 일정으로 인해 사모와의 대화시간이 충분하지 못하다. 통계적으로도 충분한 대화를 하지 못하는 부부 사이에 문제가 발생하는 것으로 나타나고 있다. 일상적으로 모든 부부는 여러 가지 어려운 문제들을 만난다. 그러나 대화하는 정도에 따라 문제를 해결하기도 하고 그렇지 못하기도 한다(H. Hendricks, 1992: 15). 대화는 부부문제의 가장 중요한 요인일 뿐 아니라 성숙한 부부관계를 형성하는 데 있어서도 중요하다. 부부 불화를 가져오는 많은 부분이 의사소통에 있다. 부부가 의사소통이 원활한가 그렇지 않은가의 여부에 따라 부부의 갈등과 위기상황이 달라진다. Satir은 "대화(Communication)는 정보를 주고받는 과정으로서 대화 없이는 인간은 생존이 불가능하다"고 말하고 있다(V. Satir, 1995: 94).

부부간의 대화에 있어서는 대화의 양(量)도 중요하겠지만 그보다 더 중요한 것은 질(質)이다. 많은 시간을 대화했다고 부부 갈등이 없어지는 것은 아니다. 많은 시간도 대화의 질에 따라서 부부의 갈등은 증감될 수 있다. 이심전심(以心傳心)으로 서로의 마음이 전달되는 대화가 좋은 대화이다. 서로의 입장을 이해할 때 공감대가 형성되고 비로소 따뜻한 마음이 느껴지게 된다. 대화에서 중요한 것은 상대에 대한 사랑의 마음이다. 사랑의 마음이 있을 때 상대방을 이해하게 되고 상대방을 이해하는 기운데 서로의 일치점을 찾게 된다.[36] 서로의 입장을 이해하려

---

36) 포웰(Powell)은 대화의 다섯 가지 차원이 있다고 말한다. ① 형식적이고 의례적인 대화, ② 객관적인 사실과 정보를 교환하는 대화, ③ 두 사람의 생각이나 견해를 주고받는 차원의 대화, ④ 자신과 상대방에 대한 진솔한 감정, 사사로운 감정을 표현할 수 있는 대화, ⑤ 따뜻한 마음이 통하는 대화(John Powell, 1969: 89).

는 노력이 필요하다. 자신의 주장만 강하게 내세워서는 결코 좋은 대화는 이루어질 수 없다. Communication은 라틴어에서 유래된 말인데 라틴어 'Communicare'란 '공통', '공유하다'는 뜻의 'Comminus'라는 명사와 com의 어근이 합쳐서 된 단어로써 다른 사람과 나누어 가진다는 뜻이 있다. 따라서 대화란? '같이 이야기하다', '상의하다'(confer)라는 뜻이 있다(최종수, 1984: 17).

　김종주는 한국 부부들의 대화의 유형을 여섯 가지로 분류하고 있다. 첫째는, 일방통행적인 대화유형이다. 한편에서는 말만 하고 또 다른 한편에서는 듣기만 하는 형태로 일종의 독백형식의 대화이다. 둘째는, 일상적인 수준을 벗어나지 못하는 대화이다. 깊이 있는 대화를 하지 못하고 일상생활 수준 정도의 이야기만 나눈다. 셋째는, 말하려고 할 때 상대방이 화를 내거나 억압하려는 경향이 있어서 두려움과 불안감이 앞서기 때문에 망설이는 경우이다. 이런 관계에서는 대화가 이루어지지 않는다. 넷째는, 대화를 하려고 할 때 침묵하는 형태의 대화이다. 대화에 냉기가 흐르고 갈등이 생기면 침묵해 버린다. 다섯째는 대화로 해결하려는 의지를 가지고 끝까지 대화하는 타입이다. 갈등이나 문제되는 요소가 생기면 문제 해결을 위해서 노력하며 결론을 내린다. 마지막으로 다양한 의사소통의 방법을 사용하여 대화하는 경우이다. 언어, 신체적 접촉, 글, 행동, 눈 등을 통해서 갈등을 풀어가려는 방식이다(김종주, 1995: 126-127). 대화에는 말하기와 듣기가 있다. 내가 하는 말이 상대방에게 상처를 주지 않도록 노력해야 하며 상대방의 이야기를 경청하려는 노력이 필요하다. 이 둘이 일치할 때 원만한 대화가 이루어진다.[37]

---

37) 효과적인 부부대화를 위한 듣기와 말하기 방법, 1) 말하기 - ① 상대방의 이야기를 있는 그대로 이해하라(확대, 축소하지 말 것), ② 자신의 상

(2) 정신적 교감 나누기

인간관계에 있어서 관계성의 의지는 그 무엇보다 강하다(H. Clinebell, 1979: 21). 부부관계의 관계성은 상호 인격적 관계에서 완전성을 추구해 나가면서 동시에 그것에 의해 만족감과 친밀감을 얻게 된다. 원만한 부부관계를 위해서는 서로 간의 정신적 관계의 일치감과 공통점을 찾는 데 힘써야 한다. 클라인벨(Clinbell)은 그의 저서 "Basic Types of Pastoral Care and Counseling"(전인 건강)에서 인간관계와 건강과의 관계를 다음과 같이 말하고 있다(H. Clinebell, 1994: 58).

> "만성적인 고독과 사랑의 결핍은 건강에 위협이 된다. 그러나 인간 관계에서 사랑을 풍요롭게 하면 더 높은 수준으로 전환될 수 있다. 전인격성을 향상시키고, 잘못된 것을 치유하기 위해서는 상호존중과 성실성, 솔직한 의사소통 서로의 완전해짐에 대한 상호헌신 등의 모습으로 구체화시킬 필요가 있다."

심리학적인 연구 결과에 의하면 위기를 극복하고 관계 성장을 지속해 나가기 위해서는 정신적인 일치를 통한 심리적 갈증을 채워주는 깊은 관계가 정기적으로 믿음직스럽게 일어나야 한다(H. Clinebell, 1995: 25). 부부관계에 있어서 정신적인 기대감의 일치를 위해서는 함

한 감정에 대해 이야기하지 말고 상대방의 동정심을 유발하라, ③ 부드러운 유머를 사용하라, ④ 과거의 이야기는 꺼내지 마라, ⑤ 상대방을 비난하는 용어를 사용하지 마라, ⑥ 용서를 구하는 말을 어려워하지 마라, ⑦ 상대방의 말을 가로채지 마라, ⑧ 이미 저질러진 일을 비난하지 말고 해결을 위한 건설적인 이야기를 하라, ⑨ 칭찬과 감사의 표현을 사용하라. 2) 듣기 － ① 상내방의 발을 경청하라, ② 상대방이 이야기하는 동안 딴 생각을 하지 마라(반박할 생각 등), ③ 미리 판단하지 말라 ④ 서로 공평하게 이야기를 들어주라(H. Norman Wright, 1985: 98－110).

께 공감할 수 있는 사고와 느낌, 경험과 소신을 통한 정신적 교감이 일어날 때 행복지수는 상승하게 된다. 부부의 정신적 교감관계는 단순한 사귐의 차원이 아니라 상호 건강을 유지해주는 기능을 하며, 고통과 어려움에 대한 효과적인 에너지가 되고, 더 나아가 삶까지도 풍요롭게 하는 원동력이 된다. 부부의 정신적 일치감은 신체적 치유와 건강을 위해서도 많은 도움이 된다. 미시간 대학교에서 질병을 일으키는 정서적 요인들을 연구한 결과 친밀한 관계가 거의 없는 사람들의 사망률이 친밀한 관계를 유지하고 사는 사람들에 비해서 3배나 높았다는 사실을 발견하게 되었다. 연구자들은 관계성의 고독은 흡연만큼이나 심각한 주요 사망요인이라고 결론지었다(1995: 135).

필자는 바람직한 사모 역할을 위한 행복한 부부관계를 위해서 정신적 교감을 함께 나눌 수 있는 세 가지 방안을 제안하는 바이다. 하나, 하루에 얼마간의 시간을 내어서 자신들이 가진 진정한 중요성이 무엇인지를 서로 나누며 일치감을 찾기 위해서 노력하는 것이다. 서로가 가진 목표가 같을 때 부부는 하나가 된다. 부부의 일치를 위해서는 서로가 가진 목표를 살피고 함께 공유하기 위한 노력이 필요하다. 둘, 서로의 마음의 갈망을 정기적으로 또는 의도적으로 채워 주라. 이를 위해서는 부부가 가능한 모든 일에 함께 참여하고 공감대를 형성하여 그 일을 이루기 위한 협력과 노력이 있어야 한다. 셋, 현재의 삶에서 누릴 수 있는 낭만과 도전, 기회와 재능들을 함께 개발하고 영위하라. 함께 누릴 수 있는 공통의 낭만을 찾고 기회를 부여하여 도전하며 함께 성취해 나갈 때 정신적 교감을 느끼게 되고 서로 간의 일치감을 갖게 된다.

(3) 육체적 교감 나누기

1) 성생활의 원리

하나님은 결혼 생활에서 성을 인정하시며 귀히 여기신다. 히브리서 13장 4절에 사용된 "침소"라는 단어는 헬라어 "코이테"(κοιτη)로서 아이를 잉태하기 위한 동거를 의미한다. '코이테'라는 단어는 "눕다"를 의미하는 "케이마이"(κειμαι)동사에서 파생한 것이며 "잠들게 하다"의 "코이마오"(κομαο)와 동류이다. 성교(coitus)라는 말은 라틴어 코이티오(coitio)에서 왔지만 헬라어의 코이테는 동일한 의미를 가지며 결혼한 사람들이 동거하는 침대에서 경험하는 관계를 의미한다(Barrington O. Burrell, 1990: 120). 지난 수 세기 동안 '성'에 사용된 개념들은 쾌감, 정욕, 본능 등의 단어로 사용되면서 부정적인 의미로만 인식되었다. 그러나 성(性)을 만드신 분은 하나님이시다. 성은 하나님께로부터 온 것이다. 성에 대한 잘못된 고정관념을 가진 일부 기독교인들 가운데는 성을 죄악시하며 부정하게 생각하는 사람들이 있다. 그것은 시편 51편을 잘못 해석함으로 인한 것이며 성경 전체를 모르는 탓이다(Herbert Haag und Kathharina Elliger, 1988: 42−43). 성은 성서의 금기의 주제가 아니다. 인간에게 성이라는 신체기관을 주신 분이 하나님이시고 그것을 사용할 수 있는 충동의 기능까지 주신 분이 하나님이시다. 잠언 5장 18절에는 "네가 젊어서 취한 아내를 즐겁게 하라"고 말씀하고 있다.

아브라함 메슬로우(Abrahm Maslow)는 인간의 기본적인 욕구를 5단계로 나누고 이 욕구들은 다시 인간의 기본적인 동기들을 유발한다고 보았다. 이 욕구들은 ① 생리적 욕구, ② 안전의 욕구, ③ 사랑과 소속의 욕구, ④ 자존감의 욕구, ⑤ 자아실현의 욕구가 있다. 일반적으로 낮은 단계에서 시작하여 점차 높은 단계의 욕구를 경험하게 되는

데 낮은 단계의 욕구는 상실되는 것이 아니라 그 단계에서 머물면서 상호의존 관계를 유지한다. 아래 단계의 욕구가 충족될 때보다 효과적인 성장이 이루어진다(Gary R. Collins, 1984: 147-148).

성은 하나님이 부부에게 주신 선물이다. 성생활은 부부관계의 질을 높여 준다. 성서적 의미에서 육(flesh)은 몸만을 의미하는 것이 아니라 한 사람의 생(生)을 의미한다. 부부의 육체적인 일치는 생의 한 부분으로서 상호 간 의존성과 신뢰를 일으킨다. 이스라엘인들에게 있어서 성은 분리된 영역이 아니라 그들의 인격과 결부되어 있었다. 창세기 4장 1절에 아담이 하와와 "동침"하였다는 뜻은 히브리어에서는 '안다'는 의미가 있다. 안다는 것은 지적인 인식만을 뜻하지 않는다. 포괄적인 의미를 내포하고 있다. 그 사람의 모든 것, 감정과 정신 그리고 감각에 하나 되는 것이다. 따라서 "동침"한다는 말은 '알다', '경험하다'는 뜻으로 개인적인 경험을 통해 부부간의 친밀한 상태를 나타내며 상대방을 새롭게 발견한다는 의미로 해석된다(1988: 25-26).

성에 대한 히브리인의 가르침은 크게 두 가지이다. 하나는 하나님의 축복으로 즐겁게 사용하라는 것이요 또 다른 하나는 자녀를 얻기 위한 것이다. 그러므로 히브리인들은 성을 선한 것으로 여겼다. 그들은 부부의 성 관계를 통해서 하나님의 축복을 인식하였고 하나님이 주신 성을 귀하게 여겼다. 성은 인간관계의 표현이며 즐거움과 만족과 신뢰를 제공한다. 부부의 성행위는 둘 만의 사랑의 표현이며 아름답고 깊은 관계를 돈독하게 한다. 따라서 성을 귀하고 신성하게 여겨야 한다.

2) 성생활 만족하기

<표 31>에 나타난 바에 의하면 사모들이 느끼는 성생활의 만족도는 보통 정도로 나타났고 <표 49>에서 남편이 느끼는 성생활의 만족도는

불만족스러운 것으로 나타났다. <표 32>, <표 50>에 의하면 목사와 사모 모두가 성생활의 만족도가 부부관계에 영향을 미친다고 인식하였다. 나타난 표가 시사하는 바는 부부의 성생활의 중요성을 알면서도 서로가 만족한 성생활을 위해서 노력하지 않고 있다는 것이다.

우리의 전통적인 관습은 성을 금기시하고 성에 대하여 드러내놓고 말하는 것을 부끄럽게 여겼다. 더욱이 거룩함을 지향하고 성결한 생활을 강조하는 목회자에게 있어서는 성에 대하여 이야기하고 자신의 감정을 드러낸다는 것을 죄악시하여 멀리하였고 자신의 성에 대한 감정이 상대방에게 전달될 때 경건치 못한 사람으로 잘못 비춰질 수 있다는 오해를 두려워하여 부부간에도 쉽게 성에 대해서 이야기하지 못하고 있다. 오히려 혼자 고민하다가 자칫 잘못된 의식의 세계로 빠져들 수도 있다. 성역할은 부부에게만 주신 특권이다. 서로가 진실하게 자신의 감정을 표현하고 노력하는 자세가 필요하다. 부부의 애정과 행복을 위해서 하나님이 주신 성을 통해 서로를 알며 행복한 부부가 되기를 힘쓰는 것이 사모의 바람직한 역할을 위해서도 필요하다. 부부의 성생활 만족은 사모를 지키는 길이요, 목사를 지키는 길이요, 교회를 지키는 길이다.

목회자 성생활 만족의 방해 요소를 몇 가지로 지적하고자 한다. 일반적으로 성생활의 장애요인은 크게 두 가지다. 첫째는 심리적인 요인과 둘째는 생리적인 요인이다. 심리적인 요소 중에는 상대에 대한 불신과 길등이 성생활에 장애를 가져온다. 갈등은 두 사람이 해결하기 곤란한 상태에서 자신의 요구가 상대방과 대립될 때 생긴다. 또한 상대방을 믿지 못하고 상대방에 대한 신뢰가 구축되지 않으면 성적인 관계에 있어서도 만족을 느끼지 못한다. 성생활은 단순한 육체적 교제가 아니다. 서로에 대한 사랑과 믿음에서부터 사랑의 감정이 싹트게 되고 성생활에도 만족을 얻게 된다. 의견이 상충되고 상대가 자신을 존중하지 않는다는 의식이 있을 때 불신의 벽은 높아지게 된다. 갈등의 문제가 한계를 넘어서면 파괴적이고 심각한 괴리 현상을 초래하게 되므로 가능한 선에서 문제를 해결하려는 노력이 필요하다. Clinebell은 부부의 성생활 욕구에 대한 불만족을 해소하기 위해서는 부부가 가진 총체적인 인간관계를 지속적으로 성장시켜야 한다고 주장한다(Howard J. Clinebell, 1996: 194). 심리적인 요인 중에 또 다른 한 가지는 일에서 오는 스트레스이다. 목사나 사모는 교회일과 교인들로부터 스트레스를 받을 수 있는 상황에 항상 노출되어 있다. 스트레스는 성생활에 악영향을 끼친다. 부부간에 받은 상처를 어루만져 주고 고통을 함께 나눔으로 문제를 해결하려고 노력할 때 스트레스에서 벗어나게 되고 더 좋은 부부관계가 되며 성생활에도 만족을 얻게 된다. 둘째로 생리적인 현상 중에는 신체적인 질병이나 연약함으로 인해서 오는 경우이다. 과로는 육체적인 피로와 더불어 정신적인 피로까지 겹치게 되는데 육체적으로 약할 때 부부 생활에 문제가 야기된다. 따라서 행복한 부부관계를 유지하기 위해서는 지나친 일의 욕심을 버리고 건강에 유의해야 할 것이며 규칙적인 운동을 통해서 체력을 보강하는 것이 바람직한 성생활을 위해서 필요하다. 만일 비뇨기과적인 문제나 신체 다른 기관에 문제가 있을 때에는 전문의사와 상담하고 그에 맞는 적절한 치료를 병행할 때 건강하고 행복한 성생활을 영위할 수 있다.

(4) 믿음을 주는 부부

1) 서로를 믿어주기

부부관계에 있어서 무엇보다 중요한 것은 믿음이다. 서로를 믿어주는 것이다. 사랑의 기초는 믿음에서 시작된다. 고린도전서 13장 7절에도 "……사랑은 모든 것을 믿으며……"라고 말씀하고 있다. 부부관계를 불행하게 만드는 적이 있다면 '의부증'과 '의처증'이다. 이런 증상은 약도 없다. 부부는 믿음으로 하나 된 관계요 믿어주는 관계이며 안팎에서 일어나는 고난과 번민과 외로움을 서로의 믿음으로 극복해 가는 관계이다(주준태, 1992: 26). 사랑하는 사람은 모든 것을 믿고 싶어 하고 믿어주려고 한다. 부모가 자녀를 사랑하기 때문에 믿는다. 여러 번 잘못했어도 또 다시 믿으려고 한다. 주님과 우리와의 관계가 믿음의 관계이다. 우리는 믿음 안에서 주님의 사랑을 보았고 주님의 인자하심과 신실하심을 믿기에 또한 그분을 사랑한다. 주님은 우리를 사랑하시기에 죄 많고 허물 많은 우리들이지만 주님의 교회를 맡기시고 여러 번 실수해도 믿고 기다리신다. 부부는 배우자를 믿음으로 대해야 한다.

부부관계는 때론 바보가 되어야 행복할 때도 있다. 부부가 한평생을 살아가노라면 초원을 거닐 때도 있지만 사막을 통과해야 할 때도 있고 위험한 강과 바다를 건너야 할 때도 있다. 때론 권태도 생기고, 의혹도 생기고, 좌절감도 생긴다. 더 적극적으로 말하면 실수하고 죄의 자리에 빠지기도 한다. 이런 일을 당하면 실망과 좌절감에 적대시하고 배신감에 분개하며 원망과 책임을 따지게 된다. 모든 사람이 외면하고 실패의 낙인을 찍는다 해도 배우자가 믿고 감싸준다면 새로운 용기와 희망을 가지게 될 것이다(1992: 25). 문제 해결의 열쇠는 주님이 갖고 계신다. 문제 해결의 열쇠가 나에게 있는 듯 착각하여 내가 해결하려고 할 때 부부관계에 심각한 문제가 생긴다. 사랑은 믿음에 근거하기 때문에 끝까지 자신을 믿어주는 사람에게 머문다.

믿음은 상대방의 개성과 인격을 존중해 주고 그의 잠재력과 있는 그대로의 자질을 인정해주는 것이다. 부부는 서로에게 인정받고 싶어 한다. 배우자에게 무시를 당할 때 가장 큰 상처를 입는다. 상대의 약점이라도 인정해 줄 때 용기를 얻고 능력을 발휘한다. 어느 상담사가 뻐드렁니를 가지고 고민하는 여학생에게 "너의 뻐드렁니는 세상에서 하나밖에 없는 것이다"라고 용기를 주었다고 한다. 그 여학생은 자신감을 가졌고 후에 그녀의 뻐드렁니에 매력을 느낀 멋진 청년이 구혼을 했다고 한다(29). 부부는 배우자가 자신을 인정해 줄 때 용기를 얻는다. 상대방을 탓하지 말고 있는 것을 긍정적으로 바라보고 인정해 줄 때 행복한 부부가 될 수 있고 바람직한 사모의 역할을 감당할 수 있다.

2) 서로에게 믿음주기

부부의 관계를 무너지게 하는 중대한 요인은 '약속의 파기'이다. 성경은 간음을 하나님의 창조의 뜻을 거스르는 죄로 간주하고 있다. 하나님과의 언약을 파기한 이후 부부관계는 "뼈 중에 뼈요 살 중에 살"의 관계에서 "그 여자"의 관계로 변하여 대립과 갈등의 양상을 띠게 되었다. 이것은 부부관계에서 질서의 혼란과 파괴를 의미하는 것이다. 배우자의 '부정'은 친밀한 부부관계가 깨어지고 원망과 대립으로 얼룩진 창조질서의 파괴를 가져온다(창 3:12).

성경은 부부의 성생활에 있어서 성결할 것을 요구하고 있다. 예수님은 간음에 대해 새롭게 정의하셨다. "여자를 보고 음욕을 품는 자마다 마음에 이미 간음하였느니라"(마 5:28). 육체적인 행동만을 간음으로 정하지 않고 정신적인 것까지도 간음으로 정하셨다. 성경이 기록될 당시만 해도 남자가 여자보다 훨씬 더 많은 자유를 누리고 대외적인 활동을 할 때이기 때문에 남자들에게 특별히 '경계'할 것을 말씀하고 있으나 오늘날은 산업사회와 더불어 여성들의 경제활동이 늘고 대외적인 활동이 많아진 시대이기 때문에 여성들도 예외가 될 수 없는 상황이다. '정절'은 배우자와 자녀의 행복을 위해서도 중요하다.

비합법적인 성행위는 영적인 차원에서도 대단히 중요한 의미가 있다.(Ralph Martin, 1989: 21). 우리 몸은 하나님이 거하시는 성전이기 때문에 하나님의 거룩하심같이 거룩해야 한다(고전 3:16-17). 간음을 하는 것은 하나님의 몸을 더럽히는 것이기에 영적인 차원에서도 지켜져야 한다. 예수님은 여자를 한 인간으로 자매로 대하셨다(눅 7:36). 교회에서 여자를 대할 때 나이 많은 사람에게는 어미에게 하듯 하고 젊은 여자들에게는 깨끗한 마음으로 자매를 대하듯 하라고 성경은 말하고 있다(딤전 5:2). 바울은 간음의 판단 기준을 부부관계에서 도출했다. 부부관계 외에서 일어나는 성관계는 동기와 이유를 불문하고 허용하지 않는다. 또한 바울은 부부의 의무에 대해서도 말하고 있다(Herbert Haag und Kathharina Elliger, 1988: 21). "모든 사람은 혼인을 귀히 여기고 침소를 더럽히지 않게 하라"(히 13:4)고 말씀하고 있다. 히브리서 저자는 결혼은 모든 사람에게 귀한 것이라고 말하고 있으며 개인적인 견해를 개입하지 못하도록 "침소를 더럽히지 않게 하라"는 말씀으로 강조하고 있다.

본 연구자는 바람직한 사모를 위해 믿음을 주는 부부로서 유혹을 이길 수 있는 두 가지 방안을 제안하는 바이다. 첫째는 성(性)에 대한 확고한 가치관을 가시는 것이다. 사람은 자신이 가지고 있는 생각대로 움직이게 된다. 선악과를 먹으면 반드시 죽는다는 생각보다는 먹는 것이 좋겠다는 생각이 자리잡고 있었기 때문에 먹은 것이다. 우리의 몸은 자신의 생각과 상상력이 가보지 않은 방향으로는 갈 수 없다. 간음에 대한 유혹의 생각이 강하고 '죄의식'이 희미하면 죄에 빠진다(마이크 펠로어, 1998: 66). 그러므로 성에 대한 확고한 가치관을 가지고 자신을 지키기 위해 노력해야 한다. 둘째는 시험에 들지 않도록 부부가 함께 노력을 해야 한다. 샘물이 차면 흘러넘친다. 생리적으로 성적인 만족을 느끼지 못하면 시험에 들 수 있는 위험이 커진다. 물론 사역자들은 육체적인 소욕을 성령의 소욕(갈 5:17)으로 자신을 이겨내는 은혜를 받고 있지만 성적인 유혹에서 완전히 자유할 수 있는 사람은 아무도 없다. "스스로 선 줄로 생각하는 자는 넘어질까 조심"해야 한다(고전 10:12). 아내는 남편에 대한 의무를 다하고 남편은 아내에 대한 의무를 다할 때 서로가 시험에 들지 않을 수 있다(고전 7:3). 수(數)적으로 여자보다 남자가 많아지면 전쟁이 일어난다는 속설이 있다. 이 말은 성적인 만족을 얻지 못할 때 남성에게서 나타나는 폭력성을 두고 하는 말이다. 목사도 이러한 범주에서 예외는 아니다. 외도를 하는 사람들은 아내에게 성적인 만족을 느끼지 못하는 경우가 많다. 성생활에 있어서 아내에게 수치를 당하거나 거부를 당한 남자들은 아내의 거부반응에 대한 대가로 다른 사람과 부적절한 관계를 갖거나 때로는 격렬해지고 화를 내기도 하며 오랜 기간 동안 냉전의 관계를 유지하며 제멋대로 되기도 한다. 남편도 아내에 대한 의무를 다하기 위해 노력해야 한다. 그렇지 않으면 마귀로 더불어 시험할 수 있는 기회를 주게 되므로 바람직한 사모의 역할을 위해서도 부부간에 성적인 만족을 위해 함께하는 노력이 요구된다.

(5) 존경받는 남편

부부관계의 성경적 원리는 남편은 아내를 사랑하고 아내는 남편에게 복종하는 것이다. 이것은 하나님이 세우신 질서요 아름다운 부부의 모델이며 바람직한 사모 모델이다. <표 56>에 의하면 사모가 남편을 존경하지 않는 것으로 나타났고 <표 57>에 의하면 아내가 남편에게 순종하지 않는 것으로 남편들은 생각하고 있다. 설문의 결과가 시사하는 바는 목회자 부부관계에 있어서도 성경적 원리가 깨어진 것이 사실이다. 본 항(項)에서는 그 원인을 우선 남편에게서 찾아보고 남편을 존경하고 복종하는 바람직한 아내가 되기 위한 남편의 자세를 세 가지로 제시하고자 한다.

1) 그리스도를 머리 삼는 남편

아내와 남편의 성경적 원리는 남편은 아내의 머리이다. '머리'의 기능은 몸의 기능을 온전하게 유도(control)하는 것이다. 머리의 기능이 온전하지 못하면 몸의 기능도 온전하지 못하다. 아내의 머리는 남편이요 남편의 머리는 그리스도요 그리스도의 머리는 하나님이시다. 성경은 여자의 머리를 먼저 말하지 않고 남자의 머리를 먼저 말하고 있다.

> "각 남자의 머리는 그리스도요 여자의 머리는 남자요 그리스도의 머리는 하나님이시라"(고전 11:3).

남편이 그리스도를 머리 삼고 있을 때만 아내의 머리의 역할을 하는 것이 가능하다는 뜻이다. 머리와 몸의 관계는 주님과 교회의 관계에서 더욱 확실하게 드러난다. 교회를 가르쳐서 주님의 '몸'이라고 하심같이 남자를 가르쳐 여자의 머리라고 말씀하고 있다(엡 1:22, 5:23).

아내에게 복종과 존경심을 얻기 위해서는 남편이 머리된 예수 그리스노께 복종하는 삶의 모범이 있어야 한다. 그리스도를 머리 삼는 것은 자기의 주관은 버리고 그분의 인도하심을 따라 사는 것이다. 예수님은 "아무든지 나를 따라오려거든 자기를 부인하고 자기 십자가를 지고 나를 쫓을 것이니라"(마 16:24)고 말씀하고 있다. 그리스도를 머리 삼는 첫째는 자기를 부인하는 것이다. '부인'이라는 말은 주님의 요구에 "예"라고 말하는 것이다. 베드로가 예수님을 부인했을 때 이 단어를 사용했다(요 13:38). 그러나 여기에서는 훨씬 더 넓은 의미에서 사용된다. 예수께서 "자기를 부인하라"고 하실 때 '부인'은 자기의 삶의 모든 부분에 있어서 자기를 부정하고 예수님을 긍정하라는 말이다. 예수 그리스도를 머리 삼는 두 번째는 '자기 십자가를 지는 것'이다. 십자가의 본질적 요소의 핵심은 '헌신'이다. 헌신 없이는 자기를 부인할 수 없으며 날마다 자기 십자가를 질 수도 없고 주님을 따를 수도 없다. 헌신은 그리스도를 머리 삼은 남편이 본 보여야 할 제자의 도(道)인 것이다(Waldron Scott, 1990, 145-270). 남편이 머리되는 것은 예수님의 제자로서 제자도를 전수하는 것이다. 자칫하면 다른 사람을 가르치는 지도자의 입장에서 예수님의 제자로서 주님을 머리 삼는 일은 망각하고 사모에게만 머리 역할을 하려고 하기 쉽다. 헌신의 모범이 되어야 한다.

진정한 의미에서 존경받는 남편은 영적으로 충족하여 그리스도를 머리 삼고 그분 앞에서 자기를 부인하고 그분이 주신 십자가를 지고 주님을 따르는 영적인 삶이 충만할 때 아내의 머리될 자격이 있고 아내의 존경과 복종을 받을 수 있다.

2) 최선을 다하는 남편

존경받는 남편이 되는 두 번째 길은 목회자로서 주신 직분을 잘 감당하기 위해 열심히 노력하는 학자(學者)적 자세이다. 게으른 것은 '죄'이다. 하나님이 세우신 창조의 질서는 열심히 일하는 것이다. 하나님도 엿새 동안 모든 만물을 창조하시고 이레 되는 날에 쉬셨고 인간에게도 "엿새 동안 힘써 네 모든 일을 하고 이레 되는 날에 쉬라"고 하셨다(출 20:9). 성경에 "일하기를 싫어하는 자는 먹지도 말게 하라"(살후 3:10)고까지 하였다.

하나님께 부름 받은 사람은 하나님께서 그에게 영적인 은사와 자연적인 능력을 주셨다는 것을 깨달아야 한다. 그분이 주신 은사와 능력을 하나님의 영광과 그분이 주신 사역을 위해서 개발하여야 한다(하워드 석든, and 위어스비, 1984: 41). 달란트를 땅에 묻어두는 것은 주님 앞에서 악하고 게으른 종이라고 책망받을 일이며(마 25:26) 사모에게도 존경받지 못할 자세이다.

<표 20>에 의하면 남편의 목회사역에 사모가 만족하지 못하였고 <표 21>에는 남편의 설교에도 만족하지 못하는 것으로 나타났다. 그 이유가 남편과 늘 함께 있고 설교를 자주 듣기 때문이라고 치부해서는 안 된다. <표 61>에 의하면 주일날 오전 예배 설교를 위한 준비 시간이 평균 2시간을 투자한다는 대답이 많았으며 <표 62>에 나타난 바에 의하면 목회자 한 주간의 기도시간의 평균이 4시간인 것으로 나타났다. <표 63>에 의하면 목회자가 책 읽는 양이 한 달 평균 1권 이하로 가장 많아서 많은 목회자가 자기 개발을 위한 훈련이 매우 부족한 것으로 나타나고 있다. 따라서 사모가 남편을 존경하지 못하는 이유 중에 하나는 열심히 노력하지 않고 실력을 갖추고 있지 못하기 때문이다. 목사가 공부하는 것은 단순히 어떤 교과과정을 마치거나 지식을 습득하는 것에 목적이 있지 않다. 지도자는 작은 예수로서 먼저 주님의 제자가 되어야 하며 자신을 통해서 주님을 보여주지 않으면 안 된다. 목사는 인격의 전달자이며 인격을 형성하고 있는 온전한 자질이 성도들의 인격 속에 부각될 수 있도록 끊임없이 공부하고 훈련해야만 한다(옥한음, 1989: 149-150).

3) 사랑을 먹고사는 아내

사모와의 관계는 '사랑'에서 출발해야 한다. 아내는 남편의 사랑을 먹고 아름다운 향기와 즐거움의 노래를 부른다. 남편이 사모로부터 존경을 받는 세 번째 길은 아내를 자기 몸과 같이 사랑하는 것이다.

한국에 기독교가 들어오기 이전에 아내에 대한 남편들의 대우는 학대 그 자체였다[38]. 기독교가 들어온 후 아내를 사랑하라는 성경의 가르침을 따라 남편들의 사고가 변하였고 이때부터 아내들도 한 인격체로서 대우받기 시작했다. 아내를 사랑하는 것은 부부중심의 삶을 살아가는 이 시대의 요구이기도 하다. 에베소서 5장은 여자를 "더 유약한 그릇"이라고 칭하면서 더 많은 보호와 사랑을 주어야 할 대상임을 말

---

38) 이상규 교수는 과거 한국여성들에 대한 남편의 대우에 대하여 다음과 같이 기록하고 있다. "한국 재래의 유가적(儒家的) 가치관과 인간관계는 여성에게 무조건 맹종과 인내만을 요구했다. '맹자'는 최상의 불효는 가문의 후손을 남기지 못하는 것이라고 하여 아들을 생산하지 못하는 부인은 쫓겨났고 쫓겨난 여성은 한 많은 익명의 세월을 살지 않으면 안 됐다. 감리교 선교사인 셔우드 홀은 "한국의 부인들이 남편에게 잘못한다고 코가 잘리는 것을 여러 번 본적이 있다"는 가슴 아픈 기록을 남겨두고 있다. 이런 형국에서 남편에게 사랑을 기대한다는 것은 일종의 사치였다. 여행가인 이사벨라 비숍은 "한국의 여인들은 일생에 두 번 우는데 그것은 태어나는 날과 시집가는 날이다"라고 했다. 한국 최초의 기독교식 결혼예식은 1888년에 거행되었다. 이것이 최초의 기독교가정이라고 할 수 있다. 이때부터 점차적으로 기독교적 예식과 함께 기독교 가정이 생겨나기 시작하였고 남편과 아내, 아내와 남편 간의 새로운 관계를 인식하기 시작하였다. '한국의 초기신자들의 승리의 생활들'(Victorious Lives of Early Christians in Korea, 1927)이라는 책에 보면 1848년에 태어나서 17세 나이로 결혼한 강 여인에 대한 글이 있다. "내 나이 50이 넘은 1898년 어느 날 예수를 믿고 우리 가족은 그해 성탄절을 기해서 교회의 학습교인이 되었다. 그리고 1899년 감리교 선교사 노불에게 세례를 받았다. 내 일생에 가장 행복한 순간이었다. 그 무엇보다 나는 이제야 여인으로서 자유를 누리게 된 것이 가장 기뻤다"(이상규, 1995: 50—53).

하고 있다. 존 스탓트는 에베소서 주석을 쓰면서 하나님의 새로운 사회(God's new society)라고 표현했다. 아내와 남편과의 관계는 교회와 그리스도와의 관계와 동일한 구조 속에 있다. 이 신비적인 관계는 아내로 하여금 남편의 권위에 기쁨으로 순복하고 존경하게 하는 사랑의 띠다. 아내에 대한 사랑은 '필레오'적 사랑이 아니라 '아가페'(agape)적 사랑이다. 아내를 사랑하되 자기희생적인 사랑을 요구하고 있다. 진실한 아내 사랑의 모범은 그리스도시다. 그리스도께서 교회를 사랑하시고 자신을 주심같이 아내를 사랑하라는 것이다. 십자가상에서 죽기까지 교회를 사랑하셨던 주님의 그 사랑으로 아내를 사랑하라는 요구이다. 아내에 대한 진정한 사랑 이것이 남편이 존경받는 길이다(이상규, 1995: 52-53). 하나님은 권위와 힘으로 우리를 당신 앞에 굴복시키지 않으신다. 진실한 마음으로 하나님을 경외하고 복종하기를 바라신다. 이를 위해서 십자가상에서 우리에 대한 당신의 사랑을 보이셨고 우리는 그 사랑에 감격하여 하나님을 경외하고 감사함으로 복종하는 것이다. 이것이 아내를 사랑으로 복종케 하는 방법이다. 억압이나 강압에 의해서 두려움으로 복종케 하는 것은 아무런 의미가 없다. 진정한 존경과 복종은 예수님이 보이신 방법대로 사랑으로 복종케 하는 것이다. 아내를 사랑하는 것은 자기를 사랑하는 것이요 교회를 사랑하는 것이며 바람직한 사모가 되게 하는 길이다.

(6) 사랑받는 아내

<표 39>에 의하면 사모들이 남편의 사랑을 느끼지 못하는 것으로 나타났다. 이 결과는 일방적으로 남편의 책임으로만 돌릴 것이 아니라 사모 스스로를 점검해보고 과연 사랑받을 만한 아내의 모습이 있는가

를 살펴서 사랑받는 아내가 되기 위한 노력이 필요함을 시사하는 바이다.

사모의 행복은 남편의 사랑을 받을 때 있다. 아내는 남편을 사모하며 살도록 명령받았다(창 3:16). 그러므로 아내는 남편의 사랑 안에서 행복을 느끼며 남편의 품속에서 안식의 항구를 찾는다. 행복은 자연히 얻어지지 않는다. "누가 현숙한 여인을 찾아 얻겠느냐 그 값은 진주보다 더하니라"(잠 31:10). 여인은 그 남편의 필요를 채우고 남편이 자기를 믿을 만한 일을 함으로써 사랑을 받게 된다. 사모는 남편의 사랑을 필요로 해야 하며 남편의 사랑을 받기 위해서 노력해야 한다. 본 연구자는 바람직한 사모 역할을 위한 사랑받는 아내가 되는 세 가지 방안을 제시하는 바이다.

1) 남편을 사모(思慕)하는 아내

남편은 자신을 사모(思慕)하는 아내를 원하며 그런 아내를 사랑한다. 사모한다는 말은 그를 필요로 한다는 말이다.[39] 창조 때 여자는 남자와 동등했다. 그러나 범죄 이후에 아내 된 자는 그 남편의 주관하에 놓이게 되어 자기 마음대로 할 수 없게 되었는데 이 같은 법의 실증은 민수기 30장 6-8절에서 볼 수 있다. 거기에는 아내가 한 서원을 남편의 뜻대로 취소할 수 있게 했다. 하와의 범죄는 여자로 하여금 남자에게 속하게 하였던 것이다(Matthew Henry, 1975: 128).[40] 범죄

---

39) 사모(思慕)한다는 말은 정(情)을 들이고 애틋하게 생각하며 그리워한다. 또는 우러러 받들고 마음으로 따른다는 말이다(국어대사전, 1961: 1409).
40) 사모(思慕)하다 뜻인 히브리어의 데슈카(תְּשׁוּקָה)는 '여자가 남자를 의존하고 싶어 함'을 의미한다. 데슈카(תְּשׁוּקָה)는 שׁוּק(슈크)에서 왔는데 그 뜻은 '달리다', '쫓아가다', '원하다'라는 말이다. 더욱 남자가 여자를 억센 방법으로 주관하고 마지막으로 남자에게 메이고 순종하는 운명을 지닌

이후에 하나님이 주신 명령이다. '너의 소원은 오직 너의 남편에 의해 좌우될 것이다'라는 표현은 하나님께서 여자는 자유로운 자가 아니며 오직 남편을 사모하고 그리워하며 그의 권위에 순종하고 그의 뜻을 따라야 한다고 말씀하시는 것과 똑같은 효력을 지닌다. "너는 이제부터 아무것도 네 마음대로 행할 수 없으며 오직 네 남편이 원하는 것만을 바라는 자가 될 것이다"라고 말씀하시는 것이다. 범죄 전에도 하와는 아담에게 복종했으나 그것은 자발적이고 자의적인 것이었다. 하지만 범죄 후에는 강제적인 예속이요 남편에게 소속되어 그를 사모하는 존재가 되었다(John Calvin, 1986: 141-142). 이와 같은 성경원리에 근거하여 볼 때 아내는 그 남편을 사모하도록 명령을 받았고 남편은 그 남편을 사모하는 아내를 사랑한다. 사랑받는 아내가 되기 위해서는 남편 살아 있는 동안에 악을 행치 아니하고 그를 사모해야 한다(잠 31:12).

2) 가정적인 아내

때론 사모가 교회일에 치우쳐서 균형을 잃고 가정일보다 교회일이 우선이 될 때가 있다. 일반적으로 55% 이상의 여성이 직업에 종사하는데 그들 대부분이 가사일에 흥미를 잃고 일하는 것을 더 즐긴다ㄱ 한다(Gail Ncdonald, 1999: 58). 만일 일의 우선순위를 혼돈하여 아내로서의 일보다 교회일에 우선한다면 두 가지 사태에 직면하게 될 것이다. 첫째

여자는 그에게서 강하고 엄격한 주관자를 발견할 것을 강하게 말했다. 여자가 범죄 한 것은 높이 혼란된 향상심에서 남편에게서 해방될 것처럼 그를 자기 앞에 두고 자기의 보호하에 두려고 한 것이다. 그런고로 그녀가 받은 벌은 성적 존재와, 의식과, 순종과, 의존의 정상적 한계에 속해 있어야 하는 것이다(J. P Lange, 1980: 351).

는 남편의 관심을 받지 못하게 될 것이요 둘째는 결혼을 통해서 얻은 돕는 배필의 관계를 유지하기가 한층 더 어렵게 될 것이다. 물론 교회일을 너무 많이 맡고 있어서 시간적으로 가정을 돌볼 시간이 없다고 반문할 수도 있다. 그러나 교회일보다는 가정이 우선이다. 가정일을 돌볼 시간적, 체력적 여유가 없을 정도로 교회일을 한다면 자신의 능력의 한계를 벗어나고 있다는 증거이다. 가정을 우선하여 자신이 감당할 수 있을 정도의 교회일을 맡아야 한다. 사모의 행복은 남편의 사랑이 있을 때만 의미가 있다는 것을 기억해야 한다. 남편이 아내를 칭찬하고 고맙게 생각하는 것은 아내로서 가사일에 충실할 때이다(잠언 31:28). 잠언 31장의 여인이 이상화되어 있기는 해도 분명 여성이 할 일이다. 사모의 현숙한 여인으로서 가정생활에서의 이상적인 역할은 남편이 원하고 자녀가 원하는 가장 바람직한 사모상이다. 현숙한 여인은 가정과 교회의 번영에 기여하는 근면하고 생산적인 생활 방식의 모범을 보여준다. "누가 찾아 얻을 수 있겠느냐?"는 수사학적인 질문에 이어 나오는 시에서 이 현숙한 여인은 남편에게서 전적인 신뢰를 얻고 있는 것으로 묘사된다. 그와 같은 신뢰의 관계는 남편과 아내가 서로에게 끊임없이 도움을 주는 방식으로 상대를 사랑하는 지속적인 관계로 이루어질 수 있는 것이다(톰 호킨스, 1996: 296-297). 잠언의 본문은 현숙한 여인이 현명한 노동관을 가지고 있으며 자기가 할 일을 기꺼이 맡았다는 것을 설득력 있게 그리고 있다. 현숙한 여인은 집안의 모든 일을 철저히 감독했고(잠 31:27), 해 뜨기 전에 일어나 몸소 그날에 필요한 음식물을 나누는 일을 했으며(잠 31:15), 조금이라도 게으름 피울 생각을 하지 않았고 쉬운 길을 찾지 않았다. 식탁에 올릴 음식을 마련하는 일이든지(잠 31:14), 자신과 가족에게 입힐 옷을 만드는 일이든지(잠 31:21-22), 가정의 경제적일 일까지도 지혜롭게 처리하였다(잠 31:24). 남편과 가족의 필요를 채우는 일 외에 가난한 자들에게 양식을 나눠주는 일에도 열심을 내었다(잠 31:26). 종종 이 글을 대하는 여성들 중에는 여성의 위상이 실추되었다고 느끼는 경향이 있다. 그러나 이 글은 남편과 아내가 다 같이 가정을 소중히 지키는 일에 기여한다는 개방적인 개념으로 이해해야 한다. 여인이 남편의 노예로 지내는 것이 아니라 자신의 잠재력을 개발하며 누리는 모습을 보게 된다. 가사일 뿐 아니라 대외적인 일에서도 전문분야에서 일했던 것을 볼 수 있다. 남편은 요즘 시대의 소위 '정치'라고 할 수 있는 분야에서 활동을 하였으며 여인은 가사일 뿐 아니라 산업과 농업, 부동산 등 다른 업무에도 능력을 발휘한다. 그러나 여인의 활동영역이 집 밖으로 확대하는 것처럼 보이지만 실상은 집 밖에서 하는 모든 활동들이 가족의 필요를 채우는 일에 초점이 맞추어져 있었다. 두 사람은 분리되어 있는 것이 아니라 전적으로 결혼 생활을 통한 협력자 관계에 있었다(1996: 298). 남편의 사랑과 관심을 받는 사모가 되는 두 번째 방법은 가정적인 아내가 되는 것이다.

3) 자존심을 먹고사는 남편

<표 56>에 의하면 남편들은 사모가 자신을 존경하지 않는다고 생각하고 있다. 여자가 사랑을 먹고산다면 남자는 명예와 자존심을 먹고산다. 여자가 사랑받지 못할 때 역기능적인 행동들을 나타내게 되고 남자는 자존심이 상하면 아무것도 하려고 하지 않고 매사를 대립적 관계로 유지하려고 한다. 남성에게는 다른 사람과의 관계에서 자신의 힘을 과시하려는 성숙하지 못한 동물적 본능이 남아 있다. 이와 같이 성숙되지 못한 본성을 부부관계에서도 여전히 적용하려고 하기 때문에 사신이 무시당하는 것을 패배자로 인식하여 공격의 대상으로 삼는다. 자신의 우월감을 나타내고자 하는 본능은 어려서는 또래 아이들과 힘

겨루기 현상으로 나타나며 성인이 된 후에는 타인과의 경쟁의식으로 나타난다. 지속적으로 자신의 우월감을 나타내려는 것이 남자들의 속성이다. 남자는 아내에게 인정받기를 원한다. 남자로서 자존심을 세우기도 하지만 때론 아내에게 대하여 어린아이와 같은 모습으로 인정받기를 원하는 아이러니한 이중성을 가지고 있다. 남자에게는 어려서 어머니의 젖을 먹고 자란 경험이 무의식 세계 속에 내재해 있기 때문에 성인이 된 후에도 아내의 모성애적 본능으로 인정을 받으려는 욕구가 있다. 특히 어려서 어머니의 충분한 사랑을 경험하지 못한 남자에게서 그 현상은 더욱 심하게 나타나기도 한다.

사모는 남자의 이러한 특성을 충분히 이해하고 특별히 성서적으로 잘못된 일이 아니라면 자신의 주장을 접어두고 남편의 의견을 인정해 주는 지혜가 필요하다 하겠다. 남자는 자존심을 상하게 하는 여자를 절대로 사랑하지 않는다. 심리적인 측면에서뿐만 아니라 성경적 원리에서도 남편을 머리로 삼고 매사에 그를 인정하고 복종하는 아내가 될 때 남편의 사랑을 받는 아내가 되기에 충분하다.

4. 바람직한 사모 역할을 위한 체계적이고 지속적인 교육

21세기는 고도의 지식사회, 정보화 사회이다. 누가 더 많은 지식을 얻느냐에 따라서 그 사람이 하는 일의 성공과 실패가 좌우된다. 교회에서도 사모들이 여러 부문에 영향력을 끼치고 있는 현 상황에서 전문인으로서 자질을 갖춘 사모가 절실히 요청된다.

<표 44>에 의하면 사모가 된 이후에도 교육의 기회가 없어서 배우지 못했다는 사모들이 많았다. 사회가 지식화, 전문화되어 가면서 사

모가 교회일에 참여하기 위해서는 보다 높은 교육수준을 교회가 요구하고 있다. 이러한 시대적인 상황에서 체계적이고 지속적인 교육을 받지 못한다면 교회사역에서 도태될 수밖에 없다.

본 절에서는 바람직한 사모의 역할을 위한 체계적이고 지속적인 교육 방안을 제시하고자 한다.

(1) 교육기관의 개설

한국에 복음이 심겨진 이후 각 교단마다 목회자 양성을 위한 시설이나 교과과정이 어느 정도 잘 구비되어 있어서 예비 목회자들이 목회에 필요한 지식과 훈련을 받기에 충분했다. 그러나 목사를 도와 배후에서 함께 사역을 하는 사모를 위한 교육기관은 제대로 갖추어지지 않았던 것이 오늘날 우리 한국교회의 실정이다. 최근 들어 사모 역할의 중요성이 인식되면서 신학교의 부설 기관을 통한 사모과정의 학과가 개설되고 있다. 그러나 한국교단의 전체적인 현상이 아니며 일부 교단 신학교에서만 제한적으로 개설되어 있고 예비사모나 사모가 된 이후 사모를 위한 정규과정이 아니다. 따라서 한국교회의 지속적인 발전과 성장을 위해서는 바람직한 사모 역할을 위한 각 교단 차원에서의 사모 관련 교육지원이 요청되는 바이다.

1) 정규 교육과정의 필요

현재 운영되고 있는 사모교육은 대부분 단편적이고 일시적인 교육이라고 볼 수 있다. 장기적인 계획 아래 실시하는 보다 조직적이고 체계를 갖춘 교육이 부족한 것이 사모 교육의 실정이다(박관순, 1995: 63).41) 한국의 신학교육은 우선 한국교회의 교역자를 양성하는 데 그

목적이 있었다. 한국교회가 이와 같이 부흥하게 된 원동력은 신학교를
졸업하고 목회의 일선에서 수고한 목회자들의 노력이 있었겠지만 그
배후에서 보이지 않는 사모들의 노력이 한층 더 큰 역할을 했다고 말
할 수 있다. 한국교회의 사모의 역할의 특성을 살펴볼 때 전문성이 필
요하며 신학교육의 갱신과 교육이 필요함에도 불구하고 선교 2세기라
고 하는 긴 세월을 지내면서도 단순히 개인적인 영적 체험이 있다고
하여 교회의 막중한 사역을 맡긴다고 하는 것은 네비우스 선교정책의
오용이라고 하겠다. 네비우스는 선교사들에게 목회자가 되는 요건을
고등교육에 두지 않고 자기 희생과 신령한 종(The Holt Ghost Man)
에 두었다(전호진, 1991: 91). 물론 영혼 구원의 사역에는 무엇보다
영적인 체험과 신앙이 중요하다. 그러나 이 제도가 오해되어 무식이나
고등교육을 받지 못한 것이 오히려 신앙에 유익하다고 합리화하는 것
은 사모교육을 후퇴시키는 것이요 교회의 질적 저하를 초래할 뿐이다.
이제는 단편적이고 일시적인 형태의 사모교육이 아니라 목회자 양성
을 위한 신학교육이 필수적인 것과 같이 사모의 전문사역을 위한 충
분한 교육시간을 배정하고 전문화된 교과목을 기초로 한 정규 교과과
정으로서의 사모학과가 개설되어야 할 것이다.

　신학교를 졸업한 여성들 중에는 목회자와 결혼하여 사모가 되는 이
들도 있다. 그러나 사모 직무의 특성상 신학교육을 이수하였다고 해도
신학교육만으로는 사모로서의 역할을 효과적으로 감당하기에 충분하
지 못하다. 그러므로 사모 양성을 위한 전문 교과목을 갖춘 사모학과
를 개설하여 이에 필요한 지식과 소양을 이수한 후에 사모의 역할을

---

41) 정정숙 교수는 현재 신학교에서 운영되고 있는 사모대학의 특성에 대하
　　여 다음과 같이 말하고 있다. "일부 신학교에서 '사모대학원' 등의 이름
　　으로 단기 강좌를 개설하기도 하지만 이것도 한시적(限時的) 제도이거
　　나 전문성을 띠지 못한 것이 대부분이다"(정정숙, 1995: 185).

하게 할 때 바람직한 사모의 역할을 기대할 수 있을 것이다.

2) 연장 교육과정의 필요

교회의 변화에 발맞추어 보다 앞선 사모가 되기 위해서는 사모들의 자질 향상을 위한 지속적인 자기 개발이 있어야 한다. 세기가 변할 때마다 인간의 사고방식과 생활양식은 한층 더 가속도로 변화한다. 21세기 인간은 인공지능의 원리를 도입하고 정보 체계로부터 더 많은 자료를 신속하게 입수하게 되며 물질적 안정 외에도 초월적 가치를 지닌 종교적 욕구와 열망도 더욱 다양하게 분출된다(이기춘, 1995: 10). 이러한 시대에 사모들의 역할도 복잡한 사회구조와 의식구조 속에서 지속적인 교육이 필요하다. 21세기의 교회의 역할은 한층 다양화되어 사회가 안고 있는 각종 사회 문제, 환경 문제, 청소년 문제, 가정 문제, 자녀 문제, 노인 문제, 경제 문제가 도사리고 있으며 목회 현장에서 이러한 문제에 효과적으로 대처하기 위한 교회의 전문인 역할이 요구되고 있다. 시대적인 변화에 따라 사모의 역할도 다양하게 변화되고 있고 이에 따른 지속적인 교육이 필요하다. 이를 위한 교단적인 차원에서 교육을 위한 지원이 있어야 하며 교회적인 지원이 있어야 한다.

현재 개(個)교회나 기관에서 운영되고 있는 사모 세미나는 사모의 연장교육으로서의 역할을 하기에 충분하다 하겠다. 앞으로도 이러한 과정들을 통한 사모의 연장 교육이 지속적으로 이루어져야 하며 신학교에서도 계절학기로 연장 교육을 개설하는 것도 좋은 방안이 되겠다.

(2) 사모 훈련 교과과목

사모 훈련 교과과목은 목회자와 교회를 효과적으로 봉사할 수 있는 사모 양성을 목표로 설정해야 한다. 사모 교육은 지식, 인격, 경건, 영성, 소명, 경험이 잘 조화를 이루는 통합적 교육이 되어야 한다. 이를 위해서는 학문적 지고성과 영적 성숙성, 사모의 인격과 고난에 대한 인내의 교육이 사모교육 커리큘럼(curriculum)을 끌고 가는 수레바퀴가 되어야 한다. 사모 교육의 커리큘럼을 크게 4가지로 제안한다. 첫째 지식 훈련 프로그램, 둘째 영성 훈련 프로그램, 셋째 사역 관련 프로그램, 넷째 가정 사역 프로그램이다.

1) 지식훈련 프로그램

사모의 역할이 단순히 남편을 내조하는 차원이 아니라 교회에서 교인들을 가르치는 역할까지 감당하지 않을 수 없는 것이 오늘날 교회의 현실이다. 개척교회에서는 일정 기간 교회가 성장하기까지는 인적 자원의 부족으로 인하여 교회 교육 프로그램에 사모가 참여하지 않을 수 없는 형편이며 이를 위해서는 사모에게도 신학적인 기초 교육이 필요하다. 따라서 정규사모과정의 교육과정(curriculum)에는 신학과목이 제시되어야 한다.

하나님에 관해 가르치고 하나님의 이름으로 다스리는 사역을 감당하는 사모라면 그는 반드시 하나님을 알아야 하며 하나님의 말씀을 체계적으로 배워야 한다(딤후 3:14-17, 요일 5:18-21). 하나님에 대해 아는 것과 하나님께 복종하는 것 이 두 가지는 동시에 존재한다. 하나님께 대한 지식은 모두가 성령의 은사로 주어진 것이며 성령의 인도하심을 따라 하나님에 대하여 정확히 알고 있어야 한다. 바른 지식을 가진 사람만이 하나님의 증인이 되어야 한다. 사모가 교육의 한 부분을 감당하는 현실을 감안할 때 사모 대학의 커리큘럼은 최소한의 하나님에 대한 지식을 얻을 수 있도록 초점을 맞추어야 한다(이종윤, 1991: 95).

구체적 교과목으로는 구약개론, 신약개론, 조직신학(신론, 인간론, 구원론, 기독론, 종말론, 교회론), 성경해석학, 신학과 윤리, 한국기독교회사를 제안한다. 교회의 지도자는 바른 성경 이해와 교리적 기초가 정립되어야 하고 신학 일반에 대한 이해가 있어야 한다.[42]

2) 영성훈련 프로그램

영성훈련이란 예수 그리스도를 믿은 사람들의 신앙생활을 지도하는 훈련을 의미한다. 그리스도인으로서 예수 믿는 사람답게 살도록 하는 훈련이다. 한 인간이 복음화되어서 성령의 부르심에 합당하게 살도록 지도하는 것을 말한다. 지도자 자신이 영성 훈련이 되지 않고는 다른 사람의 영성 훈련을 감당할 수 없다.[43] 성도들의 영성 생활을 위해서는 이 일에 수반되는 고통과 시련을 견디어 내는 끈질긴 훈련이 요청된다(박근원, 1983: 93). 사모의 바람직한 역할을 위해서 영적 은사를 가져야 하며[44] 정규과정으로서의 사모 대학에서는 이를 개발하고 촉진시키는 커리큘럼이 제시되어야 한다.

이를 위한 교과목으로는 영성발달, 영성교육론, 초대교회 영성, 청교도 영성, 영성과 인성, 영성과 관계론, 영성과 치유, 영적 지도력, 한국

---

42) 교단적인 차원에서 미국의 신학교들이 시행하는 것처럼 신학생의 배우자들에게는 무료로 청강할 수 있도록 배려하는 것도 하나의 방법이 될 것이다.
43) 신구약성서에 나타난 영성훈련의 두 모델은 예수님과 모세이다. 예수님께서는 공생애 활동을 시작하기 전에 40일 동안 광야에서 금식하며 기도하셨고(마 4:1-22), 모세 역시 하나님의 백성들을 애굽에서 이끌어내기 전에 40일 동안 광야에서 연단을 받았다(출 3:1-4:23). 야곱도 광야에서 비슷한 경험을 하였으며 아모스도 광야에서 40년의 생활을 하면서 그의 백성들의 영성훈련의 기간으로 회고하고 있다(암 5:25).
44) 딤전 3:1-13과 벧전 5:1-3은 교회의 지도자가 갖추어야 할 기본적 자질을 가르치고 있다.

교회 영성 인물사, 영성과 기독교교육사, 영성과 사회, 묵상과 기도훈련 등을 제시하는 바이다. 사모의 영성 교육에 합리적인 과목을 선택하여 교육하는 것이 바람직하다 하겠다.

3) 교회사역 관련 프로그램

교회 지도자는 교회 사역을 감당할 수 있는 기능을 갖추고 있어야 한다. 개척교회의 경우에는 사모들이 모든 일에 참여해야 하는 경우가 많다. 심방으로 교인들을 권면하고, 개인적인 문제를 상담하며, 문제들을 놓고 함께 기도해야 한다. 때로는 주일학교 교사로 봉사하거나, 성경 공부를 인도하기도 한다. 사모들의 사역 중에 상담은 빼놓을 수 없는 비중을 차지하고 있다. 사모의 사역은 인간관계 속에서 이루어지기 때문에 상담 훈련과 대화의 훈련이 있어야 한다(정정숙, 1995: 197). 이러한 의미에서 사모의 교회 사역과 관련한 교과과정이 구성되어야 하며 커리큘럼을 통해서 이 같은 기능을 개발하고 훈련시켜 주어야 바람직한 사모의 역할을 감당하게 된다. 이를 위한 구체적 교과과목은 개척교회론, 교회학교의 어린이 교육, 성경교육방법, 가족치료와 목회상담, 대화기법, 성경적 상담의 방법, 청소년 상담, 위기상담, 상담실제 등 사모의 사역과 관련된 교과목으로 구성되어야 한다.

4) 가정사역 프로그램

사모의 길은 하나님의 사역에 헌신자의 삶을 살아가는 목회자를 배우자로 선택하므로 시작된다. 하나님이 세우신 가정의 질서를 통해서 하나님의 창조의 섭리가 이루어지고 가정이라는 공동체를 통해서 사명자에게 주신 삶을 능률적으로 전개시키고 하나님이 이룩하시고자 하는 계획을 보다 효과적으로 이루어 가신다.

사모는 남편인 목사를 '돕는 배필'이다. 내조자로서의 아내의 사역은 사모가 감당할 사역 중에 가장 기초가 되는 사역이고 선행되어야 할 사명이며 사모의 본분이기도 하다. 목회자는 사역을 통한 스트레스가 많으며 과중한 직무와 심방 등 과중한 업무로 인해 피로가 누적되기도 하고 때로는 사모에게도 말할 수 없는 외로움에 고뇌할 때도 있다. 사모는 이러한 목회자의 심리를 파악하고 어려움 없이 사역에 전념하도록 남편을 돕고 격려하여 용기를 북돋우며 목회자의 필요를 헤아릴 수 있는 훈련이 필요하다(정정숙, 1995: 192). 사모의 가정 사역 중에는 가정 관리자로서의 역할이 있다. 여기에는 목회자와 가족의 건강을 관리해야 하며 가정의 경제를 지혜롭게 이끌어가야 하고 자녀를 양육하고 교육해야 한다. 원리적인 면에서는 자녀 양육의 책임은 아버지에게 있지만 실제적으로는 사모가 대부분 이 일을 감당한다. 가정 사역을 위한 훈련은 남편과의 관계와 목사를 내조하는 가정에서의 역할을 바람직하게 감당하기 위해서 정규 사모 교육과정에 필요한 교과목으로 구성되어야 한다.

교과 내용은 사모학, 부부대화, 인간관계, 결혼과 가정, 사모와 자아상, 사모의 교회이해, 부모와 자녀교육, 한국교회와 사모, 성경으로 조명해 본 사모, 돕는 배필로서의 사모 등으로 구성함이 바람직하다 하겠다.

(3) 사모 관련 교육기관과 교과의 내용

현재 운영되고 있는 사모 관련 교육 형태는 크게 두 가지이다. 첫째는 신학교에서 운영되고 있는 사모학교와 개인이나 교회에서 정기 또는 비정기적으로 세미나를 개최하여 교육하는 사모 세미나가 있다. 본장에서는 현재 운영되고 있는 사모교육의 실태를 살펴보고 보완해야 할 점에 대하여 논하고자 한다.

1) 신학교 내 사모 과정

본 연구자가 조사한 바에 의하면 현재 신학교에서 운영되고 있는 사모관련 교육과정은 다음과 같다.

① 총신대학교 사모 과정

총신대학은 대한예수교 장로회(합동)에 소속된 학교로서 서울시 동작구 사당동 산 31-3에 위치해 있으며 총신대학교 부설기관인 사회교육원에서 사모 과정을 개설 운영하고 있다. 총신대 사모대학의 교육대상은 초교파적 사모를 대상으로 하고 있으며 특별히 교단적인 차원에서 목사 사모를 양성하거나 교단에 속해 있는 목사 사모의 교육 이수를 의무사항으로 두고 있지 않다. 사모대학의 구체적인 내용은 <표 75>에 기록된 바와 같다.

총신대학교 사회교육원의 사모과는 다음과 같은 목적을 가지고 사모대학을 개설하고 있다. "본 과정은 개혁주의의 산실인 총신대학교가 지닌 시설과 인적 자원을 개방함으로써 여교역자 및 사모의 자질 향상과 봉사정신을 개발하여 한국교회의 성장과 발전을 이루도록 지금까지 개교회 중심으로 이루어져 왔던 교회교육을 보다 체계적이고 통합적인 교육과정으로 실시하여 21세기 한국교회가 필요로 하는 여교역자 및 사모들의 역할을 충실히 수행하도록 교육을 하는 것을 목적으로 여교역자 과정과 사모 과정을 운영하고 있다."(http://www.cscec.or.kr/study01.htm). 교과과정 목표는 목회자 사모를 위한 교육과정으로 신학일반과 사모로서의 소양을 위한 교과목을 편성, 성숙된 사모로서의 모습을 갖출 수 있도록 하였다.

〈표 75〉 총신대학교 사회교육원 사모대학

분 류	과 정	소 속	대 상	수료 기간	수업방법	교과목
크리스천 지도자 아카데미	여교역자 과정	-	-	-	-	-
	사모과정	총신 대학교 사회 교육원	사모, 예비사모	2년 (4학기)	매학기 12주주1회 9:30-16:10	사모의 정체성과 교회부흥, 공동서 신연구, 가정사역 론, 기독교교리연 구, 목회상담과 실 제, 성경적 여성지 도자론 등.

② 감리교신학대학교 사모과정

감리교신학대학교는 1887년 아펜젤러 선교사가 이 땅에 복음을 전파할 교역자 양성을 위해 세웠던 학교로서 기독교대한감리계에 소속돼 있으며 서울시 서대문구 냉천동 31번지에 위치해 있다. 감리교신학대학교에서 운영되는 사모대학의 구체적 내용은 <표 76>에 기록된 바와 같다.

감리교신학대학교 평생교육원의 사모대학은 다음과 같은 목적을 가지고 운영하고 있다. "한국교회 남, 여 지도자들의 신학교육을 통해 그들의 교회 내에서 지도력을 개발, 향상시키고 이울러 교회현장과 신학대학교 간의 긴밀한 유대를 강화함은 물론 지역 사회에 적극 봉사함으로써 교육의 기회평등과 선도적 역할을 담당하여 국가와 사회에 이바지함을 그 목적으로 한다."(http://www.mts.ac.kr/hakwon/hakwon.asp).

교육 대상은 초교파적 사모를 대상으로 하고 있다. 교단 내의 목회자 사모교육은 의무교육 대상이 아니었으며 교육의 참여는 자발적으로 한다. 교과과목은 사모의 역할과 관련하여 사모학, 가치관, 윤리문제 등 사모의 소양에 필요한 부분들로 이루어져 있었다.

〈표 76〉 감리교신학대학교 평생교육원 사모대학

분 류	과 정	소 속	대 상	수료기간	수업방법	교과목
교회 지도자 신학 교육과정	교회음악 지도자과정	—	—	—	—	—
	교회상담 지도자과정	—	—	—	—	—
	심방전도사 교육과정	—	—	—	—	—
	교역자사모 교육과정	감리교 신학대학교 부설평생교 육원	교역자 부인	2년 (4학기)	매학기 (12주) 주1회 10:30—15:50	바울서신의 이해, 감리 교역사와 신학, 가치관 교육, 구약개설, 사모학, 성인학, 우리가 고백하 는 신앙, 기독교교육사, 인간관계이론과 실제, 지 도자론, 현대윤리문제, 예언서

③ 침례신학대학교 사모과정

침례신학대학교는 1953년 6월 1일 대전시 동구 중동에 "침례회 성
경학원"이라는 이름으로 개교되었다. 한국 침례교의 교단적 배경을 두
고 있으며 대전시 유성구 하기동 산14번지에 위치해 있다.

1997년 평생교육원이 사회교육시설로 교육부 승인에 의하여 사모대
학과 여교역과 과정을 시작하였다. 사모대학의 설립목적은 "목회자 사
모를 위한 교양과정으로 사모님들의 목회 현장에서 느끼는 필요들을
충족시키고 새로운 정보와 지식을 접하여 목회사역에 도움을 주고자
하는 과정이다"(http://www.kbtus.ac.kr/wwwkbtus/asp/default.asp).
침신대 사모대학은 교단차원의 목회자 사모 양성기관으로 활용하고 있
지 않으며 교단 내 사모의 의무교육 기관으로 활용하지 않고 있다. 자
발적인 참여 형식을 띠고 있다. 침례교단에 소속된 목회자 사모를 중심
으로 운영하고 있으나 초교파적으로 사모들이 등록하여 교육받을 수

있도록 기회를 제공하고 있다. 교과과정은 사모의 사역과 관련하여 새 신자 상담, 청소년교육, 컴퓨터 등 사역과 관련된 프로그램들이었다. 침 례신학대학교 사모대학의 구체적 내용은 <표 77>에 기록된 바와 같다.

〈표 77〉 침례신학대학교 평생교육원 사모대학

분 류	과 정	소 속	대 상	수료기간	수업방법	교과목
장기교육 과정	목회자바이블 세미나	—	—	—	—	—
	치유상담전문 지도자과정	—	—	—	—	—
	여교역자과정	—	—	3년 (6학기)	9:30 — 18:00	—
	사모대학원	침례신학 대학교 평생교육원	교역자 부인	2년 (4학기)	매학기 (15주) 주1회 10:00 — 17:00	인간관계론, 생활 컴퓨터, 상담학, 위생보건학, 예배와 음악, 개인전도와 새신자 양육, 청소년 교육, 사모학, 사회복지, 결혼과 가족목회.

④ 기타 대학 사모관련 프로그램

서울신학대학교 평생(사회)교육원에서는 상담 지도자 과정 내에 목 회자 사모 상담반을 개설하여 운영하고 있었다. 서울신학대학교에서 운영하는 사모 상담반은 사모의 사역과 관련한 전반적인 내용을 다루 는 것이 아니라 상담에 관한 부분만 교육하고 있었다. 교과내용으로는 내적 치유와 상담, 인간이해, 기독교상담 이론과 실제, 종교심리학, 교 역자가정론, 가정사역, 여성상담론, 자녀교육론 등이 있었으며 일년과 정(15주)으로 일주일에 한 번 출석하여 공부할 수 있게 하였다.

2) 사설기관의 사모 교육과정

① 두란노 사모대학

두란노에서 운영하는 사모대학은 다음과 같은 목적을 가지고 사모대학을 운영하고 있다. "목회의 동역자로서 사모에 대한 분명한 정체감과 전문성을 살리기 위한 과정으로 '나'와 '사모' 사이의 분명한 정체성을 확립하고 동역자로서 영성과 전문성을 갖추게 하는 내용으로 진행된다"(http://www.biblecollege.or.kr/htmlwife.htm). 교과과정은 1년 2학기로 운영되고 있으며 한 학기 10주 과정으로 일주일에 일 회 오전 10:00-15:00까지 수업을 하고 있다. 교과내용은 사모학, 사모와 상담, 내적 치유 수련회, 가족 치료, 사모와 말씀묵상, 성경으로 조명해본 사모, 한국교회와 사모, 사모의 교회이해, 부모와 자녀교육, 십자가의 도, 묵상과 영성, 묵상기도와 훈련, 영성 수련회, 중보기도, 영적 전쟁, 섬기의 축복, 공동체와 섬김, 한국교회사, 퍼즐 퍼즐, 한국교회 역사탐방, 돕는 배필로서의 사모, 예배 속에 임재하시는 하나님, 환자심방, 예배와 찬양과 회복, 심방과 상담, 대화기법, 대화의 요령, 멘토링, 디지털 세계와 사모, 부부캠프, 교회사를 통해본 영성, 설교준비 과정을 돕는 사모 등으로 이루어져 있다. 두란노 사모대학은 사모의 실제 사역과 관련하여 비교적 폭넓은 교과목을 구성하고 있었으며 효율적인 운영을 하고 있다.

② 기타 사모 세미나

사모대학이 신학 대학을 중심으로 장기 과정으로 운영되고 있는 반면에 단기적이고 일시적인 교육형태로 정기 또는 비정기적으로 외부 강사를 초빙하여 개인이나 교회에서 운영하고 있는 사모 세미나가 있다. 단기 사모 세미나의 특징은 기도원이나 개교회에서 3~5일간의 일정으로 사모들을 합숙시켜 몇 가지 필요한 과목을 중심으로 교육하기 때문에 단기간의 큰 효과를 기대할 수 있으며 각처에서 모인 사모들이 현장에서 있는 문제들을 서로 나누며 서로에게 힘과 용기를 주는 효과가 있어서 목회 현장에서 지친 사모들의 재충전의 기회가 되고 있다.

지금까지 신학대학교에서 운영하는 사모대학과, 사설기관에서 운영하고 있는 세미나 형식의 사모 교육기관에 대하여 살펴보았다. 본 연구자는 한국교회의 지속적인 발전과 바람직한 사모 역할을 기대하면서 보다 효과적인 사모 교육이 되기 위한 세 가지 개선 방안을 제시하는 바이다.

첫째 신학교에서 운영되고 있는 사모대학 교과목의 체계화이다. 현재 각 대학에서 운영되고 있는 사모대학의 교과목의 특성은 학교에 따라 제각기 다른 형태를 취하고 있다. 따라서 한국교회의 바람직한 사모 역할을 위해서는 합리적이고 체계적인 교육이 이루어질 수가 없다. 한국교회 바람직한 사모 역할을 기대하기 위해서는 사모가 반드시 이수하여야 할 교과목들이 정해져 있어야 한다. 이에 대한 과목 설정을 전문가들에 의하여 심도 있게 분석하고 충분히 검토하여 필수과목과 선택과목으로 구분하여 각 대학마다 어느 정도의 통일성을 둘 것을 제안하는 바이다. 이를 위해서는 현재 제한적으로 실시하고 있는 교육시간을 충분히 늘려야 하고 사모들로 하여금 수강할 수 있는 방안을 검토하는 작업이 필요하다.

둘째 장기적인 안목에서 교단적인 차원의 사모 교육의 의무화를 추진해야 한다. 지금까지는 사모 교육에 대하여 개인적인 선택사항으로 맡기고 사모의 교회 참여에 대하여도 목사 재량권에 맡겼으나 한국교회가 선교 2세기를 맞이하면서 양적으로나 질적으로도 많은 성장을 이룩하였고 사모들의 역할이 지대한 공헌을 하였다. 지속적인 한국교회의 부흥과 발전을 위해서는 보다 성숙한 사모 역할이 요구되며 이를 위해서 사모 교육을 의무화하여 신학생들이 전문 목회자가 되기 위해서 신학의 전 과정을 이수해야 함과 같이 사모의 바람직한 역할을 위해서는 사모대학의 정규과정을 이수하여 교회의 역할을 감당하게 하는 것이다. 사모 대학의 운영은 우선 사모의 사명을 가진 전도사 부인이나 미혼여성을 교육하여 실력 있고 유능한 사모를 배출하는 것을 목적으로 하며 이미 사모가 되었으나 사모학교를 이수하지 못하고 사모가 된 사모에게는 사모대학 과정을 이수하게 한 후에 교회 사역에 참여하도록 제도화한다면 보다 바람직한 사모의 역할을 기대할 수 있을 것이다.

셋째는 개인이나 교회에서 운영하는 사모 세미나를 소속단체의 특성을 살려 자율적으로 운영하되 교단적인 차원에서 지원하고 재정비하여 이를 사모 교육의 연장 교육기관으로 운영하는 것이다.

선교 2세기를 맞이하는 한국교회는 지금까지 헌신, 봉사한 사모들의 노고를 깊이 인식하고 앞으로도 바람직한 사모들의 역할로 인한 한국교회 지속적인 부흥과 교회 발전에 관심을 가지고 사모들의 역량을 올바로 발휘하도록 도와야 할 것이다.

5. 효과적인 사모 역할을 위한 교회적인 지원

(1) 중보기도

기도는 영적 부흥과 교회 성장의 열쇠이다. 신약성경에도 성도들이 사도를 위해서 기도했고 초대교회 사도들과 성도들이 기도에 전혀 힘쓸 때 교회가 성장했고 성령의 역사를 체험했으며 믿는 사람의 수가 날마다 더하여지는 놀라운 부흥의 역사가 일어났다(행 1:14). 한국교회의 사모들의 사역 뒤에는 성도들의 숨은 기도가 있었다. 기도가 중단되면 사단이 강하게 역사한다. 예수님도 제자들을 향해 "시험에 들지 않게 깨어 있어 기도하라"고 말씀하셨다(마 26:41). 사모의 바람직한 역할을 위해서 가장 필요한 것이 기도이다. 첫 사람 아담이 마귀의 유혹에 빠져 선악과를 먹음으로 온 인류에게 죄가 들어왔고 사망이 인류 위에 왕 노릇하게 되었다. 마귀는 교회를 향하여 우는 사자같이 삼킬 자를 찾고자 두루 다닌다(벧전 5:8). 영적인 갈등을 일으키게 하고 여러 가지 시험에 빠지게 한다. 마귀를 이길 수 있는 힘은 기도 외에는 없다(막 9:29). 사모 한 사람이 교회를 일으키게도 하고 넘어지게도 할 수 있다. 사모가 가정적으로나 교회적으로 바람직한 사모의 역할을 감당하기 위해서는 기도의 지원이 필요하다.

바울은 영적 지도자를 위한 중보기도의 중요성을 알고 있었기 때문에 교회를 향하여 여러 번 기도를 부탁했다(살전 5:25, 롬 15:30, 고후 1:11). 기도는 하나님의 능력을 힘입는 방법이다. 교회가 사모를 도울 수 있는 방법 중에 가장 확실하고 중요한 방법이 기도이다. 에스더가 그의 백성을 구하는 일에 있어서 백성들을 향하여 기도를 부탁했다(에 4:16). 에스더를 향한 백성들의 간절한 기도가 없었다면 유대인들은 살아남을 수 없었을 것이다.

사모의 역할을 살 감당하기 위해서는 배후에서 끊임없는 교회의 기도가 지원되어야 할 것이다.

(2) 사생활(私生活)의 보호

<표 65>에 나타난 바에 의하면 목회자 가정에 대한 성도들의 관심을 나타내는 지수에서 3.34로 목회자 가정에 대하여 평신도들의 관심은 지나치게 높은 결과가 나왔다.

목회자 가정은 일반 평신도들의 가정과 전혀 다른 문제들을 안고 있다. 목회자 가정을 사회심리학적 관점에서 연구한 카메론 리와 잭 볼스윅(Cameron and Balswick, 1989: 165)은 목회자의 생활을 '유리집 안에서의 생활'(life in the glass house)로 비유하였다. 목회자 가정은 가족 구성원 하나하나가 세세히 관찰 대상이 되기 때문에 기대되는 행동에서 조금만 벗어나도 비난의 대상이 된다.

하나님이 주신 가정은 누구에게나 소중하다. 그리고 어떤 명목으로도 침해되어서는 안 된다. 십계명에도 가정의 소중함을 기록하고 있다(출 20:17). 하나님이 각각에게 주신 가정의 분깃은 개인이나 집단, 권력이나 무력 등 그 무엇에 의해서도 침해되어서는 안 된다. 이스라엘 왕 아합이 나봇의 포도원을 탐내어 악을 행하고 그의 소유를 취한 일로 인해서 그와 그의 자손 그리고 그의 아내가 불행한 죽음을 자초하게 되었다(왕상 21:1-23). 목회자에게도 사생활이 있다. 사생활까지 간섭되고 침해되어서는 안 된다.

사모의 사생활이 성도들에 의해서 간섭되고 보장받지 못할 때 사모는 남편보다 훨씬 더 많은 스트레스를 받게 된다.[45] 이러한 스트레스는 사모로 하여금 바람직한 사모의 역할에 역기능적인 요소로 작용한다.[46] 목회자의 가정에 사생활이 보장될 때 사모는 가정의 보호 안에

---

45) "신경증"은 일시적, 가역적인 정신신체 증상군인데, 발병은 불합리한 인관 관계에서 많이 발생하는 질병이다. 일시적인 스트레스가 지속적으로 이어지면 정신분열의 현상이 나타난다. 정신분열의 증상은 '우을증'으로 나타나는데 우울증은 모든 일의 의욕을 저하시키고 삶의 의미를 잃게 하는 정신적 질병이다(조홍건, 1987: 26-29).

46) 사람은 갈등상황에 접할 때 그 해결을 위한 여러 가지 수단을 발휘한다. 직접적인 해결의 접근이 불가능할 때 비합리적, 비현실적인 적응을 꾀하여 갈등의 간접적인 해결을 얻으려고 한다. 이와 같은 반응형식을 적응기제(Adjustment Mechanism)라고 한다. 적응기제에 대해서 게츠(A. I.

서 안식을 얻고 편안한 마음으로 사모의 역할을 감당하게 된다.

(3) 성취감을 위한 사모의 개인능력의 인정

교회가 사모의 활동을 여자라는 이유 하나로 거부하는 경우가 있다. 사모의 바람직한 사역을 위해서는 교회의 이해가 있어야 한다. 오늘날 시대적인 상황은 여성의 사회활동을 이해하고 인정하지만 교회에서의 사모에 대한 인식은 활동 범위를 가정으로 국한시키려는 경향이 있다. 교회 안에서만 유교적 가치관으로 사모의 역할을 규정하고 있다. 사모의 사역에 대하여 보다 객관적인 입장에서 평가하고 그의 능력을 인정해 줄 때 일의 성취감을 느끼고 자신의 역할에 보람을 느끼게 된다.

사모의 바람직한 역할을 위해서는 교인들의 인식의 변화가 요구된다. 여자는 남자의 종속적인 존재가 아니며 남자보다 열등하지도 않다. 다만 역할 분담의 차원에서 여자를 바라보고 그 능력을 인정하는 자세가 필요하다. 옛 문명의 사고는 여성이 남성에 비해 본질적으로 열등하다고 생각하고 있었다. 그러나 예수님은 여성을 차별하여 대우하지 않으셨으며 인간으로서의 가치를 인정하셨다(차호원, 1986: 11). 초대교회에서 여성들의 활동은 오늘날 복음이 땅 끝까지 전파되는 데 초석이 되었고 남성들과 마찬가지로 그들에게 주어진 역할을 감당하며 주님이 주신 사명을 실행해 나갔다. 바울을 도와 함께 일했던 브리스길라는 바울의 동역자였으며 바울의 편지를 전달하는 일을 했던 뵈

Gates)는 직접적인 방법, 간접적인 방법, 보상적인 방법, 진공적인 방법으로 나누었으며 셰퍼(L. F.. Shaffer)는 방어에 의한 적응, 퇴행에 의한 적응, 공포와 억압에 의한 적응, 질병에 의한 적응, 고질적 비적응 반응으로 나누었고 펜톤(N. M. Fenrton)은 공격, 보상, 도피로 구분하였다 (N. M. Fenton, 1988: 429).

뵈는 교회설립에 중추적인 역할을 했다.

한국교회의 사모의 역할이 오늘의 성장을 이룩한 공헌을 생각할 때 사모이기 때문에 가정에서만 일해야 한다는 인식을 바꾸고 능력에 따라 사모의 역할을 평가하고 인정해 주는 교회적인 성숙된 자세가 요구된다. 이렇게 할 때 교회 안에서 사모의 역할이 바람직하게 이루어질 것이다.

(4) 안정적인 경제생활의 보장

인간이 무리를 지어 살아가는 삶을 공동체라고 한다. 모든 공동체에는 필수적 삶을 영위하기 위해서 의, 식, 주의 활동이 필요하다. 이러한 활동을 전문적인 용어로는 경제라고 한다.[47] 경제활동은 가정을 안정시켜주고 유지시켜주는 수단이며 문화활동을 통해 개인적인 평안함과 문화적 성취에 영향을 주고 창조적 만족감을 준다. 경제는 인간의 삶의 필수 요소이며 인격과 삶의 질을 높여 주는 중요한 활동요소이다(Gardner E. Clinton, 1995: 329). 경제활동은 하나님의 창조의 질서와도 관련이 있다. 하나님이 지으신 물질세계는 선하며 질서가 있다. 육체를 지닌 인간은 물질적인 충족을 필요로 한다. 경제는 인간의 삶에 단순히 육체적 존재에 대한 물품을 제공해 주는 것 외에도 인간을 인간답게 살 수 있도록 하는 기능을 가지고 있다. 따라서 영적인 풍부함을 위해서도 경제는 필수요소이다.

과거 경제에 대한 그릇된 사고는 자본주의의 타락의 결과를 가져왔

---

47) 경제의 사전적 용어의 뜻은 "인간이 공동생활을 하는 데 필요한 재화(財貨)를 획득, 이용하는 활동 및 이를 통하여 이루어지는 사회관계"를 가리켜 경제라고 한다(동아 새국어사전, 1996: 157).

고 이로 인해 물질을 악한 것으로 보아 목회자는 물질이 없어야 목회를 잘할 수 있는 것으로 잘못 이해하는 때도 있었다. 인간이 인간다운 삶을 영위하기 위해서는 최소한의 물질이 필요하다. 국가에서도 개인적인 가정경제의 최저치를 정하고 이에 미달하는 국민에 대해서는 국가적인 차원의 지원을 하고 있는 것이 우리 한국의 실정이다. 바람직한 사모의 역할을 위해서는 목회자 생계비의 최저 기준이 마련되어야 하고 이를 지원하기 위한 대책이 있어야 한다. 한국교회 목회자 가정의 경제는 일찍이 선교사들에 의해 정착되어진 네비우스 선교 정책의 영향으로 개인적인 자급을 원칙으로 목회자 개인이 꾸려 나가고 있다. 그러나 한국교회 대부분이 개척교회 수준이고 자족하기가 어려운 형편이다. 본 연구자는 바람직한 사모 역할을 위한 목회자 가정의 경제생활 안정을 위한 두 가지 방안을 제시하는 바이다. 첫째는 교단차원의 지원이다. 오순절 사건 직후 바나바를 비롯한 성도들은 자기의 소유를 팔아서 물건을 서로 통용하였고 제 것이라고 주장하는 사람이 없었다(행 4:32-37). 한국교회가 내 교회만을 고집할 것이 아니라 타교회도 돌아보아 서로를 돕는 성숙한 의식이 필요하다. 또 다른 하나는 교회가 자립할 수 있기까지 경제적으로 자급할 수 있는 길을 제공하는 것이다. 한국교회 현실은 목회자가 목회 외에 다른 직업을 갖는 것에 대하여 부정적인 인식을 가지고 있다. 바울과 바나바는 사역자로서 사례로 생활하지 않았다. 목회자는 목회에 전념하기 위해서 여타의 경제활동을 하기 어려운 것은 사실이다. 목회자가 여타의 경제활동이 어렵다면 가능한 범위에서 교회가 자립할 수 있기까지 사모의 경제활동을 양성화하여 스스로 경제를 이끌고 나갈 수 있는 교회적인 풍토를 마련해 주는 것도 바람직한 사모 역할을 위해서 필요하다고 본다.

(5) 교회의 정도에 따른 사모 역할의 한계 설정

사모 역할에 대하여 정해진 범위나 기준이 없다. 사모 스스로 일의 범위를 설정하고 필요에 따라 사역을 감당하는 것이 사모 사역의 현실이다. 보다 효과적이고 전문적인 사모의 역할을 위해서 다음과 같은 한계 설정이 요구된다.

1) 개척교회에서의 사모의 역할

<표 5>에서 나타난 바에 의하면 일반적으로 개척교회에서 사모의 역할이 필요하다는 인식이 많았다. 개척 교회는 그 특성상 일할 사역자가 부족한 것이 사실이다. 따라서 사모의 역할이 한층 요구되며 모든 일을 도맡아 처리해야 하는 때가 많다. 심방, 전도, 교회학교 교사, 성가대원, 상담, 교회의 부엌일까지 감당하는 경우가 대부분이다.

심방의 사역은 목사 혼자 할 수 있는 일이 아니다. 특히 여자성도를 심방할 때는 사모가 대동하여 심방하는 것이 유익하기 때문에 심방에 함께 사역할 수밖에 없다. 사모가 남편과 함께 심방하는 것은 남편을 도와서 심방의 효과를 증대시켜 주는 역할을 한다. 때로는 사모 혼자 심방하여 교인들을 돌보아야 할 때도 있다. 이러한 경우 사모는 심방 대원으로서 역할을 하지 않을 수 없다. 심방은 교인의 사정을 파악하고 그에 따라 양육하기 위해서 반드시 필요하다. 어려움에 있는 교인들을 위로하고 권면하기도 하며 심방을 통해서 상호 이해와 협조의 정이 싹트게 되어 서로를 위해 기도할 수 있게 된다.

개척교회에서 사모가 해야 할 사역 중에 하나는 상담이다. 상담은 개인이 풀지 못하는 문제들을 신앙으로 도와주고 일대일로 만나 대화함으로써 그 문제를 파악하고 성경에 입각하여 문제를 해결하고 새로운 은총을 경험하는 신학의 한 방법이다(이기춘, 1988: 23). 남자가 할 수 없는 분야를 상담할 수 있는 사람이 사모이다. 개척교회에서 사모의 상담 사역은 목회에 있어서 중요한 부분이다.

교회의 사역에는 교육 사역이 있다. 주일학교 교사, 중, 고등부 교사, 새 가정반 성경공부, 제자훈련반, 구역예배인도 등 많은 부분에서 말씀을 가르치는 교사로의 사역이 필요하다. 사도 바울은 교회사역을 "교훈과 책망과 바르게 함과 의로 교육하는 것"(딤후 3:16)이라고 말하고 있다. 기독교 교육을 통해서 하나님의 자녀를 그리스도인으로 양육하며 세상 안에서 그리스도인의 증인으로 살아가도록 돕는다. 교육의 필요성 때문에 이 일을 감당할 일꾼이 부족한 개척교회의 상황에서는 사모가 가르치는 사역을 감당하지 않을 수 없다. 이 외에도 전도, 봉사 등 교회로서 해야 할 사역들이 많다.

개척교회에서는 일꾼이 배출되기까지 목사와 그의 동역자인 사모가 이 일을 감당하되 교회 사역의 중요성을 감안하여 사모 훈련이 선행되어야 한다. 개척교회에서의 사모 역할의 한계는 사모가 할 수 있는 모든 범위의 일을 맡기되 반드시 사모의 교육을 이수한 사모에 한하여 역할을 맡기는 것을 제안하는 바이다. <표 13>의 설문결과에서도 나타나고 있듯이 교인 100명 정도까지를 개척교회의 한계로 정하여 사모의 역할을 한정하는 것이 바람직하겠다.

2) 소직교회에서의 사모의 역할

<표 6>에 의하면 100명 이상의 교회에서는 사모가 교회일에 참여하는 것이 바람직하지 않다는 응답이 많았고, <표 74>에서는 조직교회에서 사모가 교회일에 참여하는 것에 대하여 거부적이라는 반응이 높았다. 이러한 모든 결과들을 종합해 볼 때 조직교회에서는 개척교회에서와 같

이 사모가 모든 일에 참여하는 것은 바람직하지 못하다는 결론이다.

그러나 사모도 그리스도의 일꾼이요 교회의 한 일원으로서 사모의 특기와 전문성을 고려하여 일을 맡기는 것이 합당하다. 사모이기 때문에 일을 맡기고 사모이기 때문에 일을 맡기지 못하는 것이 아니라 전문인으로서 교회의 유익을 위하여 사역을 맡기는 것이다. 어느 교회 사모는 전문적인 지식이 있어서 외부적으로 학교나 세미나에 출강하여 강연을 하지만 정작 자신이 속해 있는 교회에서는 사모라는 이유로 단지 출석교인으로만 참석하는 사모가 있었다.

이 시대는 전문화된 시대이고 전문인을 필요로 하는 사회이다. 따라서 조직교회에서는 사모에게 사역을 맡기되 전문인으로서 교회일에 참여하는 것이 바람직하며 전문적인 특성이 없을 때에는 목회자의 내조자로서 최선을 다하는 것이 바람직하다 하겠다. 사모에게 전문적인 사역의 한 부분을 맡길 때에는 객관적인 검증을 할 수 있도록 당회에서 추천하여 일하도록 하는 것이 바람직하겠다.

(6) 사모 안식년제의 도입

이 땅 위에 사는 모든 생물은 수면을 취하고 산다. 낮 동안에는 열심히 일하지만 밤이 되면 수면을 취한다. 하루 24시간 중에서 8시간의 수면을 취한다고 하면 하루의 삼분의 일은 휴식하는 것이다. 인간 수명을 70으로 본다면 20년을 휴식하는 데 사용한다. 인간에게 있어서 휴식은 무엇보다 중요하다(이관직, 1996: 53). 하나님께서는 인간에게 "엿새 동안은 힘써 네 모든 일을 행할 것이나 제 칠일은……아무 일도 하지 말라"(출 20:9-10)고 말씀하고 있다.

레위기 25장 1-8절에는 토지나 가옥을 원주인에게 회복하여 주거나, 부채를 탕감해주고, 노예를 해방하고, 토지는 6년 동안만 경작하고 7년째는 갈지 말고 묵혀두라고 말씀하고 있다. 구약이 지키도록 명하시는 안식년은 피폐해진 땅을 보호하는 장치로 주신 것이다. 목회자나 함께 사역하는 사모는 지속적인 사역과 책무에 눌려 있는 자리에서 일정 기간 동안 벗어나 사역에 대해 돌아보고 자신을 돌아볼 수 있는 기회를 마련하는 것이 필요하다. 정신없이 돌아가는 목회 현장에서 자신을 돌아보고 이해하며 올바른 사역을 위해서는 시야를 새롭게 하지 않으면 안 된다. "휴식을 취하지 않는다는 것은 우리의 제한된 인간 됨을 인정하지 않는 교만 행위이며 정신의학적으로는 자신을 과대평가하는 정신분열증적인 '과대망상적' 행위이다"(이관직, 1996: 54).

　사모의 사역에 안식년이 필요한 이유가 세 가지 있다. 첫째는 일중독에서 벗어나기 위한 것이다.[48] 일에 중독된다는 것은 자신이 하고 있는 일의 고유한 의미를 상실한다는 것이다. 사모의 사역에 중독될 때 본연의 의미는 상실되고 그 일에 매여서 자유함을 얻지 못한다. 일중독에 대하여 이관직 교수는 다음과 같이 말한다.

> "일중독자는 자신의 내면적인 삶, 대인적인 삶과 더불어 직면하는 것을 회피하기 위하여 일을 이용하는 사람이라고 볼 수 있다. 일중독자에게는 휴식의 시간이 가장 고통스러운 시간이 될 수 있다. 무엇인가 일을 하고 있을 때에는 심리적인 안정감을 누리지만 일을 하지 않고 쉬어야 하는 시간, 가족들과 보내야 하는 시간, 그리고 자기 자식과 보내어야 하는 시간이 가장 조바심 나며 불편한 시간이 된다" (이관직, 1996: 57).

　둘째는 재충전의 기회가 되는 것이다. 사모들은 그들의 삶과, 돌보

---

48) '일중독증(workaholism)'이라는 용어를 처음 사용한 웨인 오우츠(Wayne Oates)는 "일중독자는 일의 톱니바퀴에서부터 놓임을 받은 기억이 없는 노예이다"라고 말한다(Wayne Oates, 1972: 26).

아야 할 가정과, 교회를 위해서 건강하여야 한다. 신체적으로 건강하기 위해서 적절한 영양과 운동 그리고 휴식이 필요하며 정신적으로 건강을 유지하기 위해서 스트레스를 감당할 수 있는 힘을 길러야 하고 영적으로 건강을 유지하기 위해서 하나님으로부터 능력을 지속적으로 공급받아야 한다(58).

셋째는 가족관계 회복을 위해서 필요하다. 안식년은 가족과 깊은 유대를 가질 수 있는 좋은 기회가 된다. 자칫 많은 업무로 인하여 무미건조해지기 쉬운 결혼생활의 부부관계가 회복되고 새로워지며 신선함을 불어넣을 수 있는 기회가 된다. 부부간의 유대가 두터워지면 목회 사역에서 오는 과도한 스트레스를 슬기롭게 대처할 수 있는 힘이 된다. 또한 자녀와의 관계 회복에도 필요하다. 성장기에 있는 자녀들은 지속적인 관심과 사랑과 보살핌을 필요로 한다. 그러나 바쁜 일정으로 인하여 어머니로서의 역할을 제대로 하지 못하여 쌓인 애정의 결핍을 풀어주고 자녀에게 사랑을 베풀어 에너지를 재충전할 수 있는 기회가 된다(55).

선교사나 목회자에게만 주어지던 안식년 제도를 사모에게도 적용하여 가능한 일정을 잡아 모든 일에서 벗어나서 자신을 뒤돌아보며 재충전할 수 있는 기회가 주어질 때 바람직한 사모로서의 역할을 더욱 잘 감당할 수 있을 것이다.

6. 사모 역할의 역기능적인 장애를 극소화하기 위한 제언들

(1) 부부 생활에 만족하기

부부는 그리스도의 몸인 교회의 지체의 한 부분이다. 부부가 온전히 하나 될 때 상호 유기적인 관계 속에서 하나님 나라를 이루어 가는 아름다운 공동체가 된다. 목회자 부부가 건강하면 교회도 건강하고 목회자 부부가 건강하지 않으면 건강한 사모의 역할을 기대할 수가 없다. 부부가 화합하고 서로를 만족하는 것은 서로에게 주어진 몫이다. 부부가 서로 만족할 때 목사나 사모 모두가 자신의 역할에 충실할 수 있다. 때로는 서로 간의 의견 충돌로 인한 부부간의 문제가 생기기도 한다. 이러한 문제를 함께 풀어가고 해결하기 위해서 마음을 열고 숨김없이 대화하며 의견의 불일치에 대하여 토론하고 공정한 절충안에 서로 양보하고 타협함으로써 갈등을 해결하고 서로를 사랑하고 서로를 귀하게 여기는 것이 튼튼한 부부의 기초가 된다. 서로서로 섬기며 함께 기도하고 모든 환난을 이겨 가는 동반자의 삶이 있어야 한다.

부부 생활에 만족하기 위해서는 서로의 역할을 감당하는 일에 성경적인 원리를 벗어나지 않는 것이 중요하다. 남편은 아내를 사랑하되 주님이 교회를 위해서 목숨을 버리심같이 아내를 사랑해야 하고 연약한 그릇으로 알아 귀히 여겨야 한다. 아내를 이해하고 사랑으로 감싸주는 남편이 되어야 한다. 아내는 성경의 원리를 따라서 남편을 사모하고 복종하기를 힘써야 하며 모든 일에 교회가 그리스도를 머리 삼고 섬김같이 아내도 남편을 머리 삼고 그 뜻에 복종하기를 그리스도께 하듯 해야 한다. 각각의 역할이 분담되어 있지만 가정적으로는 훌륭한 어머니로서, 가정의 관리사로서 자신의 역할에 충실하여야 하며 남편은 가정의 보호자로서 책임을 감당하고 아버지와 남편으로서의 역할에 충실할 때 만족한 부부가 될 것이고 가정의 평화와 부부의 화합이 바람직한 사모 역할에 새로운 힘이 된다. 부부는 별개의 두 인격체이지만 하나 되게 하셨기 때문에 상호 의존적일 수밖에 없다. 부부가 서로 하나 되어 만족한 부부가 될 때 사모의 역기능적인 요소가 해소되고 바람직한 사모의 역할을 하게 된다.

(2) 자기 역할에 만족하기

많은 평신도들은 목회자나 사모는 늘 성령이 충만하고 정신적으로도 건강하다고 생각한다. 그러나 일반인들이 생각하는 것과 반대로 사모의 역할에서 오는 갈등으로 인해 심한 스트레스와 우울증, 신경과민 증상을 보이는 사모들이 많다. 우울증(depression)과 탈진(burnout)은 사모들 사이에 직업병과 같이 여겨지고 있다. 이러한 현상들은 사모 역할에 역기능적인 요소로 작용할 수밖에 없다. 병리적인 현상들의 원인은 자신의 사역에서 최선을 다해 일한 결과에 반하여 쏟아지는 비난과 인정받지 못하는 불신임이 원인이다. 사모는 자신이 하는 일이 하나님이 기뻐하시는 일이며 주님 뜻대로 행한 일이라고 하는 사역에 대한 확신과 자심감에 감사하며 만족하는 마음이 필요하다.

(3) 영적인 기쁨이 충족하기

믿을 수 있는 것이 없는 혼란스러운 세대 속에서 하나님을 가까이 하고 그분을 의지할 수 있는 유일한 분이라는 확신을 가지고 담대함을 얻어야 한다. 여호와를 가까이 하는 것이 복이다(시 73:28). 그것을 경험하고 사는 사람은 용기와 힘을 얻게 된다. 하나님이 가까이 계심을 경험하는 삶이 축복이다. 그리스도인이 느끼는 진정한 기쁨은 위로부터 오는 구속의 은혜를 체험하고 하나님과의 하나 된 관계에서 이웃을 내 몸과 같이 사랑하는 총체적인 모습이 알찬 열매가 맺혀지는 영적인 기쁨이다. 그리스도 안에서 느끼는 영적 기쁨은 내 안에 임재하신 하나님을 만나고 성령의 인도하심을 따라 예수 그리스도 안에서 하나님과 교제하며 그분이 주시는 능력의 힘을 얻어 은혜가 넘치는 삶을 살아가며 그 기쁨이 흘러넘쳐 이 세상과 교회 안에 그리스도의 생명을 전달해 주는 삶이다. 사모가 예수님을 만나면 예수 그리스도를 닮게 되고 그리스도의 받으신 고난을 내 몸에 짊어지고 그의 몸된 교회를 위하여 살아간다(골 1:24). 진정한 영적 생활은 내면적인 삶의 만족이나 내재적인 인간만을 의미하는 것이 아니고 하나님과 이웃을 사랑하라는 예수님의 명령을 실천하는 것을 전제한다. 이 사랑은 하나님과 이웃뿐만 아니라 모든 피조물을 사랑하는 것까지 확대 해석된다(박근원, 1981: 97).

영적인 기쁨이 충만할 때 역동적인 삶을 살아가게 되고 사모의 사역도 생명력을 얻게 된다. 사모의 역기능적인 요소를 해소하기 위해서는 기도와 말씀의 묵상 그리고 개인 영성훈련을 통하여 영적인 기쁨이 충만하기를 힘써야 할 것이며 영적인 기쁨이 충족한 사모가 바람직한 사모의 역할을 하게 된다.

(4) 모든 결과를 하나님의 뜻에 맡기기

일의 경영은 사람이 할지라도 그 결과를 이루시는 분은 하나님이시다(잠 16:1). 바울은 심었고 아볼로는 물을 주었으되 자라게 하시는 분은 하나님이시다(고전 3:6). 사역지기 범하는 오류 중에 자신이 사라게 할 수 있다고 착각하는 것이다. 목회 사역에서 인간이 할 수 있는 것은 심는 것과 물주는 것밖에 할 수 있는 것이 아무것도 없다. 자라게 하시는 분은 오직 하나님이시다. 많은 일을 했어두 그 일에 대한 성과가 없다고 낙심하거나 실망하지 않아야 한다. 때가 되면 거두게 되기 때문이다(갈 6:9). 이러한 확신을 가지고 모든 결과에 대하여는 하나님께 맡기는 믿음이 있을 때 올바른 사모의 역할을 하게 된다.

(5) 올바른 신앙관의 정립

"세상을 이기는 이김은 이것이니 우리의 믿음이니라"(요일 5:4). 믿음으로 사는 사람을 세상이 감당할 수 없다고 했다(히 11:38). 사모의 역할을 잘 감당하기 위해서는 하나님을 향한 구원의 확신과 굳건한 믿음이 있어야 한다. 죄로 인해 영원히 버림받아야 마땅한 죄인을 구원하시고 하나님의 거룩한 사명을 맡겨주심에 대하여 감사하며 예수 그리스도를 믿고 받은 구원에 확신을 가지고 주님을 따르겠다는 올바른 신앙관이 있어야 한다. 모세가 죽은 후에 여호수아에게 이르신 하나님의 말씀은 "마음을 강하게 하라 담대히 하라"는 말씀이었다. 하나님이 여호수아를 버리지 않겠다는 약속과 함께 하시겠다는 약속을 믿는 믿음이 있었기에 여호수아는 담대히 하나님이 주신 사명을 감당할 수 있었다. 사모의 역할을 잘 감당하기 위해서는 이와 같은 올바른 신앙관이 정립되어야 한다.

(6) 하나님을 바라보고 믿음으로 순종하는 겸손한 자세

교만은 멸망의 선봉이요 겸손은 존귀의 앞잡이다(잠 18:12). 사명자에게 무엇보다 필요한 것은 겸손이다. 겸손하되 끝까지 겸손해야 한다. 사울이 겸손하였다. 사무엘 선지자를 보내어 그를 왕으로 세우겠다고 하실 때 그는 대답하기를 "나는 이스라엘 지파의 가장 작은 지파 베냐민 사람이 아니오며 나의 가족은 베냐민 지파 모든 가족 중에 가장 미약하지 아니하니까 당신이 어찌하여 내게 이같이 말씀하나이까"라고 대답하였다(삼상 9:21). 그러나 그가 왕이 되고 난 후에는 하나님의 명령을 따르지 않았고 교만히 행하여 하나님께 버림받았던 사실을 기록하고 있다(삼상 15:23). 하나님께 쓰임 받는 길은 순종과 겸손이다. 사모의 역할을 잘 감당하기 위해서는 끝까지 겸손하게 순종하는 자세가 필요하다.

CHAPTER VI

결   론

선교 2세기를 맞이하는 한국교회에 있어서 이름도 빛도 없이 뒤에서 묵묵히 남편을 내조한 사모들의 역할은 한국교회 부흥에 밑거름이 되었다. 아담이 홀로 존재하는 것을 좋지 못하게 보시고 그를 위해 돕는 배필로 아내를 주신 이후 남자는 아내로 인해 온전하게 되었고 사역적인 면에서도 보다 완전하게 일할 수 있는 존재가 되었다(창 2:18). 초기 한국교회 사모들은 남편의 내조자로서 충실하였으나 시대가 변하고 여성의 사회참여가 많아지면서 교회 내에서 사모들의 역할은 확대되었고 70년대 이후 개척교회가 곳곳에 세워지기 시작하면서 교회의 사모의 역할은 절대적이 되었다. 교회적인 안정을 취한 오늘날에도 사모들의 역할은 계속되고 있으며 근간에는 사모들의 지나친 교회 참여로 인한 우려의 목소리가 높아지게 되기까지 이르렀다. 따라서 논자는 한국교회의 사모의 역할에 대하여 재조명하고 바람직한 사모의 역할을 위한 방법을 모색하였으며 사모 역할의 한계와 범위를 연구하였다. 이제까지 연구한 연구의 전체 내용을 요약정리하고 몇 가지 제언을 하면서 결론을 맺고자 한다.

1. 요 약

제 I 장에서는 본 연구의 제목인 '한국교회에 있어서 바람직한 사모 모델에 관한 연구(사모 역할의 한계와 그 범위)'를 위하여 먼저 오늘날 한국교회 사모들의 문제가 무엇인가라는 의문을 제기하였다. 이 의문을 통하여 어떻게 하면 한국교회 사모의 바람직한 역할을 할 수 있겠는가라는 논제를 끄집어냈다. 그리고 바람직한 사모 역할의 방안을 마련하는 것이 연구의 목적임을 밝혔다. 아울러 본 연구에 사용한 용어들의 가정을 설명했고 나아가 본 연구의 각 장의 목표들을 설정하였으며 연구방법과 영역에 대해 언급했다.

제Ⅱ장에서는 사모 역할에 대한 성경적 및 신학적인 기초들을 다루었다. 구약과 신약에서의 사모의 기초, 구약과 신약에 나타난 사모와 사모의 역할에 대하여 고찰해 보았다.

구약에서의 사모의 기초를 찾는다면 창세기 1장 26절과 2장 18절 그리고 25절의 아내에 대한 기초에서 찾아볼 수 있다. 그러나 오늘날 사모의 유사한 모형을 찾기는 한계가 있었다. 아내는 남편의 돕는 배필로 지음 받았으며 이를 위해서 더욱 섬세하게 지음을 받았다. 배필이란 문자적으로 돕는다는 뜻이며 개인적인 도움뿐만 아니라 사역적인 면에서도 남편의 돕는 배필로 하나님의 뜻을 온전히 이루어 나가는 데 필요한 존재라는 것이다.

성경에서 오늘날의 의미로서 사모를 찾아보기는 쉽지 않았다. 선지자들의 아내와 성경에 나타난 아내들의 모습을 통하여 사모의 성경적 기초를 찾아보았다. 구약에서 남편에게 순종한 대표적인 인물은 사라이다. 창세기 18장 2절에서 사라는 아브라함을 "주(主)"라고 불렀으며 주인이라는 의미에서 자신을 낮추고 순종하는 모범을 보이고 있다. 창 24장 1절 이하에서는 이삭의 아내를 맞이할 때 하나님의 뜻을 찾는 내용이 기록되어 있다. 목회자로서 사모를 선택할 때 신중해야 함을 기록하고 있는 부분이다. 리브가는 이삭의 축복권에 관하여 하나님의 마음에 합당한 자에게 복이 내려지도록 그 남편의 선택에 도움을 주었다(창 25:28). 출애굽기 4장에 기록되어 있는 모세의 아내 십보라는 자신의 주장을 버리고 하나님의 뜻을 따른 사모이다.

잠언 31장은 현숙한 아내에 대하여 기록하고 있다. 현숙한 아내는 남편이 살아 있는 동안에 악을 행치 아니하는 아내이며 자신이 맡은 일에 최선을 다하는 아내이다. 잠언 31장에 나타난 현숙한 여인은 아내의 역할에 대한 하나의 모델이다. 슬기롭고 어진 아내는 하나님이 주신 선물임이 강조되고 있다(잠 19:14).

신약에서는 엡 5:22절과 골 3:18절을 근거하여 남편에게 복종하는 아내에 관하여 기록하고 있다. 아내가 남편에게 복종해야 하는 이유를 두 가지를 들고 있는데 첫째는 아내가 먼저 뱀의 유혹을 받아 범죄하는 자리에 동참했기 때문이며(딤전 2:14절) 또 다른 이유는 남자가 여자를 위해서 지음 받은 것이 아니요 여자가 남자를 위해서 지음 받았기 때문이라는 것이다(고전 11:9). 아내가 남편에게 복종하게 하신 것은 하나님이 세우신 질서이다.

남편은 아내를 귀한 존재로 대할 것을 신약에는 말하고 있다. 남편들은 아내를 지식을 따라 귀하게 여겨야 한다(벧전 3:7). 생명의 유업을 함께 이어나갈 동반자이기에 귀한 존재이며 새로운 생명을 잉태하고 탄생시킨다는 의미에서도 귀한 존재이다. 주 안에서 한 몸이 된 부부이기에 남편은 아내를 귀히 여기고 제 몸같이 사랑해야 함을 말하고 있다. 여자는 연약하게 지음 받은 피조물이다. 따라서 질 그릇과 같이 깨어지기 쉬운 존재이다. 신체적인 면에서도 남자보다 연약하며 정신적인 면에서도 남편을 사모하며 살도록 지음 받은 존재이다. 사모는 남편의 도움과 보호가 필요한 존재이며 자기 몸같이 사랑해야 함을 신약성경에서는 말하고 있다.

신학적인 측면에서 부부는 동등한 관계이다. 창 2장 18절에 여자가 '돕는 배필'이라고 하는 말을 종속적인 관계로 오해되어서는 안 된다. 부부는 인격적인 면에서 동등한 관계이다. 과거 시대적 배경 속에서 남성 우월주의 사상을 가지고 여자를 천하게 보는 시대도 있었으나 예수님은 여인을 천대하거나 차별하지 않으셨음을 성경에서 볼 수 있다. 구원받은 성도들에게 성별의 차이가 있을 수 없다. 초대교회 복음이 전파될 때 여인들의 역할이 중요한 비중을 차지하고 있음을 볼 수 있다. 루디아, 브리스길라, 유디아, 순두개 등 많은 여성들이 복음 전파의 초석이 되고 있음을 알 수 있다.

아내와 남편은 기능적인 면에서 서로 다르다. 상하 수직 관계가 아니라 상호 보완적 파트너 관계로서 역할을 분담하며 부족한 부분을 서로 보완할 때 완전한 부부가 될 수 있다. 상대의 장점과 단점을 인정하고 상호 예절을 갖추어 서로에 대한 의무를 다하고 돕는 관계가 부부이다.

아내는 교회와 같은 존재이다. 그리스도께서 교회의 머리되심같이 남편도 아내의 머리됨이 성경적 원리이다(엡 5:23). 그리스도의 사랑은 무조건적인 아가페의 사랑이다. 주님이 교회를 사랑하심같이 남편도 아내를 사랑해야 한다.

이상 신구약에서 사모와 사모의 역할을 고찰하면서 사모 역할의 근원적 원리를 찾아보았다.

제Ⅲ장에서는 사모에 대한 역사적 빛 현대적 연구를 살펴보았다. 사모의 시작과 서양의 사모를 중심으로 살펴보았고 현대적으로는 한국의 사모의 역사와 현재의 사모를 중심으로 살펴보았다. 사모의 역사적 배경을 살펴봄으로 오늘날의 사모의 사역의 형태와 가치관이 어떻게 변했으며 사역자인 남편과의 관계성의 변화도 살펴보았다.

사모의 사역은 고대 중동 지방의 농촌 배경에서 이해되어야 한다. 잠언 31장 10−29절까지는 부인의 아름답고 서정적인 모습이 나타나 있다. 성경에 나타난 사모의 사역은 가정적이고 순종적이며 남편의 뒷바라지를 잘하는 모습이었다. 그리스도 승천 이후 초대교회에서 사모에 대한 기록을 거의 찾아볼 수가 없다. 그 이유는 목회가 직업화되지 않았고 초대교회의 종교 지도자가 평신도 지도자였기 때문이다. 평신도와 성직자를 구분한 목회자의 개념은 신약시대 이후에 생기게 되었다.

고대 사회에 있어서 여성은 노예와 같은 대우를 받았다. 여성은 열등한 존재라고 생각하여 가정의 노예 정도의 취급을 받았다. 아테네는 인간관계를 계급화하여 차별을 두었으며 여성을 가정이라는 틀 안에서 엄격히 통제하고 있었다. 알렉산더 대왕(Alexander the Great)시대 이후에 여성의 신분은 상승하는 듯했으나 일부 여성에 한정되었고 대부분의 고대 여성들은 남성과 차별된 대우를 받고 살았다. 거대한 나라 로마 제국의 여성들은 비교적 다른 고대 사회에 비교하여 사회참여 활동의 기회가 많았고 사도 시대에 교회에서 활동한 사모들의 역할은 교회를 설립하는 일에 핵심적인 역할을 하였으며 사도 시대와 속사도 시대에 걸쳐 로마와 소아시아 그 외 지역에서 기독교를 전파하며 교회를 세우는 일에 큰 역할을 하였다.

사모의 존재가 뚜렷해진 시기는 종교개혁 이후이다. 초기 기독교에서 성직자가 결혼하는 것이 불경죄에 해당하는 정도로 취급되었고 종교개혁 이후 사모에 대한 오랜 전통을 깨고 성직자 결혼이 공식화된 이후 사모의 역할에 권위와 명예를 부여했다. 개신교 사모들의 모습은 전적으로 헌신하는 여인상이다. 역사상에 나타난 개신교 사모들의 대부분은 자신을 희생하며 남편의 뒷바라지를 하는 역할을 하였으나 후기 사모들의 모습은 적극적으로 교회에 참여하는 모습이었다.

초기 미국 선교당시 사모의 모습은 성서에 기록된 현숙한 부인의 역할이었으나 선교 초기 넓은 지역에 교회를 세우느라 남편인 목사가 오랫동안 가정을 비우고 교회를 떠나 있어야 하는 상황에서 사모들은 가정의 경제를 책임지고 가족을 부양하였으며 교회를 돌보는 역할을 감당하였다.

한국교회에서 사모의 역사를 크게 다섯 단계로 나누어 보았다. 첫째는 선교사 사모들의 활동이다. 한국에 개신교가 들어온 시기를 1832~1905년으로 잡는다. 개신교가 선교사들에 의해 한국에 들어온 이후 선교사 사모들은 남편을 도와 교회에서, 학교에서, 병원에서, 한국 여성들의 개화와 복음화를 위해 헌신하였다. 둘째는 네비우스 선교정책 이후 사역이다. 네비우스 선교정책 이후 한국교회는 자국인들에 의해 자립되었고 이 당시 사모들의 역할은 지극히 평범한 아내요 내조자로서의 역할이었다. 이들은 단순히 남편의 내조자의 역할만 하였고 오늘날 교회에서 사모의 역할과 같은 역할은 전도 부인을 세워 감당하게 하였다. 셋째는 일본기의 사모의 역할이다. 1910년 한일합방이 채결된 이후 한국은 일본의 지배하에 들어가게 되었고 일본은 저들의 야욕을 채우기 위해 희생을 강요하였고 한국교회는 일본에 의해 혹독한 박해를 받게 되었다. 이 시기 한국교회 목회자들은 대단한 시련을 겪었다. 이와 같이 어려운 시기에 사모들은 배후에서 남편의 신앙을 든든히 지킬 수 있는 조언자로, 가정을 돌보는 가장으로, 교회를 돌보는 목회자로서의 역할을 감낭했으며 사모늘의 헌신은 한국교회에 많은 순교자들을 배출하게 하였다. 넷째는 한국전쟁기의 사모들의 역할이다. 일본이 패망한 이후 한국교회는 공산주의라고 하는 사상적 대립으로 인하어 또 한 번의 희생을 치르게 되있다. 무신론적 공산주의자늘은 교회를 향하여 박해를 가하기 시작하였고 많은 목회자들이 공산주의자들의 손에 무참히 희생되는 상황에서 사모들은 가정과 교회를 지키며 한국교회에 슈교의 뿌리를 내리는 역할을 하였다. 다섯째는 한국교회 성장기의 사모의 역할이다. 1959년 이후 한국교회는 많은 변화와 발전을 이룩하였다. 경제적 부흥과 더불어 성장하기 시작한 한국교회는 신앙운동이 불길처럼 일어났고 1980년 이후 계속되는 전도와 더불어 많은 수의 성도들이 생겨나게 되었고 곳곳에 개척교회가 세워지기 시작하였다. 이러한 추세에 부응하여 사모들의 사역은 목사들과 함께하는 팀 사역(team ministry)의 형태로 변화되어 갔다.

그러나 일부에서 사모의 존재의 정체성 위기와 역할의 타당성에 대한 의문이 제기되기도 했다. 국가경제 발전과 더불어 높아진 경제수준은 사모들에게까지 대형교회로 성장하는 것이 성공이라는 잘못된 의식을 자리잡게 하였고 사모의 지나치게 많은 참여로 인하여 교인들의 불만의 목소리가 높아지기도 하였다.

사모의 역할에 대한 역사적 현실적 연구를 통해서 오늘날의 사모의 문제들에 대해 살펴보았다.

제Ⅳ장에서는 사모 역할에 대한 설문 조사를 통한 분석을 전국교회 목회자와 사모, 부교역자와 성도들을 중심으로 577명의 응답 자료를 가지고 통계 분석함으로 구체적인 사모의 문제점들을 알아보았다. 이들은 사모에 대한 어떤 지각과 인식을 가지고 있는지를 일곱 개의 영역에 걸쳐 성별, 직분별, 지역별로 차이를 분석하였다.

첫째 영역인 설문자의 개인 신상에 대한 변수 <표 2>에서 성별로는 여성이 37.1%, 남성이 62.9%였다. 직분별로는 목사가 23.7%, 사모가 27.5%, 강도사, 전도사가 19.4%, 장로, 집사가 28.9%였다. 지역별로는 서울, 경기가 61.5%, 광역시가 28.5% 지방이 9.8% 순이었다.

둘째 영역인 사모의 교회 참여에 대한 인식 영역 <표 3-표 13>을 통해서 나타난 결과는 사모들의 사역에 부정적인 시각이 있었다. 개척교회에서 사모 역할에 관하여는 필요성을 강조하는 반면, 100명 이상

되는 교회에서 사모가 교회일에 참여하는 것에 대하여는 호응도가 낮았다. 특히 평신도 그룹에서는 사모가 목사와 똑같은 사명자라는 인식이 낮아서 사모의 역할의 수용에 장애가 있는 것으로 나타났다.

셋째 영역인 사모의 교회 참여의 결과에 대한 변수 <표 14-표 19>를 통해서 나타난 결과 사모가 교회일에 3~5가지 이상의 많은 일을 맡고 있는 것으로 나타났으며 사모가 교회 참여를 함으로 인하여 문제가 있을 수 있다는 데 높은 수치를 보였다. 사모가 교회 참여로 인해서 발생할 수 있는 문제점으로는 교인들의 반발이라고 하는 답변에 높은 수치를 나타냈다.

넷째 영역인 사모가 보는 교회와 목사에 대한 변수 <표 20-표 47>에서 나타난 결과 사모 역할을 하기 위한 교육의 필요성이 절대적인 것으로 나타나고 있다. 사모가 되기 전에 사모가 되기 위한 준비가 부족한 것을 알 수 있었고 큰 교회의 사모에 대한 동경심이 있는 문제점도 발견할 수 있었다. 남편과의 관계에서는 남편에 대한 신임도가 낮았으며 남편에 대한 불만 중에 권위적인 것에 가장 많은 불만이 있는 것으로 나타났다. 부부 이해에 있어서 대화가 부족한 문제점도 발견된다.

다섯째 영역인 목사가 보는 사모에 대한 변수 <표 48-표 63>에서 나타난 결과 목사들은 사모와의 관계에서 사모에 대한 부정적인 시각이 높았다. 특별히 아내의 내조, 성(性)생활, 순종적인 것에 만족도가 낮은 것으로 나타났다. 목회자 시간 관리에 관하여는 사역과 관련한 시간 투자가 많지 못한 문제점이 지적되고 있다. 이러한 문제들은 사모로 하여금 남편에 대한 존경과 신뢰도가 낮게 되고 원만한 부부관계의 저해 요인이 되며 바람직한 사모 역할의 역기능적인 요소로 작용하는 결과가 됨을 알 수 있었다.

여섯째 영역인 교인들이 바라보는 사모에 대한 변수 <표 64-표

73>에서는 사모가 교회일에 참여하는 것에 대하여 부정적인 것으로 나타났다. 사모를 존경하는 이유에 대하여는 목사님의 부인이라는 이유가 가장 많았다. 목사의 가정에 대한 관심과 기대감이 평균 3.34로 비교적 높았다. 목회자의 재정에 관하여는 현재 사례비가 부족하다는 인식이 높았으며 200만 원 정도가 적당하다는 의견이 가장 많았다.

일곱째 영역인 자립교회에서 사모의 교회 참여에 대한 수용성의 변수 <표 74>에서는 11단계 중 전체 평균이 −2.07로 조직교회에서 사모 역할에 대하여는 거부적인 수준이었다.

이상의 77개 조항의 설문을 조사한 결과 바람직한 사모 역할의 장애요인을 네 가지 영역별로 정리하고 그 시사점을 찾아보았다.

첫째는 사모에게 문제가 있는 경우이다. 이 문제는 대형교회가 성공이라는 의식, 전문성의 부족, 다중적 역할, 부족한 영성 훈련의 문제가 있었으며, 남편에 대한 불신임과 내조에 대한 그릇된 인식 그리고 지나친 지도자 의식의 문제 등이 있는 경우이다.

둘째는 목사에게 문제가 있는 경우이다. 지나친 권위의식과 애정의 부족, 대화의 부족, 부도덕한 이성의 문제가 있었으며 최선을 다하지 못하는 목회자의 자세도 바람직한 사모 역할에 장애요인이 되었다.

셋째는 교인들에게 문제가 있는 경우이다. 사모에 대한 잘못된 선입관으로 인하여 사모의 능력에 따라 평가하는 것이 아니라 사모는 단순히 아내로서의 역할만 해야 한다는 선입관이 문제가 되었고 특히 목회자 가정에 대한 지나친 관심과 기대감이 사모에게 부담감으로 작용하는 문제가 되었다.

넷째는 교회적인 특성에 따른 문제이다. 개척교회에서 일꾼의 부족으로 인하여 지나치게 많은 역할의 문제가 있었으며 낮은 사례비로 인하여 생활의 어려움도 바람직한 사모 역할의 문제가 되었다.

이상의 설문자 분석을 통하여 바람직한 사모 역할의 장애요인을 살펴보았고 그 문제점들을 파악하였다.

제Ⅴ장에서는 사모의 역할에서 설문자 분석을 통한 바람직한 사모 모델의 방안을 제시하였다.

첫 번째 제안은 바람직한 사모 역할을 수행하기 위한 자기 성찰을 제안했고 구체적인 방안으로 소명의식 다지기, 확고한 신념 정하기를 제안하였다. 사모의 역할을 효율적으로 감당하기 위해서는 자기 개발을 위한 목표설정이 필요하며 교육 수준향상을 위한 목표, 영성 훈련을 위한 목표, 사역을 위한 목표 등 실현 가능한 목표 설정을 요청해 보았다.

두 번째 제안은 든든한 후원자로서 남편의 지원이다. 사모는 남편의 도움을 필요로 한다. 개인적인 돌봄이 필요하다. 육체적으로 돌보아 줌으로 건강을 유지하고 스트레스나 우울증과 같은 역기능적 요소를 사전에 차단하기 위해서 정신적인 돌봄이 필요하다. 영적 돌봄을 통해서 성령 충만하여 모든 문제를 믿음으로 해결하고 사모로서 올바른 역할을 하는 데 영적인 돌봄이 있어야 하며 가정적으로, 교회적으로 지속적인 관심을 가지고 사랑으로 돌봄이 필요하다.

세 번째는 화목하고 행복한 부부 생활을 제안했다. 행복한 부부가 되기 위해서는 충분하고 질 좋은 대화가 있어야 하고 상호 인격적 관계에서 만족감과 친밀감을 얻기 위해서는 정신적 관계의 일지감이 필요함을 강조했다. 육체적으로 만족한 성생활이 행복한 부부 생활에 필요함을 제안했다. 서로를 믿어주고, 서로에게 믿음을 주어야 하며, 존경받는 남편이 되기 위해서 자신의 일에 최선을 다해야 함을 강조했다.

네 번째는 체계적이고 지속적인 교육이다. 전문인 양성을 목적으로 하는 사모대학이 필요하며 교과 과정도 사모의 사명과 역할에 적합한 체계적 교과 과정의 설정을 제시하였다.

다섯 번째는 교회적인 지원을 제안했다. 사모 역할에 가장 필요한 것이 기도이다. 이를 위해서 사모를 위한 교회적인 중보기도를 요청했다. 사생활의 보호는 바람직한 사모를 위한 필수조건 중에 하나임을 강조했다. 사모의 사생활이 보호될 때 안정되고 평안한 가운데 역할을 잘 수행할 수 있다. 사모의 사역에 무조건적인 반대나 찬성이 아니라 사모의 능력에 따라 사역을 맡긴다면 일의 성취감도 얻을 수 있고 자신감을 가지고 사역에 참여할 수 있음을 제안했다. 안정적인 경제생활이 보장되어야 하고 교회의 정도에 따른 사모 역할의 한계를 설정해 보았다. 100명 미만의 소형교회에서는 사모의 역할을 인정하되 사모 교육과정을 이수한 사모에 한하여 사역을 맡기고 100명 이상의 조직 교회에서는 전문성을 고려하여 사역을 맡길 것을 제안하였다.

이상과 같이 바람직한 사모의 역할을 위한 방안을 제시해 보았다. 더욱이 사모 역할의 역기능적인 장애를 극소화하기 위한 해결 방안으로 다음 몇 가지를 제안하였다. 첫째 부부 생활에 만족함을 찾는 것이 중요함을 제안했다. 둘째 자기 역할에 만족함을 찾는 노력이 요청된다. 셋째 영적 기쁨이 충족하기를 권하였다. 넷째 모든 결과를 하나님의 뜻에 맡기기를 힘써야 한다. 다섯째 올바른 신앙관을 정립할 것을 권하였다. 여섯째 하나님을 바라보고 믿음으로 순종하는 겸손한 자세가 있어야 한다.

2. 제 언

　목회자의 가정 목회는 교회 목회와는 또 다른 목회라고 생각한다. 필자가 목회를 해오면서 가장 안타깝게 여겼던 분야, 즉 가장 가까이에서 내조하는 사모가 어떻게 하면 좋은 사모가 될 수 있을까? 어떻게 하면 남편과 교회에 유익을 끼치는 사모가 될 수 있을까 하는 의문을 가지고 연구해 온바 그 답을 제시하였다. 이제 이 연구를 마무리하면서 한국교회의 바람직한 사모 역할에 관련하여 제언하고 싶은 몇 가지를 제시하면서 이 연구를 마치고자 한다.

　첫째는 목회자의 목회 성공은 사모와의 관계 성공이 목회 성공이라고 말할 수 있을 만큼 사모와의 관계는 중요하다. 사모 역할과 관련하여 내조자로서 남편에게 좋은 사모가 되고 교회에 유익을 끼치는 사모가 되기 위해서는 사모 역할과 관련된 문제들을 해결해야 하는데 이 일은 목회자 부부 당사자의 몫이다. 교회의 사역적인 여러 가지 문제에 대하여 해결할 수 없는 것은 제쳐두고라도 부부관계의 현실에서 변화할 수 있는 모든 것의 해결은 목회자 부부에게 초점이 맞추어진다. 사모의 현실이 문제가 있다고 사모만을 탓할 수만은 없다. 모든 문제 해결의 열쇠는 목회자 부부에게 있음을 지적하면서 한국교회의 모든 목회자 부부는 문제해결의 주체로서 책임적 의식을 가지고 문제를 다시 보고 해결하려는 노력이 있기를 제안해 본다.

　둘째는 한국교회 목회사 사모의 역할에 있어서 문제가 현실적으로 많이 표출되고 있는데 이를 해결해 나가는 방안으로 필자가 제시한 여섯 가지 해결 방안을 성심을 다해 추천해 본다. 필자 역시 목회자로서 사모와의 관계를 원만하고 조화롭게 이끌어가기 위해 필자가 제시한 여러 가지 방면으로 노력하고 있으며 이러한 노력은 사모와의 원만한 부부관계에 많은 도움이 되고 있다. 사모의 교회 사역과 관련하여 사모의 전문성을 살려 교회에 유익한 방향으로 사역할 수 있도록 노력하고 있다. 이러한 노력들은 교회 성도들로 하여금 사모의 전문성을 인정하며 사모를 있는 모습 그대로를 인정하게 하는 데 많은 도움이 되고 있으며 교회에도 유익을 끼치고 있다. 필자가 제시한 사모 모델 방안에 대해 성심으로 적용해 본다면 좋은 결실을 맺을 것을 확신한다. 이 방법들이 한국교회 목회자 가정에 귀하게 사용되기를 제안해 본다.

셋째는 필자의 연구가 모든 한국교회 목회자 사모에게 완벽하게 적용되거나 필자의 사모 모델 방안이 완전하고 유일한 방안이라고는 할 수 없을 것이다. 그 이유는 각 가정의 개별적 상황과 목회적 상황, 그리고 개개인의 사고가 다르기 때문이다. 그러므로 한국교회의 사모의 바람직한 역할을 위해서는 이보다 더 효과 있는 방안들이 앞으로 계속해서 제시될 수 있기를 제안하는 바이다.

넷째는 한국교회 사모들에 대한 재교육이 있어야 한다는 것이다. 한국교회는 매우 특이한 상황이다. 사모의 역할이 목회자의 성패를 좌우할 정도로 중요한 역할을 하고 있다. 사모는 목회자에게 있어서 교회 목회와 전혀 다른 분위기의 또 다른 목회이다. 사모의 사역의 중요성과는 달리 대부분의 사모들이 사역과 관련하여 배움의 기회가 없이 현장에 선다는 것이다. 따라서 목회자는 사모 목회와 관련하여 사모에 관해 다시 연구하고 바람직한 사모로 세우기 위한 배움이 필요하다. 또한 사모는 목회자 남편을 대하는 방법과 교회에서 사모의 역할을 잘 감당하기 위한 교육을 받을 필요성이 있다는 것이다. 이렇게 하여 부부가 함께 바람직한 사모 모델의 방안을 찾아나가기를 제안하는 바이다.

참고자료

1. 국내서적

김광수. 1976. 「한국기독교 인물사」, 서울: 기독교문사.

김남준. 1998. 「목회자의 아내가 살아야 교회가 산다」, 서울: 도서출판 두란노.

김명환. 1961. 「국어대사전」, 서울: 민중서림.

김요나. 1988. 「주기철 목사 순교전기」, 서울: 엠마오.

김유섭 외 3인. 1996. 「운동과 건강교육」, 서울: 도서출판 대경.

김정순. 1990. 「한국기독교 여성운동사」, 서울: 한국로고스연구원.

김종주. 1995. 「둘이서 하나 되어 살아가는 지혜」, 서울: 예솔.

김호운. 1970. 「한국교회 초기사」, 서울: 대한기독교서회.

박용규. 1968. 「피를 바치련다」, 서울: 은성문화사.

서광선. 1985. 「한국기독교의 새인식」, 서울: 대한기독교출판사.

세문안교회 70년사 편찬위원회. 1958. 「새문안교회 70년사」, 서울: 세문안
    교회.

손동희. 1994. 「나의 아버지 손양원 목사」, 서울: 아가페.

송건용. 1992. 「운동과 실천」, 서울: 도서출판 대경

신옥자. 1979. 「사모가 본 사모학」, 서울: 보이스사.

오성춘. 1989. 「영적 성장을 위한 말씀훈련」, 서울: 대한예수교장로회총회
    출판국.

______. 1994, 「영성과 목회」, 서울: 장로회신학대학교출판부.

오윤태. 1990. 「심방의 이론과 실제」, 서울: 한국로고스연구원.

옥정석. 1994. 「운동과 건강」, 서울: 태근문화사.

옥한흠. 1989. 「평신도를 깨운다」, 서울: 두란노.

윤남경. 1988. 「사모가 되기까지」, 서울: 보이스사.

이건숙. 1995. 「사모가 선 자리는 아름답다」, 서울: 신망애출판사.

이광린. 1991. 「초대 언더우드 선교사의 생애」, 서울: 연세대학교 출판부.

이기춘. 1988. 「카운셀러로서의 사모, 사모와 교회여성」, 서울: 서울서적.

이덕주. 1990. 「한국교회 처음 여성들」, 서울: 기독교문사.

이병렬. 1986. 「이스라엘의 여성들」, 서울: 홍익제.

______. 1986. 「히브리 민족의 원역사」, 부산: 페트라성경원어연구원.

이선근. 1951. 「한국사 근대세사」, 서울: 진단학회.

이성호. 1999. 「사모님 사랑해요」, 서울: 신망애출판사.

이원예. 1995. 「간 큰 남자」, 서울: 아침.

이윤근. 1999. 「누가 사모의 고통을 아는가」, 서울: 성광문화사.

이효은. 1981. 「성경에 나타난 찬송」, 서울: 기독교문서선교회.

이효재. 1983. 「개신교 선교와 한국여성 개화」, 서울: 숭전대학교 출판부.

정석기. 1993. 「주님의 여성이 되려면」, 서울: 나눔사.

정영숙. 1997. 「가족상담과 치료」, 서울: 양서원.

정용두. 1994. 「기독교와 유교」, 서울: 성광문화사.

정정숙. 1996. 「성경 속의 가정」, 서울: 베다니.

______. 1994. 「기독교상담학」, 서울: 베다니.

______. 1994. 「성경적 가정사역」, 서울: 베다니.

______. 2001. 「한국기독교 여성 교육사」, 서울: 베다니.

조인숙. 1997. 「사모의 길 사랑의 길」, 서울: 신망애출판사.

조홍건. 1987. 「스트레스와 노이로제의 한방 요법」, 서울: 문학예술사.

주선애. 1979. 「장로교 여성사」, 서울: 대한예수교장로회 전국여전도회
    연합회.

차호원. 1986. 「성경이 말하는 완전한 여성」, 서울: 도서출판 신앙계.

최영기. 1999. 「가정 교회로 세워지는 평신도 목회」, 서울: 두란노.

최종수. 1984. 「메스 커뮤니케이션 이론」, 서울: 전예원.

한국기독교문화연구소. 1983. 「한국의 근대화와 기독교」, 서울: 숭실대학
    교출판부.

한완상. 1983. 「한국근대화와 기독교」, 서울: 숭실대학교출판부.

황의영. 1977. 「사모학」, 서울: 정음서림.

______. 1999. 「목회자 아내의 지침서」, 서울: 성광문화사.

2. 번역서적

Anthony, A. Hoekema. 1990. *Created in God's Image.* 「개혁주의 인간론」, 류호준 역. 서울: 기독교문서선교회.

Appenzeller, H. G. 1988. *Bring to the light liberty.* 「자유와 빛을 주소서」, 「아펜젤러의 일기」, 노종해 역. 서울: 대한기독교서회.

Bedsole, Adolf. 1978. 「기독교 가정에 관한 요약설교」, 김태환 역. 서울: 아가페출판사.

Burrell, Barrington O. 1990. *Love Sex and Marriage.* 「왜 하나님은 성을 만드셨나」, 현순원 역. 서울: 말씀의 집.

Clinebell, Horward. 1989. *Growth Counseling.* 「성장상담」, 이종헌 역. 서울: 한국신학연구소.

__________. 1994. *Basic Types of Pastoral Care and Counseling.* 「목회상담론」, 박근원 역. 서울: 한국장로교출판사.

__________. 1995. *Well Being.* 「전인건강」, 이종헌, 오성춘 공역. 서울: 한국장로교출판사.

__________. 1996. 「부부성장과정」, 이종헌 역, 서울: 장로교출판사.

Clinton, Gardner E. 1995. 「성서적 신앙과 사회윤리」, 이희숙 역. 서울: 종로서적.

Collins, Gary R. 1984. *Helping People Frow.* 「크리스천 카운셀링」, 피현희, 이혜린 공역, 서울: 두란노서원.

Denton, Wallace. 1977. *Clergymen's wives.* 「교역자 부인의 역할」, 안상임 역. 서울: 한국기독교출판사.

Denton, Wallace. 1997. *The Role fo the Minister's Wife.* 「교역자 부인의 역할」, 안상임 역. 서울: 대한기독교출판사.

Evans, Mary J. 1983. *Woman in the Bible.* 「성경적여성관」, 정옥배 역. 서울: IVP.

Fenton, N. M. 1988. *Nential hygine in school practice.* 「신교육심리학」,

정인석 역. 서울: 대왕사.

Getz, Gene A. 1992. *The Measure of a woman.* 「여자의 척도」. 최예자 역. 서울: 도서출판 만나.

___________. 1979. 「가정생활의 지혜」. 서울: 보이스사.

Guinness, Os. 2000. The CALL. 홍병룡 역. 서울: 한국기독교학생회출판부.

Haag, Herbert. und Elliger, Katharina. 1988. *Stört Nicht Die Liebe: Die Kiskriminisierung der Sexualität—ein Verrat an der Bibel.* 「사랑을 방해하지 말아다오」, 윤선아 역. 서울: 분도출판사.

Harley, Willard F. Jr. 1998. His Needs Her Needs. 「베스트 부부」, 김희선 역. 서울: 나침반사.

Hendricks, Howard. 1992. *Husbands and Wives* 「부부의 대화와 갈등」, 서울: 파이디온출판사.

Huntley, M. A. 1985. *History of the Protestant Mission in Korea.* 「한국 개신교 초기의 선교와 교회성장」, 차종순 역. 서울: 목양사.

Hurly, James B. 1988. *Man and Woman in biblical Perspective.* 「성경이 말하는 남녀의 역할과 위치」, 김진우 역. 서울: 여수룬.

John, Calvin. 1985. 「칼빈의 기도론」, 김성주 역. 서울: 풍만출판사.

Kaiser, W. C. 1990. 「구약성경윤리」, 홍용표 역, 서울: 생명의 말씀사.

Klug, Ronald. 1993. How to keep a spiritual journal. 「영혼의 일기와 영적 성숙」, 오연희 역. 서울: 두란노 서원.

Letha Scanzoni, Nancy Jardesy, 1982. 「남녀존재로서의 의미」.

MacAffie, Babara J. 1995. *Her Story: Women in Christian Tradition* 손승희 역. 「기독교 전통 속의 여성」, 서울: 이화여자대학교 출판부.

Martin, Ralph. 1989. *Husbands, Wives, Parents, Children.* 「성(聖)가정」, 고재섭 역. 서울: 성요셉출판사.

Maston, T. B. and Tillman, William M. 1991. *The Bible and family relations.* 「성서 그리고 현대가정」, 이석철 역. 서울: 요단출판사.

Pentecost, Dorothy H. 1987. *Pastor's wife and the church.* 「성공적인 목회자의 아내」, 정정숙 역. 서울: 엠마오.

Peterson, William J. 1989. *Martin Luther had a wife.* 「복음주의자의 아내들」, 서울: 두란노.

Pratney, Winkie. 1984. *A Handbook for followers of Jesus.* 「예수 제자의 가족과 미래, 그리고 성」, 서울: 나침반社.

Ryrie, Charles. 1983. *Role of women in the church.* 「교회에서 여성이 할 일」, 양은순 역. 서울: 생명의 말씀사.

Satir, Virginia. 1995. *Conjoint Family Therapy* 「가족치료의 이론과 기술」, 김만두 역. 서울: 홍익재.

Scott, Waldron. 1990. *Bring Forth Justice Contemporary Perspective on Misson.* 「사회정의와 세계선교를 향한 제자도」, 강선규 역. 서울: 두란노.

Shirley Stephens. 1987. 「신약성서의 여성관」, 정양숙 역. 서울: 요단출판사.

Strauss, Richard L. 1983. *Famous couples of the bible.* 「참사랑의 이야기」, 곽선희 역. 서울: 양서각.

Sugden, Howard F and Wiersbe, Warren W. 1984. *Confident pastoral leadership.* 「목회자가이드」, 송관택 역. 서울: 생명의 말씀사.

Thielicke, Helmut. 1986. *Theological Ethics Vol.3, Sex,* 「기독교 성윤리」. 이종윤 역. 서울: 기독교 문화사.

Torrey, R. A. 1982. 「어떻게 기도할까」, 장동수 역. 서울: 기독교문서선교회.

Vinton. C. C. 1893. *Presbyterian Mission Work in Korea.* 「한국기독교회사」, 민경배 역. 서울: 연세대학교출판부.

Wright, H. Norman. 1985. *More Communication Keys for Your Marriage* 「행복한 부부대화의 열쇄」, 차호원, 차혜숙 공역. 서울: 도서출판 두란노.

Wynn, John Charles. 1998. *Family therapy in pastoral ministry.* 「가족치료와 목회사역」, 문희경 역. 서울: 솔로몬.

3. 외국서적

Adams, Jay E. 1972 *Christian Living in the Home. Phillipsburg*, N. J:
    Presbyterian and Reformed Publishing Co.

Adams, Jay E. 1975. *The Use of the Scripturesin Counseling* (Nutley,
    N. J.: World Publishing)

Adolf Deissmann, 1901. *Bible studies. Edinburgh*, T. &. T. Clark.

Barrow, R. H. 1949. *The Romans Harmondsworth*, Penguin Books.

Bruce, F. F. 1961. *Ephhesians.* London: Pickering and Inglis.

Clark, Charles Allen. 1928. *The Korean Church and the Nevius Methods.*
    Fleming H. Revell Company, New York.

Edited by R Rouse and S. C. Neil, *A History of the Ecumenical
    Movement.*

Engel, James F. 1977. *How Can I Get Them to Listen.* Grand Rapids:
    Zondervan.

Hamilton, W. 1951. *The Symposium.* Harmondsworth: Penguin Books.

Hayes, Louise B. 1935. *The korea Bible Woman and her Work.* (The
    Korea Mission Field 1935. 7.)

Holmes, Urban T. 1982. *Spirituality for Ministry.* San Francisco: Harper
    & Row.

John Eusden and John Westerhaff. 1982. *The Spiritual Life: Learning
    East and West.* New York: Weabury press.

Kuyper, A. 1933. *Women of the O.T.* Grand Rapids: Zon dervan
    Publishing House.

Latourette, Kenneth Scott. 1953. *A History of Christianity.* Harper &
    Brothers.

Lee, Cameron and Jack Balswick. 1989. *Life in a glass house: The
    Minister's family in its unique social context.* Grand Rapids,

Michigan: Zondervan.

Nouwen, Henri J. M. 1977. *The Living Reminder* (The Seabury Press Inc).

Oates, Wayne. 1972. *Confessions of a Workaholic.* (New York)

Powell, John. 1969. *Why Am I Afraid to Tell You Who I Am?.* August Communication, Nilts, Ⅲ).

Reynolds, W. D. 1917. *Genesis of the Southern Presbyterian Mission,* The Korean Mission Field, Vol.10, No.1.

Rhodes, Harry. 1884. *History Korea Mission Presbyterian Church*(U.S.A 1884~1934. Vol.1.) Seoul Chosen Mission, Presbyterian church, U.S.A.

Sakenfeld, K. 1974. *Image of Women in the O. T.* New York.

Scranton, W. B. 1894. *Letter to Dr. A. B. Leonard,* May 15.

Screanton, M. F. 1986. *Woman's Work in Korea.* The Korean Repository, vol.2 (1986. 1.).

Tarn, W. W. 1927. *Hellenistic Civilization.* London: Edward Arnold & co.

Terrien, Samyel. 1966. *Toward a Biblical Theology of Womanhood, Male and Female,* New York: The Seabury Press.

Underwood, L. H. 1918. *Underwood of Korea.* New York: Fleming H. Revell.

Underwood, L. H. 1986. *Woman's Work in Korea,* The Korean Repository, vol.2 (1986. 2.).

Wasson, A. W. 1897 *Church Growth in Korea.* Presbyterian and ReformedPubl Co.

Watt, Margaret. 1943. *The history of the Parson's Wife.* London: Faber & Faber, Ltd.

Westermann, Claus. 1984. *Genesis: A Commentary, 3 Vols.* Minneapolis: Augusburg Publishing House.

4. 사전류

1887. Appenzeller, H. G. 1887. Appenzeller's Diary. (1887. 10. 31.).

1888.___________. Appenzeller's Diary. (1888. 3. 8).

1898. Missionary Work among Women, K. R. Vol.5. No.9. Sept. 1898.

1975. 「주석시리즈, 창세기」, Matthew Henry. 서울: 기독교문사.

1980. 「랑게주석, 창세기」, Lange, J. P. 김진홍 역. 서울: 백합출판사.

1981. 「성서대백과사전」, 정인찬. 서울: 생명의 말씀사.

1983. 「성경주석, 창세기」, 카알 델리히. 서울: 기독교문화사.

1985. 增國察雄村類俊夫山口昇. 「성서주해시리즈－히브리서」.

1986. 「구약성경주석」, Calvin, John. 성경주석출판위원회 역편. 서울: 성
        서교재간행사.

1991. 「동아 새국어사전」, 동아국어사전연구회. 서울: 동아출판사.

1994. Kelly, Jhon. N. D. 1994 「켈리 성경주석, 베드로 전. 후서」, 서울:
        아가페출판사.

1998. 「옥스퍼드 원어성경대전」, 서울: 성서교재주식회사.

5. 논 문

Gail Ncdonald. 1999. "사모이전에, 좋은 아내가 되십시오", 「목회와 신학」
        9월 58.

강준민. 1999. "사모의 영성관리", 「목회와 신학」, 9월 호, 108.

김정곤. 1993. "교회성장을 가로막는 걸림돌들", 「월간고신」. 8월 호.

김종환. 1999. "사모의 어려움에 대한 목회상담학적 분석", 「목회와 신학」.

김진영. 1990. "사모가 그린 사모의 자화상", 「목회와 신학」, 10월 호.

남송우. 1993. "사모의 설 자리는", 「월간 고신」, 9월 호. 28.

노치준. 1996. "한국의 개척교회실태 그 현주소를 본다(1)", 「목회와 신학」,
        서울: 두란노, 7월 호. 100.

마이크 펠로어. 1998. “어느 목사의 성적타락과 회복의 여정”, 「목회와 신학」, 8월호. 서울: 두란노, 66.

박관순. 1995. “사모와 자기훈련”, 「상담과 선교」, 봄. 제3권 1집, 63.

박광철. 1993. “부부가 함께 사역하는 즐거움”, 「목회와 신학」, 6월호.

박근원, 1981. “제3세계의 교회와 영성”, 「기독교사상」, 1월호, 97.

박근원. 1983. “신학교육과 영성”, 「기독교사상」, 3월호, 93.

송기태. 1990. 「목회와 신학」, 2월호, 116.

송길원. 2000. 「목회와 신학」, 1월호, 345.

______. 2000. 「목회와 신학」, 2월호, 332.

윤상현. 1989. “목회자 아내의 자질과 역할에 관한 연구”, 석사학위논문. 장로회신학대학 대학원.

이관직. 1996. “목회자에게 안식이 필요한 이유”, 「목회와 신학」, 7월호, 53.

______. 1999. “사모의 우울증 어떻게 치유할 것인가?”, 「목회와 신학」, 9월호, 79-80.

이기춘. 1995. “21세기를 대비한 신학대학의 교육 제도”, 「기독교사상」, 11월호, 10.

이복수. 1997. “권위주의적 사회 속에서의 그리스도인”, 「교회와 교육」, 5월호.

이상규. 1995. “아내 사랑의 법”, 「월간고신」, 5월호, 50-53.

이상은. 1994. “사모의 건강관리”, 「목회와 신학」, 8월호, 234-235.

이은규. 1996. “목회자에게 쏟아지는 비난, 비난들”, 「목회와 신학」, 8월호. 44.

이재범. 1994. 「월간목회」, 월간목회사. 4월.

이종윤. 1991. “신학교 커리큘럼과 목회 현장”, 「월간목회」, 6월호, 96.

이한수. 1994. “참된 영성개념의 확립의 과제”, 「신학지남」, 제61권 2집. 여름호, 60.

전호진. 1991. “신학교육제도의 문제점과 그 대책”, 「월간목회」, 6월호, 91.

정정숙. 1993. “기독교 상담과 주변학문의 이해”, 「신학지남」, 제60권 3집, 가을호, 218.

______. 1994. 「상담과 선교」, 1994, 5월호. 106.

______. 1995. "사모의 역할과 훈련에 관한 연구", 「신학지남」, 봄호, 198

______. 1995. 「상담과 선교」, 봄호, 14.

______. 1995. "사모의 역할과 훈련에 관한 연구", 「신학지남」, 1995. 62-11. 85.

______. 1995. 상담자로서의 사모. 「상담과 선교」, 제7호 1995 봄호.

정태기. 1999. "사모가 살아야 목회가 삽니다", 「목회와 신학」, 9월호, 46.

조길순. 1995. "사모의 역할, 어디까지인가", 「목회와 신학」, 8월호.

조상국. 1992. "가사노동의 중요성과 맞벌이 부부", 「목회와 신학」, 5월호,

주선애. 1965. "여교역자에 대한 소고", 「교회와 신학」, 제1집.

주준태. 1992. "성경적 부부관계", 「월간고신」, 5월호, 26.

톰 호킨스. 1996. "현숙한 여인", 「그 말씀」, 8월호, 296-297.

한국기독교사회문제연구소. 1984. "한국교회 100년 종합조사연구", 현영학 편.

6. 인터넷 및 기타

http://www.cscec.or.kr/study01.htm

http://www.mts.ac.kr/hakwon/hakwon.asp

http://www.kbtus.ac.kr/wwwkbtus/asp/default.asp

http://www.stu.ac.kr/~cec/program1.htm

http://www.biblecollege.or.kr/htmlwife.htm

부   록

설문지

　　본 설문지는 총신대/RTS(Reformed Theological Seminary)의 목회학 박사학위과정에 있는 홍순성 목사의 학위 논문인 "한국교회에 있어서 바람직한 사모의 모델에 관한 연구(사모 역할의 한계와 그 범위)"를 위한 기초자료 조사입니다. 본 설문지에는 정답이 없으므로 사실 그대로를 표시해 주시면 됩니다. 아래의 준비된 질문내용을 읽어 가시면서 여러분의 생각을 있는 그대로 솔직하게 표시해 주시기 바랍니다. 여러분이 응답한 질문지는 무기명으로 처리되며, 모든 사항은 비밀로 하겠습니다. 본 설문 자료는 단순히 연구 위한 것임을 분명히 밝히며, 어떤 경우에라도 연구 이외의 다른 용도로 사용하지 않을 것을 약속합니다. 한 문장도 빠짐없이 여러분의 생각을 표시해 주시면 감사하겠습니다.

2002년 3월

총신대학교/Reformed Theological Seminary 목회학박사과정　홍순성

♣ 다음 보기와 같이 해당 번호의 (　)안에 ○표해 주십시오

　<보기 1> 당신의 성별이 남자라면 아래와 같이 ①의 (　)에 ○표를 합니다.

　　1. 당신의 성별은 무엇인가? ① 남 (○)　　② 여 (　　)

　<보기 2> 사모가 교회일에 참여하는 것에 대해서 보통으로 생각한다면 아래와 같이 ③번에 ○표를 합니다.

문 항	① 매우 나쁘다	② 나쁘다	③ 보통 이다	④ 좋다	⑤ 매우 좋다
1. 귀하는 사모의 교회 참여에 대하여 이렇게 생각하십니까?			○		

Ⅰ. 응답자의 개인신상에 대한 영역

1. 귀하의 성별은 무엇입니까?
① 남 (　　)　　　　② 여 (　　)

2. 귀하의 나이는 몇 세입니까? (만으로)
① 20~29(　　)　　② 30~39(　　)
③ 40~50(　　)　　④ 50 이상(　　)

3. 귀하의 교회에서 직분은 무엇입니까?
① 목사(　　)　　② 사모(　　)　　③ 강도사, 전도사(　　)
④ 장로(　　)　　⑤ 집사(　　)　　⑥ 기타(　　)

4. 귀하의 사는 곳은 어디입니까?
① 서울, 경기(　　)　　② 광역시(　　)
③ 군 소재지(　　)　　④ 면 소재지(　　)

5. 귀하께서 출석하는 교회의 교인 수는 얼마입니까?
① 50명 이하(　　)　　② 100명 이하(　　)
③ 300명 이하(　　)　　④ 500명 이상(　　)
⑥ 1000명 이상(　　)

Ⅱ. 사모의 교회 참여에 대한 인식의 영역

문　항	① 매우 그렇지 않다	② 그렇지 않다	③ 보통 이다	④ 그렇다	⑤ 매우 그렇다
6. 귀하는 사모도 목사와 꼭 같은 사명자라고 생각하십니까?					
7. 귀하는 사모가 교회일에 참여하는 것이 필요하다고 생각하십니까?					
8. 개척교회에서 사모의 교회에서의 역할이 필요하다고 생각하십니까?					
9. 교인 100명 이상의 교회에서 사모가 교회일에 관여하는 것이 필요하다고 생각하십니까?					
10. 귀하의 섬기는 교회의 사모는 교회 사역에 참여하십니까?					
11. 사모가 교회일에 간섭하는 것보다 개인적인 취미나 일을 갖는 것이 더 낫다.					
12. 귀하는 사모가 목사에게 전적 순종해야 한다고 생각하십니까?					
13. 사모가 가정일보다 교회일에 우선해야 한다고 생각하십니까?					

14. 사모가 교회일에 어느 정도 참여하는 것이 적당하다고 보십니까?

　① 보통참여(　　)

　② 깊이 참여(　　)

　③ 아주 깊이 참여(　　)

　④ 참여치 않는 것이 좋다(　　)

15. 개척교회에서 사모의 역할은 어느 정도까지가 적합하다고 생각
하십니까?(해당되는 항목에 모두 체크해 주세요)
　① 심방, 전도(　　)　　　　　　　　② 교육(주일학교)(　　)
　③ 식당사역, 교회청소(　　)　　④ 재정을 포함한 모든 일(　　)
　⑤ 아무 일도 하지 않는 것이 좋다(　　)

16. 사모의 역할이 필요하다면 교인 몇 명 정도 될 때까지 필요하다
고 보십니까?
　① 100명(　　)　　　　② 200명(　　)　　　　③ 300명(　　)
　④ 500명 이상(　　)　　⑤ 계속 참여(　　)

Ⅲ. 사모의 교회 참여의 결과에 관한 영역

17. 귀 교회에서 사모가 하는 일은 몇 가지입니까?(아래 박스 안에 보
　　기를 보시고 아래 번호의 해당하는 곳에 ○표 해주세요)

－ <보　기> －

심방, 전도, 영아부, 유, 초등부, 중, 고등부, 청, 장년부, 구역예배, 그 외 설
교, 상담, 성가대, 안내, 헌금위원, 교회행정, 교회식당사역, 교회청소, 기타.

　① 1~2가지 (　　)　　　② 3~4가지 (　　)
　③ 5가지 이상 (　　)　　④ 하는 일 없음 (　　)

문 항	① 매우 그렇지 않다	② 그렇지 않다	③ 보통 이다	④ 그렇다	⑤ 매우 그렇다
18. 사모의 교회 참여로 인해서 교회에 문제가 생길 수 있다고 생각하십니까?					
19. 귀하는 사모가 교회일 하는 것에 대하여 만족합니까?					
20. 목회자의 부부관계가 교회성장에 영향을 미친다고 생각하십니까?					
21. 귀 교회의 목사님은 부부관계가 좋다고 생각하십니까?					

22. 사모의 교회 참여로 인하여 생길 수 있는 문제가 무엇이라고 생각하십니까?

① 교회성장에 방해(　　)　　② 교인들의 반발(　　)

③ 교회의 분열(　　)　　④ 모르겠다(　　)

Ⅳ. 사모가 보는 교회와 목사에 대한 영역

※ 사모만 체크해 주세요

문 항	① 매우 그렇지 않다	② 그렇지 않다	③ 보통 이다	④ 그렇다	⑤ 매우 그렇다
23. 귀하는 남편의 목회사역에 만족 하십니까?					
24. 귀하는 남편의 설교에 만족하십니까?					
25. 귀하는 남편이 목사 된 것에 대해서 만족하십니까?					

문 항	① 매우 그렇지 않다	② 그렇지 않다	③ 보통 이다	④ 그렇다	⑤ 매우 그렇다
26. 귀하의 남편은 교회일을 하도록 적극적으로 권장하는 편입니까?					
27. 사모로서 교회를 크게 세우는 것이 보람이요 성공이라고 생각하십니까?					
28. 큰 교회 사모가 부럽다고 생각해 본 적이 있습니까?					
29. 귀하는 사모가 되기 전에 사모로서의 사명을 가지고 있었습니까?					
30. 귀하는 사모가 되기 전에 신학교육을 받은 적이 있습니까?					
31. 귀하는 자신과 남편과 교회를 위해 충분히 기도한다고 생각하십니까?					
32. 귀하는 남편에게 순종적이라고 생각하십니까?					
33. 귀하의 남편을 큰 교회 목사와 비교하여 작다고 생각해 본적이 있습니까?					
34. 귀하는 남편과의 성생활에 만족하십니까?					
35. 성생활이 가정불화의 원인이 된다고 생각하십니까?					
36. 귀하는 남편의 이성문제로 고민한 적이 있습니까?					
37. 귀하의 남편은 가정적입니까?					
38. 귀하는 자녀들의 양육에 만족하십니까?					
39. 귀하는 경제생활이 충분하다고 생각하십니까?					
40. 귀하는 남편과 이혼을 생각해 본적이 있습니까?					
41. 귀하는 다시 결혼한다면 지금의 남편과 결혼하겠습니까?					
42. 귀하는 남편이 귀하를 사랑한다고 생각하십니까?					

문　항	① 매우 그렇지 않다	② 그렇지 않다	③ 보통 이다	④ 그렇다	⑤ 매우 그렇다
43. 귀하는 교인들로 인해서 속상한 적이 여러 번 있습니까?					
44. 교인들과의 문제가 있을 때 다른 사모들과 이야기를 하는 편입니까?					
45. 귀하는 교인들과의 관계가 좋습니까?					

46. 귀하의 남편에게 가장 큰 불만이 무엇입니까?

　① 권위적이다(　　)　　　　　　② 무능력하다(　　)

　③ 가정적이지 못하다(　　)　　　④ 없다(　　)

47. 사모가 된 이후 사모로서 어떤 교육을 받았습니까?

　① 정규 신학교육(　　)　　　　　② 세미나 참석(　　)

　③ 필요성은 느끼나 기회가 없어서 못 받았다(　　)

　④ 필요성을 못 느낀다(　　)

48. 귀하는 어떤 이유에서 교회일에 참여하십니까?

　　(참여하는 분만 체크해 주세요)

　① 사명감을 가지고 자원해서(　　) ② 남편이 원해서(　　)

　③ 교인들이 원해서(　　)　　　　④ 다른 사람들두 하니까(　　)

49. 귀하는 교회일에 어느 정도 참여한다고 생각하십니까?

　① 적극참여(　　)　　　　　　　② 보통참여(　　)

　③ 소극 참여(　　)　　　　　　　④ 참여 안 함(　　)

50. 남편과 일주일에 평균 몇 시간 정도 대화하십니까?

① 2시간 미만(   )   ② 4시간 미만

③ 8시간 미만(   )   ④ 10시간 이상

V. 교역자가 보는 사모에 대한 영역

※ 목사만 체크해 주세요

문 항	① 매우 그렇지 않다	② 그렇지 않다	③ 보통 이다	④ 그렇다	⑤ 매우 그렇다
51. 귀하는 교회일을 사모와 의논합니까?					
52. 귀하는 아내와의 성생활에 만족하십니까?					
53. 성생활이 부부관계에 영향을 미친다고 생각하십니까?					
54. 성생활이 목회에 영향을 미친다고 생각하십니까?					
55. 귀하는 아내의 내조에 만족하십니까?					
56. 귀하는 사모로 인해서 목회를 그만두고 싶다고 생각해 본 적이 있습니까?					
57. 귀하는 아내와 이혼을 생각해 본 적이 있습니까?					
58. 귀하는 설교 후에 사모의 조언을 구합니까?					
59. 귀하의 아내가 귀하를 존경한다고 생각하십니까?					
60. 귀하의 사모는 본인에게 순종적이라고 생각하십니까?					
61. 다시 결혼한다면 지금의 아내와 하겠습니까?					

62. 아내에게 가장 불만스러운 점이 있다면 무엇입니까?

① 순종적이지 못하다(　)　　② 지나치게 활동적이다(　)

③ 지나치게 소극적이다(　)　④ 가정일을 잘하지 못한다(　)

⑤ 없다(　)

63. 사모가 교회일을 하는 이유가 무엇이라고 생각합니까?

① 유능해서(　)　　　　　② 일꾼이 없어서(　)

③ 사모가 원해서(　)　　　④ 교인들이 원해서(　)

⑤ 목사가 원해서(　)

64. 귀하는 주일날 낮 예배를 위한 설교준비를 위해 몇 시간 정도
　　하십니까?

① 1시간 이하(　)　② 2시간 이하(　)　③ 3시간 이하(　)

④ 4시간 이하(　)　⑤ 5시간 이상(　)

65. 귀하는 일주일에 몇 시간 정도 기도하십니까?

① 1시간 이하(　)　② 2시간 이하(　)　③ 3시간 이하(　)

④ 4시간 이하(　)　⑤ 5시간 이싱(　)

66. 귀하는 한 달에 평균 몇 권 정도의 책을 읽습니까?

① 1권 이하(　)　　② 2권(　)　　　　③ 3권(　)

④ 4권(　)　　　　　⑤ 5권 이상(　)

Ⅵ. 교인들이 바라보는 사모에 대한 영역

※ 장로, 집사만 체크해 주세요

문 항	① 매우 그렇지 않다	② 그렇지 않다	③ 보통 이다	④ 그렇다	⑤ 매우 그렇다
67. 귀하는 귀 교회의 사모를 존경합니까?					
68. 귀하는 목사와 그 가정에 관심과 기대가 높습니까?					
69. 귀하는 귀 교회에 사모가 교회일에 참여하는 것을 원합니까?					
70. 사모의 교회 참여가 교회에 나쁜 영향을 끼친다고 생각하십니까?					
71. 사모가 성도들의 일에 참여하지 않았으면 좋겠다고 생각하십니까?					
72. 귀하는 사모가 교회일을 할 수 있는 능력이 있다고 생각하십니까?					
73. 귀 교회의 사모는 가정적입니까?					
74. 귀 교회 목회자의 재정이 넉넉하다고 생각하십니까?					

75. 사모를 존경한다면 그 이유는 무엇입니까?

① 목사님 부인이라서(   )

② 사모로서의 능력이 있어서(   )

③ 기타(   )

④ 존경하지 않는다(   )

76. 현 실정에 비추어 목회자 사례비는 얼마가 적당하다고 생각하십
니까?

　　① 100만 원(　　)　　　② 200만 원(　　)　　　③ 300만 원(　　)

　　④ 400만 원(　　)　　　⑤ 500만 원 이상

VII. 조직교회에서 사모의 교회 참여의 수용성에 대한 영역

77. 조직교회에서의 사모의 교회의 참여에 대하여 거부적인지 수용
적인지를 아래의 칸 안에 ○표해 주십시오

적극적으로 거부적	많이 거부적	거부적	약간 거부적	매우 조금 거부적	무관심	매우 조금 수용적	약간 수용적	수용적	많이 수용적	적극 수용적
−5	−4	−3	−2	−1	0	+1	+2	+3	+4	+5

· 저자 ·

홍순성　　**· 약 력 ·**
(洪淳聖)　　1959년 서울 출생
　　　　　　대원고등학교 졸업
　　　　　　안양대학교 졸업(B. Th)
　　　　　　총신대학교 신학대학원 졸업(M. Div eq)
　　　　　　총신대학교 목회신학박사원 졸업(D. Min)
　　　　　　(미) Kernel University (Th. M)
　　　　　　(미) Cornerstone University (M.R.E)
　　　　　　(미) Reformed Theological Seminary (D. Min)

　　　　　　(前) 경인교회 담임목사
　　　　　　(前) 제자들교회 담임목사
　　　　　　(前) 연희고등학교 교목
　　　　　　(前) 한국기독교상담교육원 교수
　　　　　　(現) 아세아연합신학대학교(ACTS) 외래교수
　　　　　　(現) 한양여자대학교 외래교수
　　　　　　(現) 코너스톤교회 담임목사

· 주요논저 ·

「연구논문」
한국교회에 있어서 바람직한 사모모델
(사모역할의 한계와 그 범위)

『저서』
하나님이 원하시는 결혼과 가정사역

외 다수

21C 한국교회와 함께하는 사모

• 초판 인쇄	2007년 10월 31일
• 초판 발행	2007년 10월 31일
• 지 은 이	홍순성
• 펴 낸 이	채종준
• 펴 낸 곳	한국학술정보㈜
	경기도 파주시 교하읍 문발리 526-2
	파주출판문화정보산업단지
	전화 031) 908-3181(대표) · 팩스 031) 908-3189
	홈페이지 http://www.kstudy.com
	e-mail(출판사업부) publish@kstudy.com
• 등 록	제일산-115호(2000. 6. 19)
• 가 격	32,000원

ISBN   978-89-534-7707-0 93230 (Paper Book)
         978-89-534-7708-7 98230 (e-Book)